市场营销
——过程与实践

第3版

主　编　李坚强　蒋良骏

南京大学出版社

图书在版编目(CIP)数据

市场营销：过程与实践 / 李坚强，蒋良骏主编. --
3 版. -- 南京：南京大学出版社，2023.7
　　ISBN 978 - 7 - 305 - 26942 - 4

　　Ⅰ. ①市… Ⅱ. ①李… ②蒋… Ⅲ. ①市场营销学－
高等职业教育－教材 Ⅳ. ①F713.50

　　中国国家版本馆 CIP 数据核字(2023)第 077005 号

出版发行　南京大学出版社
社　　址　南京市汉口路 22 号　　　　邮　编　210093
出 版 人　金鑫荣

书　　名　市场营销:过程与实践
主　　编　李坚强　蒋良骏
责任编辑　徐　媛

照　　排　南京南琳图文制作有限公司
印　　刷　南京人文印务有限公司
开　　本　787 mm×1092 mm　1/16　印张 14.5　字数 380 千
版　　次　2023 年 7 月第 3 版　2023 年 7 月第 1 次印刷
ISBN 978 - 7 - 305 - 26942 - 4
定　　价　58.00 元

网址：http://www.njupco.com
官方微博：http://weibo.com/njupco
官方微信号：njupress
销售咨询热线：(025) 83594756

前　言

本教材第3版仍以掌握市场营销基本原理和理论、培养学生营销工作技能及职业素养为核心设计项目任务，以企业营销工作过程为主线设计学习内容，即认识市场营销、了解市场和顾客需求、设计营销战略、制定促销方案、创建和管理顾客关系、市场营销管理。

本次修订主要变化体现在以下几个方面：一是对导入案例、情境案例以及课后练习中的案例进行全面修订；二是对教材内容进行修订完善，教材提供了线上学习电子资源，体现了"线上线下"教学相结合的要求，在教材中设计了"思考与讨论"，方便线下课堂教学组织；三是对课后练习进行了修订，增加了判断题，并将原来的营销实践内容编进课后职业技能训练中；四是删减了第2版教材部分章节及营销实践参考范例。

本教材是"十三五"省级在线开放课程《市场营销：过程与实践》的配套教材，本书为第3版，由扬州工业职业技术学院李坚强、蒋良骏担任主编，夏正晶、朱霓雯担任副主编，由袁亮主审。本版教材由李坚强负责修订编写项目一、项目二，蒋良骏负责修订编写项目四、项目五、项目九，朱霓雯负责修订编写项目三、项目七，夏正晶负责修订编写项目六、项目八。教材配套资源分别由课程组成员李坚强、蒋良骏、夏正晶、孙道通、朱霓雯提供。

本教材修订编写过程中参阅了大量的国内外相关教材和资料，在此谨向这些教材和资料的作者表示感谢，同时对第2版教材内容的编写者表示感谢。由于修订编写者水平有限，书中难免有不足之处敬请读者批评指正。

2023 年 6 月

目 录

项目一 认识市场营销

知识目标:掌握市场营销的含义、认识市场营销过程模型;理解市场营销相关核心概念;了解市场营销的新发展。

技能目标:能够结合市场营销过程模型解释、分析企业营销活动;能够结合企业和消费者行为解释营销核心概念。

 **导入案例**

一个经典的案例——三个业务员寻找市场

某制鞋公司要寻找市场。公司派了一个业务员去非洲的一个岛国,让他了解一下能否将公司的鞋子销售给他们。这个业务员到非洲后待了一天,发回一封电报:"这里的人从不穿鞋,没有市场。我即刻返回。"公司又派出了另一个业务员,第二个业务员在非洲待了一个星期,发回一封电报:"这里的人从不穿鞋,鞋的市场很大,我准备了把本公司生产的鞋卖给他们。"公司总裁得到两种不同的结果后,为了了解更真实的情况,于是又派了第三个业务员。该业务员到非洲后待了三个星期,发回一封电报:"这里的人从不穿鞋,原因是他们脚上长有脚疾,他们也想穿鞋,不过不需要我们公司生产的鞋,因为我们的鞋太窄。我们必须生产宽鞋,才能适合他们对鞋的需求。这里的部落首领不让我们做买卖,除非我们借助于政府的力量和公共活动搞大市场营销。我们打开这个市场需要投入大约 1.5 万美元。这样我们每年能卖大约 2 万双鞋,在这里卖鞋可以赚钱,投资收益率约为 15%。"

【营销启示】 三个业务员的不同结论,其实反映了他们对市场、对营销不同的理解,体现出不同的营销观念。第三个业务员的工作基本反映了现代市场营销的过程,即:了解市场和顾客需求、设计以顾客为导向的营销战略、制定营销组合方案、建立良好的顾客关系、满足顾客需求并获取利润。

现在没有一个企业不谈营销。不仅如此,几乎所有的组织都涉及营销问题,可见营销对组织生存和发展的重要性。本项目学习内容是全书的基础,其任务是将市场营销的基本内容通过对营销的定义,营销的核心概念以及营销的过程的理解在读者面前展现出来。

任务 1 市场营销与市场营销过程模型

微课:1-1

市场营销与市场营销过程模型

一、市场营销定义

美国著名营销学者菲利普·科特勒、加里·阿姆斯特朗在其教科书《市场营销原理》中对市场营销从宽泛角度和企业狭义角度下的定义。从宽泛角度讲:"营销是通过创造和交换产品及价值,使个人或群体满足欲望和需要的社会和管理过程。"这一定义说明了市场营销的实质是一种社会性的管理活动,其本质是交换产品或价值,其主体是个人或组织,客体是市场,目的是参与者满足各自的需要。从企业狭义角度讲:"营销是企业为了从顾客获得利益回报,创造顾客价值和建立牢固关系的过程。"

二、市场营销过程模型

按照微观市场营销定义可以理解为下面几个方面:对市场和顾客需求的认识;设计符合市场和顾客需求的营销战略;制定具体可实施具有价值的营销策略方案;建立长期、有利可图、让顾客满意的关系;从顾客身上获得价值回报,并创造顾客价值。企业营销过程模型如图 1-1 所示。

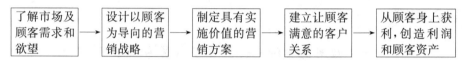

图 1-1　企业营销过程模型

企业营销过程说明企业营销工作的起点是了解市场需求,终点是满足市场需求,从顾客身上获得利润,通过设计营销战略、制定具体实施方案、建立比较稳固的客户关系来实现此过程。

任务 2　理解市场营销过程模型

在任务 1 里我们知道了市场营销的过程模型。任务 2 我们将对市场营销过程进行进一步的理解。在今后的项目中我们将深入讨论市场营销过程的每个步骤。

一、了解市场和顾客需求

微课:1-2

市场营销几个核心概念

要正确认识市场和顾客需求,我们需要正确理解市场营销的几个核心概念。

1. 需要、欲望和需求

所谓需要是指人们感到没有满足的一种状态。比如人饥饿时有充饥的需要,口渴时有解渴的需要,还有被他人关爱的需要,对社会安全的需要,等等。这些需要不是营销人员创造的,而是人类所固有的,是营销工作的基石。按照马斯洛需要层次理论,可以把人们的需要分为五个层次:生存需要、安全需要、社会需要、尊重需要、自我实现需要,马斯洛同时指出一个人总是首先满足最基本、最重要的需要,然后才能向更高级的需要形式发展。

所谓欲望是指对具体满足物的愿望。它是需要派生出来的一种形式,它受到一定的社会文化和个性的限制,因此是人类受文化和个性影响后表现出来的一种形式。如人在饥饿时,想要得到食品,但是一个中国人和一个西方人在饥饿时所表现出的欲望可能性不同,中国人的欲望可能是用米饭充饥,西方人的欲望可能是用汉堡包充饥。在需要基础上演变出来的欲望可能是无限多样的,随着社会的发展和进步,人们的欲望将日益多样化和复杂化,因此企业营销的任务就是要通过创造并开发出丰富多样的满足物来满足人们的欲望。人们的欲望是多样无限的,但人们的支付能力是有限的,人们会理性地根据各自的支付能力来选择其认为最有价值的满足物来满足其欲望,这样欲望就转变成需求。

所谓需求是指对有能力购买并且愿意购买的某个具体满足物的欲望。需求意味着企业营销的机会,只有了解顾客需求,并开发出相应的满足物,才能最终实现营销目标。

【思考与讨论】 需要与需求的区别。

2. 营销供给物

人们的需要和欲望总是通过具体产品来满足的,市场营销学中称之为营销供给物。所谓营销供给物是指提供给某个市场来满足某种需要或欲望的任何东西。菲利普·科特勒曾将产品定义为:产品是能够提供给市场以满足需要和欲望的任何东西。因此,我们可以将产品看成是营销供给物的总称。此产品的含义,不仅包括传统观念上的实体或有形产品,而且包括了诸如服务、信息、思想、体验等无形产品。对营销供给物我们主要介绍以下几个概念:

(1)商品。这里指的是有形的实体商品,它在国民经济构成中占有主导地位,也是消费者、营销者最关注的营销供给物之一。

(2)服务。服务是一方向另一方提供的基本上是无形的任何活动或利益,并且不导致任何所有权的产生,它可能与某种有形产品紧密联系在一起,也可能毫不相关。随着社会经济的发展,服务在国民经济中占的比重越来越大。资料显示:2021年,我国的国内生产总值GDP总量是114.37万亿元,其中,第三产业增加值高达60.96万亿元,增加值比重为53.3%,同比名义增长10.5%,扣除价格因素实际增长8.2%。

(3)体验。体验可以理解为"对消费者来说,能诱惑其感观、触动其心灵、启迪其思维的营销供给物"。企业可以精心安排一些产品或服务,为消费者创造一种品牌体验。如汽车展中的汽车模特展示、试驾,高校旅游等。

(4)事件。一个事件也可以作为满足人们需要或欲望的供给物,营销者可将其作为一个商业计划去运营。比如奥运会,申办奥运需要运营,举办奥运更需要运营,这不仅是体现国家经济实力,提高举办城市知名度的机会,同样也是获取盈利的机会,也是一国企业和产品品牌走向国际化的良机,甚至在一定时期内为一国经济发展提供机遇。如1984年洛杉矶奥运会财政上盈余2.5亿美元,开创了历史上的记录。

(5)人员。如政治竞选者、英雄人物、明星等,在市场营销活动中,利用和创造名人效应已经非常普遍,这方面事例不胜枚举。

(6)地点。主要包括国家或地区、城市、旅游景点、购物中心等。其营销者可以是政府、房地产商、广告或公共关系机构等。

(7)组织。组织包括营利性组织、非营利性组织、政府机构等。一个在人们心目中有良好形象的组织,人们会为使用其产品、接受其服务而愉悦,更为成为组织中一员而自豪。

(8)信息。传统的、现代的媒体每天向人们传递着大量的信息。营销信息的目的是让人们享受信息带来的利益,这种利益可能是经济上的,也有可能是精神上的,这是信息成为营销供给物的原因。信息的生产、包装、分销已经成为信息时代的重要产业。

(9)思想或观念。思想观念影响着人类社会及经济发展节奏和方式。先进正确的思想观念是人们所追求的,但是人们不一定能立即接受或其影响是有限的,因此需要进行思想观念营销。大到如何处理经济发展与环境的关系等,小到食品安全意识、吸烟有害健康等。

（10）财产权。财产权是指所拥有的财产的合法权利。如房地产权、金融资产所有权等。

3. 价值与满意

人们是否购买产品或接受服务,不仅取决于其效用,还取决于人们获得其效用的代价或者说是成本,这就是通常所说的价值。而效用的大小往往是由主观决定的,人们会根据自己对产品或服务的感知价值和满意形成期望,从而做出购买的选择。当人们感到以较小的代价获得较大的效用时,则会十分满意,满意的顾客会重复购买,而成为忠实顾客,同时还会把自己的满意体验传递给他人,不满意的顾客会转向竞争对手,并转达对此产品或服务的批评。所以企业不仅要为顾客提供产品或服务,还要使顾客感到在交换中实现较高的价值,这样才能促使市场交易的顺利实现,才能建立稳定的市场。由此可见,价值和满意是发展和管理顾客关系过程中的关键基石。

4. 交换和关系

人们获得满足其欲望或需求的方式通常包括:自行生产、强行获取、乞讨、交换。交换方式是现代经济生活中最重要的方式,也是市场营销基本精神的体现。当人们开始通过交换来满足欲望和需求时,就出现了营销。

所谓交换是指通过提供某种东西作为回报,从他人那里取得所要的东西的行为。交换的发生需要五个条件:第一,至少有两方;第二,每一方都有被对方认为有价值的东西;第三,每一方都能沟通信息和传送货物;第四,每一方都可以自由接受或拒绝对方的产品;第五,每一方都认为与另一方进行交易是适当的或称心如意的。

交换是一个过程,而不是一次性的活动。参与交换的双方(多方)都会经历一个寻找适合的产品或服务、进行谈判、达成协议的过程。一旦达成协议,交易行为就发生了。交易是交换活动的基本单元,是由双方之间的价值交换所构成的行为。一次交易包括三个可以度量的实质内容:一是至少有两个有价值的事物;二是买卖双方所同意的条件;三是协议的时间和地点。例如,某人要购买一套房子,他的整个过程包括:收集并分析房产市场信息、实地察看、价格谈判、付款、办理手续等,如果这一过程中的任何一个环节形成障碍,交易行为都不会发生。

【思考与讨论】　如何理解交换与交易的关系。

营销工作者在交换和交易过程中的任务,包括对顾客需要的确认,寻找或开发产品或服务,提供相关信息,协调生产及运输,促使交易发生,售后服务等。在实际营销工作中,营销人员对交换过程应该有透彻的了解,并设计相应的营销策略。

企业在市场营销活动中,要使自己的经营业绩稳定增长或有稳定的市场份额,就必须不断吸引新客户、创造新交易,同时还要保持老客户。也就是说,营销包括与想要营销供给物的目标人群建立和保持合理关系的所有活动。这里的目标人群不仅包括公司内部的人员(为顾客服务的团队),而且包括公司外部的合作伙伴,如供应商、分销商、零售商和其他中介机构。现在几乎所有的公司都加强了与供应链上所有伙伴的联系,其目的是建立自己的营销网。可以这样说,现代公司之间的竞争是建立在各自的营销关系网的平台之上,而不再是单个公司之间的竞争。

5. 市场

市场是由交换和关系导出的概念。市场是发展动态的概念,随着社会生产的发展,市场内涵也随之变化。对于市场的定义,存在以下几方面不同的理解:

(1)市场是商品交换的场所。这是一种狭义、古老的市场概念,强调市场空间的、地理的含义,指出市场是买者和卖者聚集在一起进行商品交换的地点和场所。如"菜市场"等。

(2)市场是商品所有者全部交换关系的总和。这是一种广义的、反映实质的市场概念,明确市场是商品交换和流通的领域。现代商品经济条件下,"场所"已无法覆盖市场内涵。如"粮食市场""石油市场"等。

(3)市场是指某种产品的实际购买者和潜在购买者的集合。这些购买者都具有某种需要或欲望,并且能通过交换得到满足。这一概念是从营销的角度给市场的定义。这一概念指出市场是由具有特定欲望或需要,而且愿意并能够通过交换来满足这种欲望或需要的全部顾客。

从营销的角度看,市场可形象地用下面公式来表示:

$$市场＝人口＋购买能力＋购买欲望$$

即人口、购买能力、购买欲望决定了市场规模和潜力的大小。要形成市场这三个因素缺一不可,人口是基本前提,没有人(购买者)不能构成市场。而有了人口的基本条件,人们想购买但不具购买所必需的支付货币的能力,或者具有购买支付能力但不想购买,同样也不能构成市场。

对市场的分类,市场营销学一般依据两个标准。一是根据购买者身份,可划分为:消费者市场、生产者市场、中间商市场、政府市场。购买者身份不同其需求和购买行为也就不同,这样的分类有助于营销者针对不同的顾客制定不同的营销策略。二是根据产品或服务的具体用途,可划分为:生活资料市场、生产资料市场、技术市场、房地产市场、金融市场,等等。这样的分类有助于营销者从研究不同产品或服务的特点出发来制定相应的营销策略。

【思考与讨论】 为什么说我国是一个巨大的市场?

二、设计以顾客为导向的营销战略

营销管理的目的是通过创造、传递和交流优质的顾客价值来发现、吸引、保持和发展目标顾客。要设计以顾客为导向的企业营销战略,首先要清楚的是企业将给什么样的购买者(顾客、目标市场)服务;其次要清楚的是,怎样为这些顾客服务。因此,营销管理者必须决定目标顾客是谁,以及他们的需求水平、需求时间和性质,并解决如何满足的问题。可以看出营销管理是一个过程,包括分析、计划、执行和控制;营销管理就是顾客管理和需求管理。

 知识补给

需求管理

根据需求水平、时间和性质的不同,有8种典型的不同需求,在不同的需求状况下,市场营销管理的任务有所不同。

（1）负需求。负需求指绝大多数人对某种产品感到厌恶，甚至愿意花一定的代价来回避它的一种需求状况（如高胆固醇食品）。对于负需求，市场营销管理的任务是改变市场营销，即分析市场为什么不喜欢这种产品以及是否可以通过产品重新设计、降低价格和积极促销的营销方案，来改变市场的信念和态度，将负需求转变为正需求。

（2）无需求。无需求指目标市场对产品毫无兴趣或漠不关心的需求状况。通常情况下，市场对下列产品无需求：无价值的废旧产品；人们一般认为有价值，但在特定环境下无价值的东西；新产品或消费者不熟悉的产品等。市场营销管理的任务是刺激性营销，即通过大力促销及其他市场营销措施，设法把产品的好处与人的自然需要、兴趣联系起来。

（3）潜在需求。潜在需求指相当一部分消费者对某种物品有强烈的需求，而现有产品或服务又无法使之满足的一种需求状况。潜在需求的类型有四种：① 购买力不足型的潜在需求，这是指市场上某种商品已现实存在，消费者有购买欲望但因购买一时受到限制而不能实现，使得购买行为处于潜在状态，这种类型的商品多是高档耐用消费品，如住宅、汽车等；② 适销商品短缺型的潜在需求，由于市场上现有商品并不符合消费者需要，消费者处于待购状态，一旦有了适销商品，购买行为随之发生；③ 对商品不熟悉型的潜在需求，由于消费者对某一商品不了解甚至根本不知道，而使消费需求处于潜伏状态；④ 市场竞争倾向型的潜在需求，由于生产厂家很多，同类商品市场竞争激烈，消费者选择性强，在未选定之前，对某一个企业的产品而言，这种需求处于潜伏状态。在潜伏需求情况下，市场营销管理的任务是开发市场营销，如市场营销研究和新产品开发，对无害香烟、节能汽车、癌症特效药品的需求。

（4）下降需求。下降需求指市场对一个或几个产品的需求呈下降趋势的情况。在下降需求情况下，市场营销管理的任务是重振市场营销，即分析需求下降的原因，进而开拓新的目标市场，改进产品特色和外观，或者采用更有效的沟通手段来重新刺激需求，使产品开始新的生命周期，来扭转需求下降的趋势，使人们已经冷淡下去的兴趣得以恢复。

（5）不规则需求。不规则需求指某些产品（服务）的需求在不同季节或一周不同的时间，甚至一天不同时段呈现出上下波动很大的一种需求状况，如运输业、旅游业、娱乐业都有这种情况。在不规则需求情况下，市场营销管理的任务是协调市场营销，即通过灵活定价，大力促销及其他刺激手段来改变需求的时间模式，使产品（服务）的市场供给与需求在时间上协调一致，达到均衡需求，如通过采取需求定价策略、灵活多样的促销方式来鼓励消费者改变需求的时间模式，鼓励淡季消费，变不规则需求为均衡需求。

（6）充分需求。充分需求指某种产品（服务）的需求水平和时间与预期的相一致的需求状况。这是企业最理想的一种需求状况，但市场是动态变化的，消费者的偏好会不断变化，竞争也将更加激烈。在充分需求情况下，市场营销管理的任务是维持市场营销，密切关注消费者、竞争者的变化，努力保持产品质量，经常测量顾客满意程度，通过降低成本来保持合理价格，设法保持现有的需求水平。

（7）过量需求。过量需求指产品（服务）的市场需求超过企业供给水平的需求状况。在过量需求情况下，市场营销管理的任务是降低市场营销，通过提价，减少服务，暂时或永久地降低市场需求水平，或是设法降低盈利较少或服务需要不大的市场的需求水平。

（8）有害需求。有害需求指市场对某些有害物品或服务的需求。对于有害需求，市场营销管理的任务是反市场营销，即大力宣传有害产品或服务的严重危害性，劝说喜欢有害产品或服务的消费者放弃这种爱好和需求。一般来说,对有害需求的限制和消除更需要宏观市场营销的力量,从道德与法律两个方面加以约束。

设计以顾客为导向的营销战略基本思路如图1-2所示:

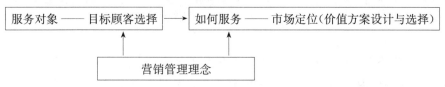

图1-2　设计以顾客为导向的营销战略基本思路

1. 选择目标顾客

企业要清楚并决定服务什么样的顾客,就必须通过市场细分即把市场划分为不同顾客群(细分市场),并确定为之服务的细分市场,即选择目标市场——企业要实施营销活动的对象。企业不仅有要决定自己的目标顾客是谁,而且要清楚目标顾客的需求水平、需求时间和性质。

2. 选择价值方案

企业决定为什么样的顾客服务后,还要决定怎样为目标顾客服务——就是企业如何在市场中进行定位,如何实现与其他企业的差异化。这就要求企业设计能满足顾客需求的有价值和利益的组合方案——价值方案。这些有价值和利益的方案要能回答顾客:"为什么我要买你的品牌而不是竞争对手的品牌?"

微课:1-3

营销观念

3. 树立正确的营销管理理念

营销管理理念,又称市场营销管理哲学或市场营销观念,它是企业对其营销活动及管理的基本指导思想、观念、态度或思维方式,其核心是如何处理企业、顾客及社会之间的利益。企业在进行营销活动时可能采用以下观念。

(1)生产观念

生产观念是最早的营销思想,其产生或适用的市场条件是:卖方市场;产品成本或价格太高,可通过提高效率降低成本,扩大销路。生产观念指导下企业营销活动的重心是提高生产效率和分销效率,扩大产量,降低成本,解决供不应求的问题。生产观念的基本观点可以概括为:企业能生产什么,就卖什么;以生产为中心,企业生产得越多,企业利润也就越多。可以看出生产观念是一种重生产、轻营销的营销哲学。

(2)产品观念

产品观念是类似于生产观念的营销理念。产品观念适用的市场条件是:卖方市场;市场竞争的基础是质量和价格。产品观念认为,消费者欢迎那些质量好、价格合理的产品,企业应致力于提高产品质量,只要价廉物美,顾客自然盈门,无须大力推销。可以看出,产品观念基本的观点是:生产最好的产品。

从现代市场条件下分析,产品观念认识的误区就在于看不到市场的发展和变化,看不到营销环境的变化,从而容易导致"营销近视症",即在市场营销管理中缺乏远见,只看见自己的产品质量好,而看不见市场需求的变化,结果必然把自己引入困境。

(3)推销观念

推销观念是生产观念的发展和延伸,是仍然以"企业为中心"的营销思想,其产生和适用的市场条件是:处于卖方市场向买方市场过渡期;市场竞争不仅包括质量和价格,还包括促销活动的竞争。

推销观念在企业营销活动中的基本观点是:我卖什么,顾客就得买什么;以销售为中心,只有卖得多,利润才会多。这种观念认为,顾客不会主动的购买,更不会主动购买数量较多的产品,只有采取强有力的推销措施,顾客才会买更多的产品,产品销售能否成功,能否获得更多利润,关键取决于企业的推销能力。

推销观念导致管理者的工作重点是用尽一切手段刺激顾客购买企业的产品,使企业产品能尽快地推销给顾客。这种只重视企业的销售,而不顾产品是否真正符合消费者需要的理念,对企业持续发展的作用是可想而知的。

（4）市场营销观念

市场营销观念认为,实现企业目标的关键在于正确确定目标市场的需求和欲望,并且比竞争者更有效地满足顾客的欲望和需要。

市场营销观念产生和适用的市场条件是:买方市场;市场竞争激烈,竞争是全方位的。市场营销的基本观点是:市场需要什么,就生产什么,就卖什么;以消费者需求为中心,了解消费者需求是营销活动的起点,满足消费者需求是营销活动的终点;正确处理满足顾客需求与企业自身长期利益的关系。

市场营销观念是企业营销管理思想史上一次巨大的突破,与传统的经营观念相比,见图1－3。

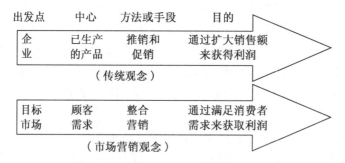

图1－3　推销观念与市场营销观念的比较

【思考与讨论】　为什么说市场营销观念是营销管理思想史上的一次巨大的突破。

（5）社会营销观念

社会营销观念是对市场营销观念的进一步完善发展。社会营销观念产生和适用的市场环境条件是:买方市场,社会长远利益,可持续发展。

市场营销观念的中心是满足消费者的需求和欲望,进而实现企业的利润目标。但往往会出现,在满足个人需求时,与社会公众利益发生矛盾,企业的营销努力可能不自觉地造成了社会损失。与市场营销观念相比,社会营销观念有以下特点:在继续坚持通过满足消费者和用户需求及欲望而获取利润的同时,更加合理地兼顾消费者和用户的眼前利益与长远利益,更加周密地考虑如何解决满足消费者和用户需求与社会公众利益之间的矛盾。可以看出,社会营销观念的基本观点是:不满足有害的社会需要,以实现消费者满意以及消费者和社会公众利益的长远福利,作为企业的根本目的和责任。

三、制定营销组合方案

企业营销战略所表述的是企业将要服务的对象以及如何为这些对象创造价值的方法。而制定营销组合方案则要求企业创建营销项目,以向顾客(服务对象)传递价值。这构成了企业的营销组合,它是营销战略的具体执行方案。

营销组合主要包括:产品、价格、渠道、促销。企业要向目标传递自身的价值观,必须创造出能够满足顾客需求的营销供给物(产品),必须给这个产品确定一个价格,必须使这个产品能方便地接近目标顾客,必须与顾客进行沟通说明、展示产品的优点并说服顾客购买。

营销组合我们将在项目四至项目七中加以详细说明。

四、建立有价值的顾客关系

微课:1-4

客户关系建立

了解市场分析消费者需求、设计营销战略、制定营销组合方案,其目的是建立有价值的顾客关系。

1. 客户关系管理

客户关系管理(customer relationship management,CRM)是指通过传递优质的顾客利益和满意来建立和保持有价值的客户关系的整个过程。它包括获得、保持、增加顾客等所有方面问题的处理。

可以看出,建立客户关系的关键要素是:顾客价值和满意。满意的顾客容易成为忠诚的顾客,从而可以带来更多的业务。企业要吸引、维持顾客,就必须提供给顾客最高感知价值的产品,因为展现在顾客面前的往往是一系列产品和服务。

随着营销理念和环境的变化,现在许多企业与客户连接方式发生了变化:一是,营销人员认识到他们并不是想和任何一位顾客进行连接,而是更专注于把目标对准那些人数更少,但获利更多的顾客;二是,企业不再仅仅局限于寻找新顾客并与他们完成交易,而是更注重维持现有顾客并且与他们建立有价值的持久关系;三是,电子商务等技术环境的变化使得许多企业与顾客直接连接。

2. 合作伙伴关系管理

营销者在创造顾客价值、建立牢固的顾客关系时,必须和一系列的营销伙伴合作,主要包括公司内部合作伙伴和公司外部合作伙伴。

现代企业内部不再是让每个部门追求各自的目标,而是将所有部门连接起来,以便创造顾客价值;现代企业不再是只让销售或营销人员与顾客接触,而是组建跨部门的顾客开发团队。

现代企业营销活动与外部的营销合作方式也发生了巨大变化,供应链管理使得企业加强与链条上所有伙伴的合作。不同企业之间的竞争已不仅是其自身的绩效的竞争,而且表现在其供应链与竞争者的供应链绩效之间的竞争。企业不再将供应商作为卖主、把分销商作为顾客,而是将他们看作为顾客让渡价值的伙伴。

如何认识顾客关系以及怎样维系顾客关系,本教材将在项目八中做详细说明。

五、从顾客身上获利

市场营销过程前面四个步骤通过创造和传递优质的顾客价值建立了顾客关系,最后一步是要获取回报,回报形式包括现在或将来的销量、市场份额、利润等。企业培育一批高度满意的顾客对企业忠诚,会持续购买,这对企业来说意味着更长远的回报。那么企业如何实现呢?

1. 培养顾客忠诚度

顾客忠诚度是指客户因为接受了产品或服务,满足了自己的需求而对品牌或供应(服务)商产生的心理上的依赖及行为上的追捧。顾客满意度是顾客评量过去的交易中满足其原先期望的程度,而顾客忠诚度则是度量顾客再购及参与活动的意愿。顾客满意是顾客忠诚的保证,顾客满意程度不同,顾客的忠诚度就有很大区别。

顾客忠诚主要通过顾客的情感忠诚、行为忠诚和意识忠诚表现出来。其中情感忠诚表现为顾客对企业的理念、行为和视觉形象的高度认同和满意;行为忠诚表现为顾客再次消费时对企业的产品和服务的重复购买行为;意识忠诚则表现为顾客做出的对企业的产品和服务的未来消费意向。这样,由情感、行为和意识三个方面组成的顾客忠诚营销理论,着重于对客户行为趋向的评价,通过这种评价活动的开展,反映企业在未来经营活动中的竞争优势。

现代企业已经意识到丢失一个顾客意味着流失不只一份销量,实际上流失的是这个顾客一生惠顾将要购买的总量。这就是客户终身价值的含义。

2. 增加客户份额

客户份额指顾客在同类产品中购买本公司产品的比例。许多企业现在不再花大量时间来寻找增加市场份额的方法,而是花更多时间努力让现有客户份额有所增加。努力提高市场份额意味着将尽可能多的产品卖给尽可能多的客户,企业要努力不停地开拓新客户。与此相反,追求客户份额则是确保拥有更多忠诚客户,并确保客户购买更多的产品,企业努力的方向是提高客户满意度和忠诚度。一言以蔽之,市场份额可能意味着“广种薄收”,而客户份额则是“精耕细作”。

3. 建立客户资产

由上面的阐述可以看出,客户关系管理不仅要培养有价值的客户,而且希望获取他们的终身价值。客户关系管理的最终目的是产出高额的客户资产。

客户资产(Customer Equity)是与客户终生价值(Customer Life time Value,CLV)密切相关的概念。客户资产就是指企业所有现在和潜在顾客终身价值折现值的总和。换句话说,客户的价值不仅仅是客户当前的盈利能力,也包括企业将从客户一生之中获得的贡献的折现净值。把企业所有客户的这些价值加起来,就是企业的客户资产。

企业有价值的客户越忠诚,其客户资产就越高。销售量、市场份额反映的是过去企业经营的情况,而客户资产则预示着企业未来的情况。可以说客户资产是一个能更好地衡量一个企业业绩的标尺。企业必须谨慎地管理客户资产,应将客户忠诚度与客户价值结合起来考虑来管理客户的投资价值。

营销过程第五步内容应该体现在客户关系管理的理论体系中,本教材在项目八中将做适当论述。

任务 3 认识市场营销发展与变革

市场营销的发展与变革,以时间序列进行分析通常认为:从 20 世纪初的初创时期开始,经历应用时期、变革时期,到 20 世纪 70 年代至今的发展时期,各阶段分析说明了不同时期经济发展的特征,及相对应的营销理念、策略等。市场营销之父菲利普·科特勒将其中标志性的思想贡献结合西方市场的演进分为以下七个阶段,它们是:战后时期(1950—1960),高速增长期(1960—1970),市场动荡、混沌时期(1970—1980),一对一时期(1990—2000)以及价值观与大数据时期(2010—至今),在不同的阶段,都提出了重要的营销理念,比如我们熟知的市场细分、目标市场选择、市场定位、营销组合 4P 策略、服务营销、营销投资回报率(ROI)、客户关系管理以及社会化营销、大数据营销、营销 3.0(见图 1-4)。

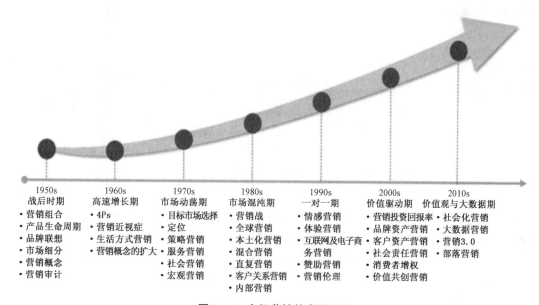

图 1-4 市场营销的发展历程

从营销思想进化的路径来看,我们可以发现:首先,营销所扮演的战略功能越来越明显,逐渐发展成为企业发展战略中最重要和核心的一环,即市场竞争战略,帮助建立持续的客户基础,建立差异化的竞争优势,并实现盈利;其次,几十年来营销发展的过程也是客户逐渐价值前移的过程,客户从过往被作为价值捕捉、实现销售收入与利润的对象,逐渐变成最重要的资产,和企业共创价值、形成交互型的品牌,并进一步将资产数据化,企业与消费者、客户之间变成一个共生的整体;再者,营销与科技、数据连接越来越紧密,企业中营销技术、数字营销等岗位的设置,要求营销管理人员要既懂营销,还必须懂得如何处理数据、应用数据、洞察数据,并了解如何应用新兴科技将传统营销升级。

本教材以市场营销过程模型为基础,结合现代营销理念、方法、手段,围绕对什么是营销、营销什么、怎么营销、如何进行营销管理等进行阐述。除在书中的各个项目中介绍的内容之外,这里我们介绍一些较有影响的不同时期的营销新理念,这些理念在我们将要学习的内容中均有所体现。

一、大市场营销观念

1984 年,市场营销大师菲利普·科特勒,针对现代世界经济迈向区域化和全球化,企业之间的竞争范围早已超越本土,形成了无国界竞争的态势,提出了"大市场营销"观念。大市场营销观念的核心内容:一是强调企业的市场营销既要有效地适应外部环境,又要能够在某些方面发挥主观能动作用和使外部环境朝着有利于企业的方向发展。二是在营销手段上在拓展,除传统的"4Ps"外,还可加上政治力量、公共关系,即"6Ps"。因为在封闭型市场中,进入市场的主要障碍并非来自消费者,而是许多非市场因素,所以营销除运用传统营销组合"4Ps"外,还必须加上"权力(Power)"和"公共关系(Public Relation)"两个"P"。

 情境案例

2001 年,中国加入 WTO,华为开始开拓美国市场,在得克萨斯州设立了第一个分支机构。

经过几年的精耕细作,华为逐渐在中小企业中打开市场,美国 Leap、Clearwire 公司、东北无线网络公司开始采购华为的 3G 设备、调制解调器等电信设施和服务。

到 2012 年的时候,华为终于超越诺基亚、西门子、阿尔卡特、朗讯和摩托罗拉等业内大佬,成为全球第二大网络设备生产商。然而,华为在全球市场的迅速发展,却引起了竞争对手和美国政府的注意。从 2003 年 1 月美国一些企业就以各种名义对华为进行打压,如首先发起攻击的美国传统电信巨头思科公司,以及后来的摩托罗拉等。

与此同时,美国商务部、国会、外国投资委员会(CFIUS)以可能损害国家安全为由,接连阻止华为在美国的商业交易。华为不仅被排除在美国主流运营商的网络基础设施门外,多次并购项目也相继流产。如 2007 年,华为试图并购 3com 公司,被美国政府阻止;2010 年 5 月,华为试图收购加州一个破产公司 3Leaf 的部分资产,被美国相关部门阻挠;2012 年 10 月 8 日,美国众议院情报委员会发布了一份有关华为、中兴设备可能危害美国国家安全的调查报告,对华为进行指责。类似的事件层出不穷。

不仅如此,从 2018 年开始,美国政府及官员开始在全球对华为展开舆论攻势,施压各国政府不要使用华为设备。美国的一些盟友也开始对华为采取行动。如 2018 年 8 月 23 日,澳大利亚政府宣布禁止华为参与新的 5G 网络基础设施建设。其后,新西兰、加拿大也将华为拒之门外。同年 12 月,英国最大电信运营商英国电信(BT)宣布将华为从其核心 5G 网络竞标者名单中移除。更为严重的是 2018 年 12 月 1 日,华为首席财务官在加拿大温哥华被捕,美国向加拿大要求引渡她。直到现在美国政府都没有停止对华为的打压。然而,美方至今拿不出切实的证据,以证明华为硬件和软件中隐藏有监控后门,只能反复以"国家安全"的风险来吓唬本国国民和其他国家。

美国对华为的打压是"欲加之罪,何患无辞!",这种无理的打压对华为的生产经营活动造成影响,同时也对全球供应链产生了影响。

【思考与讨论】 政治力量对企业经营活动的影响有哪些表现?

二、绿色营销

绿色营销是指企业以环境保护为经营思想,以绿色文化为价值观念,以消费者绿色消费为中心和出发点的营销理念、营销方式和营销策略。

所谓绿色消费是指消费者意识到环境恶化已经影响其生活环境、生活质量、生活方式,要求企业生产、销售对环境影响最小、对消费者身心健康有益和节能降耗的绿色产品。消费者趋于绿色消费的原因有二:一是社会经济发展为消费者谋利益的同时,造成恶劣的自然、社会环境,已直接危害了消费者自身健康,因此,人们迫切要求治理环境污染,要求企业停止损害环境及人们身体健康的产品生产。二是社会经济的发展使人们收入提高,人们迫切要求高质量的生活环境及高质量的消费。

绿色营销的研究焦点是,企业营销活动同自然环境的关系,即自然环境对营销活动的影响,以及企业营销活动对自然环境的冲击。其谋求的是消费者利益、企业利益、社会利益、生态环境平衡的统一。

三、网络营销

网络营销产生于 20 世纪 90 年代,借助互联网媒体,以新的方式、方法和理念,通过一系列网络营销策划,制定和实施的营销活动,可以更有效地促成交易的新型营销模式。

现在一般认为,网络营销是基于互联网和社会关系网络连接企业、用户及公众,向用户与公众传递有价值的信息和服务,为实现顾客价值及企业营销目标所进行的规划,实施及运营管理活动。网络营销是企业整体营销战略的一个组成部分,其实质是利用网络对产品的销售环节进行跟踪服务,它自始至终贯穿于企业经营全过程,包括网络调研、客户分析、产品开发、网络促销、网络服务等。网络营销并不完全独立于传统营销活动,它与传统营销一样都是以开发产品、生产产品、宣传、销售以及增加与消费者沟通为目的,其明显不同在于实施和操作过程。

营销的本质是企业与客户之间的信息传播及交换。网络使得这种信息传播与交换变得更快捷且成本低廉,这为网络营销活动创造了条件。网络营销具有以下特点:① 方便及时性;② 沟通的双向性;③ 经济性;④ 竞争公平性。

【思考与讨论】 线上网店购物与线下实体店购物有何不同体验。

四、关系营销

关系营销是企业将自己视作社会经济系统中的一个子系统,通过与消费者、竞争者、供应商、分销商、政府机构和社会组织等相关利益方发生互动作用,建立稳定信任、相互依存的关系,特别是与顾客建立合作双赢的产品和价值交换关系,从而促进产品持续销售,实现其营销目的的社会过程。

关系营销并不是排斥传统营销策略,关系营销与传统营销的本质区别就在于对顾客的理解。传统营销对关系的理解仅仅限于向顾客出售产品,完成交易,把顾客看作产品的最终使用者;关系营销把顾客看作是有着多重利益关系、多重需求,存在潜在价值的人。关系的内涵发展到了不断发现和满足顾客的需求,帮助顾客实现和扩大其价值,并建成一种长期的良好的关系基础。关系营销与传统交易营销比较具有以下特点。

第一,关系营销将顾客关系扩展到多重利益关系、多重需求、存在潜在价值者的关系;

第二,关系营销将交易双方利益视为互利、互补的,是双赢的合作关系。企业创造顾客价值最大化的同时提高自身利益。交易营销则将双方利益视为,一方所得另一方必有失的关系。

第三,关系营销是创造价值的过程,因为保持顾客可节约成本,提高利润。交易营销则是分配或实现生产部门已创造的价值。

第四,关系营销以保持顾客,实现顾客价值最大化为特征。交易营销则以吸引新顾客,提高市场占有率及实现利润最大化为特征。

第五,关系营销是由各职能部门实施,并实行顾客、服务质量与市场营销的整合。交易营销主要由营销部门实施,并以营销组合为基础。

五、整合营销

整合营销概念最初是以整合营销传播(Integrated Marketing Communication,简称 IMC)形式出现。整合营销是一种通过对各种营销工具和手段的系统化结合,根据环境进行即时性动态修正,以使交换双方在交互中实现价值增值的营销理论与营销方法。整合营销以市场为调节方式,以价值为联系方式,以互动为行为方式,是现代企业面对动态复杂环境的有效选择。

现代整合营销传播的特征如下:

(1)在整合营销传播中,消费者处于核心地位。

(2)对消费者深刻全面地了解,是以建立资料库为基础的。

(3)整合营销传播的核心工作是培养真正的"消费者价值"观,与那些最有价值的消费者保持长期的紧密联系。

(4)以本质上一致的信息为支撑点进行传播。企业不管利用什么媒体,其产品或服务的信息一定得清楚一致。

(5)以各种传播媒介的整合运用作手段进行传播。凡是能够将品牌、产品类别和任何与市场相关的信息传递给消费者或潜在消费者的过程与经验,均被视为可以利用的传播媒介。

六、4Cs 与 4Rs 营销组合

1990 年美国学者劳特朋教授提出了与 4Ps 相对应的 4Cs 组合理论。4Cs 理论的核心是通过双向交流,了解消费者,满足消费者需求,使消费者满意。劳特朋提出的 4Cs 理论的主要内容是:忘掉产品,考虑消费者的需求和欲求;忘掉定价,考虑消费者为满足其需求愿意付出的成本;忘掉渠道,考虑如何让消费者方便;忘掉促销,考虑如何同消费者进行双向沟通,因而 4Cs 分别代表:消费者的欲望和需求(Customer)、消费者为满足其需求愿意付出的成本(Cost)、消费者获得产品或服务的便利性(Convenience)、与消费者进行双向沟通(Communication)。

21 世纪初,美国学者唐·舒尔茨在 4Cs 的基础上提出 4Rs 营销组合范式,4R 即顾客关联(Relativity)、关系营销(Relationship)、市场反应(Reaction)、利益回报(Retribution)。顾客关联指与顾客建立关联,提高其满意度和忠诚度,减少顾客流失;市场反应是指提高市场反应速度,倾听和满足顾客的需求;关系营销则是重视关系,建立长期和稳固的关系;利益回报重视营

销回报,指任何交易行为的巩固与发展对于交易主体的双方来说都有一个经济利益。4Rs 以竞争为导向,在新的哲学层次上概括了营销的新框架,它将企业的营销活动提高到宏观和社会层面来考虑,提出企业与顾客及其他利益相关者应建立起事业和命运共同体,建立、巩固和发展长期的合作关系,强调关系管理而不是市场交易。

关于 4Cs、4Rs 与 4Ps 理论的关系,本教材赞同如下观点:4Ps 是不可替代的营销组合要素,4Cs 和 4Rs 更多的是为营销商提供思考问题的方向和原则,4Cs 和 4Rs 应该看作是对 4Ps 在不同营销环境下的营销组合的丰富和完善。

【思考与讨论】 市场营销组合有哪些特点? 基于互联网技术的发展与应用你认为市场营销组合还会怎样变化?

课后练习

一、单项选择题

1. 市场是指对某项商品或劳务具有需求的所有(　　)。
　　A. 个人消费者　　B. 生产者　　　　C. 社会集团　　　　D. 现实与潜在买者

2. 现代经济生活中人们获得满足其欲望或需求的重要方式是(　　)。
　　A. 自行生产　　B. 强行获取　　　C. 乞讨　　　　　　D. 交换

3. "有能力购买并且愿意购买的某个具体满足物的欲望"是(　　)。
　　A. 需求　　　　B. 需要　　　　　C. 欲望　　　　　　D. 动机

4. 被认为具有"营销近视症"的营销观念是(　　)。
　　A. 生产观念　　B. 推销观念　　　C. 市场营销观念　　D. 产品观念

5. 社会市场营销观念中,所强调的利益应是(　　)。
　　A. 企业利益　　　　　　　　　　　B. 消费者利益
　　C. 社会利益　　　　　　　　　　　D. 企业、消费者与社会的整体利益

6. 市场营销观念的突出特征是(　　)。
　　A. 以产品质量为中心　　　　　　　B. 以产品价格为中心
　　C. 以产品产量为中心　　　　　　　D. 以消费者需求为中心

7. 企业奉行"消费中心论"是贯彻(　　)。
　　A. 推销观念　　B. 市场营销观念　　C. 产品观念　　　　D. 生产观念

8. "我卖什么,顾客就买什么",属于下列哪种观念?(　　)。
　　A. 生产观念　　B. 推销观念　　　C. 市场营销观念　　D. 产品观念

9. 古至今许多经营者奉行"酒好不怕巷子深"的经商之道,这种市场营销管理哲学属于(　　)。
　　A. 推销观念　　B. 产品观念　　　C. 生产观念　　　　D. 市场营销观念

10. "顾客对产品感知使用效果与顾客的期望的满足关系"是(　　)。
　　A. 顾客价值　　B. 顾客满意　　　C. 顾客忠诚　　　　D. 顾客资产

二、多项选择题

1. 市场可以表述为（　　　）。
    A. 商品交换场所 　　　　　 B. 商品交换关系总和 　　　　 C. 商品交易过程
    D. 商品流通过程 　　　　　 E. 具有购买力的顾客群

2. 可以作为营销供给物的有（　　　）。
    A. 商品 　　 B. 事件 　　 C. 人员 　　 D. 财产权 　　 E. 思想或观念

3. 营销观念是营销过程中如何处理（　　　）利益关系
    A. 企业 　　 B. 股东 　　 C. 员工 　　 D. 顾客 　　 E. 社会

4. 现代营销观念与传统商业观念的区别在于（　　　）。
    A. 面对市场不同 　　　　　 B. 营销出发点不同 　　　　　 C. 营销产品不同
    D. 营销手段不同 　　　　　 E. 营销目的不同

5. 营销管理者必须决定目标顾客是谁，以及他们的（　　　），并解决如何满足
    A. 需求水平 　 B. 需求时机 　 C. 需求空间 　 D. 需求潜量 　 E. 需求性质

6. 传统营销观念包括的类型（　　　）。
    A. 生产观念 　 B. 产品观念 　 C. 推销观念 　 D. 市场营销观念
    E. 社会营销观念

7. 现代营销观念包括的类型（　　　）。
    A. 生产观念 　 B. 产品观念 　 C. 推销观念 　 D. 市场营销观念
    E. 社会营销观念

8. 生产观念产生和流行的客观经济条件是（　　　）。
    A. 产品供不应求 　　　　　 B. 产品供过于求 　　　　　 C. 环境污染严重
    D. 产品质量高 　　　　　　 E. 产品成本高

9. 大市场营销观念增加的 $2P_s$ 是指（　　　）。
    A. 产品 　　 B. 价格 　　 C. 政治权力 　　 D. 公共关系 　　 E. 分销渠道

10. 在现代市场营销学中，组成市场的最基本要素是（　　　）。
    A. 供应者 　　 B. 购买者 　　 C. 商品 　　 D. 购买力 　　 E. 购买意愿

11. 属于按购买者身份划分的市场是（　　　）。
    A. 消费者市场 　　　　　 B. 生产者市场 　　　　　 C. 政府市场
    D. 技术市场 　　　　　　 E. 金融市场

三、判断题

1. 从营销理论的角度看，市场就是买卖商品的场所。　　　　　　　　　　　　（　　　）
2. 在组成市场的双方中，买方的需求是决定性的。　　　　　　　　　　　　（　　　）
3. 针对充分需求，企业营销管理的任务是"反市场营销"。　　　　　　　　　（　　　）
4. 消费者之所以购买商品，根本目的在于获得并拥有商品本身。　　　　　　（　　　）
5. 交换是一个过程。在这个过程中，如果双方达成了一项协议就可称之为发生了交易。
　　　　　　　　　　　　　　　　　　　　　　　　　　　　　　　　　　　（　　　）
6. 市场营销就是推销和广告。　　　　　　　　　　　　　　　　　　　　　（　　　）
7. 通常情况下，消费者是根据对产品效用的评价决定购买产品。　　　　　　（　　　）

8. 市场营销活动的起点是需要和欲望。 （　　）

9. 市场活动所必需的要素有人口、购买力及环境因素。 （　　）

10. 市场营销是企业管理的一种职能。 （　　）

四、思考题

1. 什么是市场营销？简述营销过程模型。

2. 说明几个市场营销的核心概念。

3. 什么是营销观念？试比较说明不同营销观念的内涵。

4. 绿色营销研究的焦点是什么？

5. 什么是网络营销？它包括哪些内容？

五、案例分析题

案例一　三种不同的营销观念

有三家公司，其经营决策是：

A 公司生产汽车，致力于扩大汽车生产规模，加强企业管理力图降低成本扩大销售。

B 公司生产电子仪器，认为自己的产品不会主动变成现金，因此只要派出人员大力推销就能取得经营成功。

C 公司生产汉堡包，其宗旨是顾客是上帝，要尽量努力使顾客购买汉堡包的每一块钱都能买到十足的价值、质量和满意。

问题：

1. 上述三家公司分别属于哪种营销观念，各种观念具体内容是什么？

2. 在上述三种观念中哪一种观念最能体现现代营销观念？

案例二　康佳早期的营销

深圳康佳公司成立于 1980 年，起初以来料加工的方式生产一些简单的电子钟、收录机，企业经营举步维艰。严峻的市场形势迫使康佳人从市场需求出发，选择了电视机作为打开市场的产品。1995 年，电视机市场已经被进口品牌和国有老厂挤得水泄不通，一张新面孔要挤进去谈何容易。

为了寻求生存空间，康佳人坚持市场导向，推出了十多个产品大类、几百个产品项目的产品。除了通信设备要经当时的国家邮电部批准入网外，其他产品都是根据瞬息万变的市场需求及时推出的。每年保证有 3 个彩电新产品投入市场，同时开发 40 种新产品，每年新产品的产值占总产值的 80％以上。康佳总经理对市场营销观念的理解是：站在市场前沿，充分考虑未来市场需求的发展，及时开发新产品。市场上销售着一种，生产线上生产着一种，开发部里研究着一种，脑子里还构思着一种。

问题：

1. 什么是市场营销管理哲学？在市场营销发展的过程中，存在哪些市场营销管理哲学？

2. 康佳所采取的是什么样的市场营销管理哲学？为了实践这种哲学，康佳是如何做的？

六、职业技能训练题

调研一家企业，分析其营销理念，写一篇调研报告，要求阐述改企业的经营理念的发展变化过程及其原因，从中体会营销观念的重要性。

项目二　了解市场和顾客需求

知识目标:掌握企业营销环境的基础理论知识;了解营销信息系统及营销调研的方法;理解影响消费者购买行为的主要因素;了解消费者购买行为的过程;理解影响生产者市场购买行为的主要因素;了解生产者市场购买行为的基本类型与特点。

技能目标:能够辨别影响企业营销活动的影响因素及其作用;能够识别市场环境中蕴含的机会和威胁;能够分析影响消费者购买行为的因素;能够分析消费者购买行为的过程;能够分析影响生产者市场购买行为的主要因素。

 导入案例

时下,国潮已不只是单纯的国货品牌购买浪潮,更代表了中国文化、中国科技的全面崛起与繁荣。

据了解,"润百颜·故宫口红"2018年底走入消费者视野,该产品由华熙生物联合故宫博物院推出,将现代科技和传统文化进行结合,在膏体中添加了华熙生物的专利成分,突破了玻尿酸的彩妆禁区,解决了口红拔干的问题,并引发新一轮国货热潮。

如今,消费趋势的核心指向包括"Z世代"在内的年轻消费群体,他们消费能力较强,更容易接受新事物。有专家表示:"消费的驱动力正逐渐从中产阶级转向Z世代。"中国Z世代更注重个性化需求,购买力强。企业只有真正尊重并迎合Z世代的个性化需求,才能赢得Z世代的喜欢。作为国潮代表性企业,华熙生物一直坚持"科学→技术→产品→品牌"的企业发展逻辑,依托底层科技力打造强势产品力,以"会说话"的好产品,满足消费者需求。

另外,华熙生物也从消费者出发,多元化、多品牌满足不同人群护肤需要。以旗下功能性护肤品四大品牌为例,润百颜定位透明质酸科技护肤引领者、夸迪主打冻龄抗初老、米蓓尔专为敏感肌肤人群研制、BM肌活定位活性成分管控大师。

随着社会经济发展和文化自信的增强,国潮正在从一种消费趋势变成消费习惯,正如新华社国际版网友评论:"国潮就是最好的时尚。"像华熙生物这样持续挖掘和满足消费者深层次需求,以科技创新不断自强的民族企业会更快崛起,引领国货产品的发展。

【营销启示】　企业的发展离不开环境,优秀的企业要善于根据环境的变化来推出人们需求的变化,从而开发出满足消费者需要的产品或者服务。

项目一让我们对市场营销的概念、营销过程有了基本的认识和理解,本项目我们将遵循营销过程模型,深入探讨营销过程的第一步了解市场和顾客需求。首先,我们应当清楚无论是企业的生产活动还是顾客的消费活动都是在一定的环境中进行的,因此要了解市场和顾客需求必须先对营销环境有所认识并进行分析。其次,要对环境进行分析又必须掌握认识环境信息内涵及管理的方法,即如何管理营销信息。再次,我们要清楚的是,我们的目的是对市场和顾客需求有所了解,因此,本项目我们还将在对环境分析、信息掌握的基础上对顾客的消费行为进行分析,为设计以顾客为导向的营销战略打好基础。

任务1 认识营销环境

市场营销是在一个复杂多变的环境中进行的,这些环境因素可能对企业的经营有利形成市场机会,也可能不利造成经营威胁。营销环境影响着企业对顾客的服务和与顾客保持关系的能力。企业要做好营销工作,了解市场和顾客需求,制定有效的营销战略,就必须首先分析营销是在什么样的环境中进行营销活动的。

一、市场营销环境的概念及特点

美国著名市场营销学家菲力普·科特勒、加里·阿姆斯特朗对市场营销环境的解释是:企业的营销环境是指在营销活动之外,能够影响营销部门建立并保持与目标顾客良好关系的能力的各种因素和力量。也就是说,市场营销环境是指影响企业营销活动所有外部力量的集合,它是影响企业生存和发展的各种外部条件。

市场营销环境具有客观性和差异性、多样性和复杂性、动态性和多变性、不可控性和可影响性等特点。(1)客观性和差异性表现为企业总是在一定的环境中进行经营活动的,不同的企业受到不同的环境影响,同样的环境因素变化对不同的企业影响不同;(2)多样性和复杂性表现为同一企业受多种环境因素的影响,且各种因素是可分为诸如国际、国家、地区等不同层次的影响因素的,更多的时候这些因素还具有相互联系、渗透等关联性;(3)动态性和多变性表现为不同时期环境影响的重点、范围不同,一种因素的变化导致另一种因素的变化,一个层次因素的变化会导致另一层次因素的变化,等等;(4)不可控性和可影响性表现为营销环境是一个复杂多样的整体,其构成要素是动态多变的,企业对其绝大多数因素是不可能控制的,但是可以在不断适应的过程中施加以一定的影响。

企业对市场营销环境进行分析不仅是其营销活动的基础,而且有助于企业发现市场机会,规避环境威胁,作出正确的营销决策。

市场营销环境主要分为宏观环境与微观环境两部分。具体如图2-1所示:

图2-1 企业营销环境构成

【思考与讨论】 日常生活中,猪肉价格变化对生猪养殖企业和肉食品加工企业造成的影响相同吗?这体现了市场营销环境的什么特点?

二、微观环境

市场营销微观环境是指对企业服务其顾客的能力构成直接影响的各种力量,包括企业内部环境、供应商、顾客、营销中介、竞争对手和公众几个因素。微观环

微课:2-1

企业微观营销环境

境因素对企业的影响,尤其是供应商、顾客、竞争者对企业发展影响巨大。为此,企业营销活动既要适应环境又要设法改变环境,才能在激烈的市场竞争中立于不败之地,持续、健康、稳步发展。

1. 供应商

供应商是指向企业及其竞争者提供生产产品和服务所需资源的企业或个人。供应商在整个企业顾客价值的传递系统中起着重要的纽带作用,它们所提供的资源主要包括原材料、设备、能源、劳务、资金等。供应商是企业正常运转的保证,没有供应商就没有提供给市场所需要的产品和服务。供应商对企业营销活动的影响主要表现在:供应的能力,主要体现在供应的稳定性与及时性,这影响着企业能否顺利进行再生产;供应的成本影响着企业的生产成本,进而影响企业的产品价格和盈利能力、供应的质量影响着企业生产产品的质量、产品竞争力。为此,企业应建立多元的供应商关系,可实施后向一体化的策略,并加强供应商的分级管理。

2. 顾客

顾客通常就是用户或消费者,就是企业所说的目标市场。企业与顾客的关系实质上是一种生产与消费的关系。顾客的范围十分广泛,顾客市场可依据不同标准和特点划分成许多类别,一般可分为消费者市场、生产者市场、转卖者市场、政府市场和国际市场等。企业生产的目的是满足顾客的需要。因此,顾客及其需求是企业生产经营活动的出发点,是企业生产经营决策的根本依据,也是市场营销活动的基点。顾客是企业服务的对象,企业的一切活动都必须紧紧围绕顾客这一中心展开。只有如此,企业才能真正遵照"顾客至上""按需生产"的法则从事生产经营活动,真正树立"以顾客为中心"的经营思想,并在激烈的市场竞争中游刃有余。如何通过细致的市场调查与分析,正确地选择符合企业实际情况的目标市场,这对企业的生产经营是至关重要的。对于顾客,企业营销者主要从顾客数量、购买能力、购买需求、购买行为等几方面着手分析。

3. 竞争对手

竞争者是指服务于同一目标市场的其他企业(包括新进入者、替代者)和与企业争资源的企业。企业在目标市场进行营销活动的过程中,不可避免地会遇到竞争者或竞争对手的挑战。因为只有一个企业垄断整个目标市场的情况是很少出现的,即使一个企业已经垄断了整个目标市场,竞争对手仍然有可能想参与进来。因为只要存在着需求向替代品转移的可能性,潜在的竞争对手就会出现。

企业要取得营销成功不仅仅是简单地满足目标顾客的需要,还必须对产品进行定位,使本企业的产品或服务区别于竞争对手。每一个企业都必须考虑竞争对手对本企业营销活动的影响。企业在制定营销策略前不仅要分析自己的规模、同行业中的地位,还必须分析竞争对手,才能有效地开展营销活动。

一般来说,企业在营销活动中需要对竞争对手了解、分析的情况有:竞争企业的数量有多少;竞争企业的规模和能力的大小强弱;竞争企业对竞争产品的依赖程度;竞争企业所采取的营销策略及其对其他企业策略的反应程度;竞争企业能够获取优势的特殊材料来源及供应渠道。

知识补给

1. 竞争力模型

企业的竞争可能来自几个方面,具体如图2-2所示。

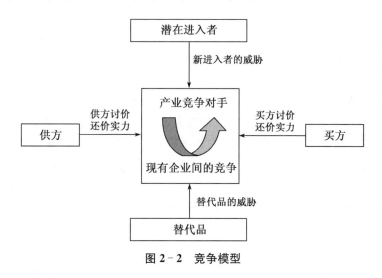

图2-2　竞争模型

2. 竞争者类型

(1) 品牌竞争者

品牌竞争者即生产同样的产品,并以相似的价格供给相同顾客的企业。例如,别克君威把本田雅阁、大众帕萨特、丰田凯美瑞等生产同样档次汽车的品牌作为自己的品牌竞争者。

(2) 行业竞争者(也叫产品形式竞争者)

行业竞争者即把行业内所有提供满足同一需求的同类产品的企业都作为竞争者。所谓行业是指生产彼此可密切替代的产品的厂商群。如上海别克的行业竞争者还包括广汽丰田、上海大众、北京现代、东风日产等。

(3) 需要竞争者(也叫平行竞争者)

需要竞争者即企业将所有满足消费者同一种需求的不同产品生产企业都看作是竞争者。如上海别克不仅把所有轿车制造商作为竞争对手,而且将摩托车、客车、卡车甚至游艇和私人飞机制造商都看作是自己的竞争对手。

(4) 消费竞争者(也叫愿望竞争者)

消费竞争者即在最广泛的意义上企业把所有争夺同一市场购买力的企业都作为竞争者。如上海别克可将房地产商、家电制造商、旅行社等都看作是自己的竞争者,因为顾客若买了房地产或其他商品,可能就会无力购买汽车。

4. 营销中介

营销中介是指协助企业促销、销售和配销其产品给最终购买者的企业或个人,包括中间商、实体分配机构、营销服务机构和金融中介等。这些都是市场营销不可缺少的环节,大多数企业的营销活动,都必须通过它们的协助才能顺利进行。正因为有了营销中介所提供的服务,才使得企业的产品能够顺利地到达目标顾客手中。随着市场经济的发展,社会分工愈来愈细,那么,这些中介机构的影响和作用也就会愈来愈大。因此,企业在市场营销过程中,必须重视中介组织对企业营销活动的影响,并要处理好同它们的合作关系。

（1）中间商

中间商是指把产品从生产商流向消费者的中间环节或渠道,它主要包括经销商和代理商两大类。中间商对企业营销具有极其重要的影响,它能帮助企业寻找目标顾客,为产品打开销路,为顾客创造地点效用、时间效用和持有效用。一般企业都需要与中间商合作,来完成企业营销目标。为此,企业需要选择适合自己营销的合格中间商,必须与中间商建立良好的合作关系,必须了解和分析其经营活动,并采取一些激励性措施来推动其业务活动的开展。

（2）营销服务机构

营销服务机构包括营销调研机构、广告代理商、媒介经营公司、营销咨询公司等。这些机构提供的专业服务对企业的营销活动会产生直接的影响,它们主要任务是协助企业确立市场定位,进行市场推广,提供活动方便。一些大企业或公司往往有自己的广告和市场调研部门,但大多数企业则以合同方式委托这些专业公司来办理有关事务。为此,企业需要关注、分析这些服务机构,选择最能为本企业提供有效服务的机构。

（3）实体分配机构

实体分配机构主要是指货物储运公司,它是协助厂商储存货物并把货物从产地运送到目的地的专业企业。仓储公司提供的服务可以是针对生产出来的产品,也可以是针对原材料及零部件。一般情况下,企业只有在建立自己的销售渠道时,才会主要依靠仓储公司。在委托中间商销售产品的场合,仓储服务往往由中间商去承担,仓储公司储存并保管要运送到下一站的货物。运输公司包括铁路、公路、航空、货轮等货运公司,生产企业主要通过权衡成本、速度和安全等因素,来选择成本效益最佳的货运方式。因此,仓储公司的作用在于帮助企业创造时空效益。

（4）金融中介

金融中介是企业营销活动中进行资金融通的机构,包括银行、信托公司、保险公司等。其主要功能是为企业营销活动提供融资及保险服务。在现代化社会中,任何企业都要通过金融机构开展经营业务往来。金融服务机构业务活动的变化还会影响企业的营销活动,比如银行贷款利率上升,会使企业成本增加;信贷资金来源受到限制,会使企业经营陷入困境。为此,企业应与这些公司保持良好的关系,以保证融资及信贷业务的稳定和渠道的畅通。

5. 公众

公众是指对企业实现其目标的能力感兴趣或发生影响的任何团体或个人。公众对企业的态度,会对其营销活动产生巨大的影响,它既可能有助于企业树立良好的形象,也可能妨碍企业的形象。所以企业必须采取处理好与主要公众的关系,争取公众的支持和偏爱,为自己营造和谐、宽松的社会环境。

企业所面临的公众主要有以下几方面:

（1）金融公众

金融公众主要包括银行、投资公司、证券公司、股东等,他们对企业的融资能力有重要的影响。

（2）媒介公众

媒介公众指那些联系企业和外界的大众媒介,包括报纸、杂志、电视台、电台、网络等。它们掌握着传媒工具,有着广泛的阅读受众,能直接影响社会舆论对企业的认识和评价。

(3)政府公众

政府公众指对企业的业务、经营活动有影响的政府机构和企业的主管部门。如主管有关经济立法及经济政策、产品设计、定价、广告及销售方法的机构。

(4)社团公众

社团公众主要指与企业营销活动有关的非政府机构,如消费者组织、环境保护组织,以及其他群众团体。企业营销活动涉及社会各方面的利益,来自这些社团公众的意见、建议,往往对企业营销决策有着十分重要的影响作用。

(5)地方公众

地方公众主要指企业周围居民和团体组织。社区是企业的邻里,企业保持与当地社区的良好关系,为社区的发展作一定的贡献,会受到社区居民的好评,他们的口碑能帮助企业在社会上树立形象。

(6)内部公众

内部公众指企业内部全体员工,包括领导、经理、管理人员、职工。处理好内部公众关系是搞好外部公众关系的前提。

6. 企业内部环境

企业开展营销活动要充分考虑到企业内部的环境力量和因素。企业是组织生产和经营的经济单位,是一个系统组织。企业营销部门与企业计划、技术、采购、生产、质检、财务、后勤等部门组成的相互联系的整体称为企业内部环境。企业内部各职能部门的工作及其相互之间的协调关系,直接影响企业的整个营销活动。

三、宏观环境

微课:2-2

企业宏观营销环境

市场营销宏观环境是指企业不可控制的、给企业造成市场营销机会和形成环境威胁的外部力量。这些力量主要包括人口环境、经济环境、政治与法律环境、科学技术环境、自然环境以及社会和文化环境。分析宏观环境的目的在于更好的认识环境,并且能够通过企业营销活动努力适应环境及其变化,抓住机会、规避威胁,达到企业营销目标。

1. 人口环境

现代营销学认为,市场=人口+购买欲望+购买力。可见,人口是市场的第一要素。在企业营销活动中,要关注人口环境,因为人口数量直接决定市场规模和市场潜力,同时人口环境中的性别、年龄、种族、民族、婚姻等因素也对市场格局产生深刻的影响。因而人口状况自然成为企业从事营销活动应关注的宏观环境因素之一。

人口对企业营销活动的影响主要体现在以下几个方面:

(1)人口数量

人口数量是决定市场规模和市场潜力的一个基本要素。收入水平不变的情况下,人口越多,对食物、衣着、日用品的需要量也越多,市场也就越大。企业营销首先要关注所在国家或地区的人口数量及其变化。人口越多,其市场潜力越大,但另一方面人口的增长也有可能导致人均收入下降,限制经济发展,从而使市场吸引力下降。

随着经济全球化的发展，不少跨国公司纷纷来中国投资，将中国市场作为未来发展的增长点，其原因就是看中了中国这个巨大的市场，因为就人口而言，它是美国的 4 倍、日本的 6 倍、法国的 20 倍。

（2）人口结构

人口的结构包括人口的年龄结构、性别结构、家庭结构、教育结构、收入结构、职业结构、民族结构等多种因素。

人口结构对企业营销工作极其重要，因为不同的人口结构状况，相应的收入水平、生理需要、生活方式、价值观念等都不同，需求也就不同。性别差异会给人们的消费需求带来显著的差别，反映到市场上就会出现男性用品市场和女性用品市场。特定年龄段的人口数量的变化会影响到某些行业的发展，如世界人口老龄化趋势必将影响到一些保健品行业需求将出现增长。家庭是社会的细胞，也是商品购买和消费的基本单位。一个国家或地区家庭结构的状况，直接影响着许多消费品的市场需求量。如随着我国社会经济的发展，几代同堂的大家庭越来越少，家庭数目随之增加，增多的家庭对住房、家电、家具等生活用品的需求就会增大；同时我国人口老龄化趋势，也给家庭消费、社会服务结构带来很大的变化；随着我国高等教育大众化，人们受教育的程度普遍提高，也给年轻一代的消费价值取向带来较大变化。

民族不同，其文化传统、生活习性也不相同。具体表现在饮食、居住、服饰、礼仪等方面的消费需求都有自己的风俗习惯。企业营销要重视民族市场的特点，开发适合民族特性、受其欢迎的商品。

（3）人口分布

人口分布是指人口在不同地区密集程度。由于受自然条件、经济发展等因素的影响，一个国家的人口分布不会是均匀的。各地人口的密度不同，则市场大小不同、消费需求特性不同。改革开放后，我国农村人口向城市流动，内地人口向沿海经济开放地区流动。人口流入较多的地方由于劳动力增多，就业问题突出，行业竞争较激烈，但人口增多也使当地基本需求量增加，消费结构也发生了一定的变化，从而带来较多的市场份额和营销机会。

 知识补给 ‥‥‥‥‥

我国的人口环境

2021 年 5 月 11 日国家统计局发布第七次全国人口普查公报。

从总人口数量看，全国总人口为 144 3497 378 人，与 2010 年第六次全国人口普查相比，增加 72 053 872 人，增长 5.38%，年平均增长率为 0.53%。从分区域看，与 2010 年第六次全国人口普查相比，东部地区人口所占比重上升 2.15 个百分点，中部地区人口所占比重下降 0.79 个百分点，西部地区人口所占比重上升 0.22 个百分点，东北地区人口所占比重下降 1.20 个百分点。

从性别比例看，全国人口中，男性人口为 723 339 956 人，占 51.24%；女性人口为 688 438 768 人，占 48.76%。总人口性别比（以女性为 100，男性对女性的比例）为 105.07，与 2010 年第六次全国人口普查基本持平。

从年龄结构看,全国人口中,0—14岁人口为253 383 938人,占17.95%;15—59岁人口为894 376 020人,占63.35%;60岁及以上人口为264 018 766人,占18.70%,其中65岁及以上人口为190 635 280人,占13.50%。与2010年第六次全国人口普查相比,0—14岁人口的比重上升1.35个百分点,15—59岁人口的比重下降6.79个百分点,60岁及以上人口的比重上升5.44个百分点,65岁及以上人口的比重上升4.63个百分点。

从受教育程度看,全国人口中,拥有大学(指大专及以上)文化程度的人口为218 360 767人;拥有高中(含中专)文化程度的人口为213 005 258人;拥有初中文化程度的人口为487 163 489人;拥有小学文化程度的人口为349 658 828人。与2010年第六次全国人口普查相比,每10万人中拥有大学文化程度和拥有高中文化程度的人口上升;拥有初中文化程度和拥有小学文化程度的人口下降。与2010年第六次全国人口普查相比,全国人口中,15岁及以上人口的平均受教育年限由9.08年提高至9.91年。

第七次全国人口普查全面查清了我国人口数量、结构、分布等方面情况。从整个数据看,我国人口总量继续增长,但是增速有所放缓,劳动年龄人口总量仍在下跌,60岁及以上的人口增加,人口老龄化程度继续加深,劳动力受教育程度提高,人口从乡村向城镇转移的趋势仍在继续。

虽然人口增速放缓,但由于我国人口总量大,我国就业压力依然不小。人口中劳动年龄人口减少,人口老龄化程度加深,将影响我国的退休养老政策制定。劳动年龄人口受教育程度提高,将会为我国经济发展高质量发展提供有力的支持。人口迁移趋势,需要政府和社会为人口的迁移流动创造条件。

【思考与讨论】 我国生育政策由"一孩政策"调整为"三孩政策",这一变化对市场产生的影响体现在哪些方面?

2. 经济环境

经济环境包括收入因素、消费支出、产业结构、经济增长率、经济体制、地区与行业发展状况、银行利率、政府支出等因素,其中收入因素、消费支出是企业营销活动的直接影响因素。经济增长率、经济体制等是企业营销活动的间接影响因素。这里我们主要分析直接影响企业营销活动的经济因素。

(1) 消费者收入

消费者收入是指消费者个人从各种经济来源所得到的全部货币收入,通常包括个人的工资、奖金、退休金、红利、租金等。它是决定消费者购买力的最直接的因素。但消费者可能并不是把全部收入都用来购买商品或服务,购买力只是收入的一部分。因此,在研究消费者收入时,应着重分析消费者的个人可支配收入及个人可任意支配收入的水平。

① 个人可支配收入。这是指个人收入减去直接负担的各项税款和非税性负担之后的余额,即个人能够用以作为个人消费支出或储蓄的数额。

② 个人可任意支配收入。这是指从个人可支配收入中减去维持生活所必要的支出和其他固定支出后所剩下的那部分个人收入。这部分收入是企业开展营销活动时所要考虑的主要对象。因为这部分收入主要用于满足人们基本生活需要之外的开支,一般用于购买高档耐用

消费品、旅游、储蓄等，它是影响非生活必需品和服务销售的主要因素。

（2）消费者支出

随着消费者收入的变化，消费者支出模式会发生相应变化，从而影响到消费结构。消费支出在各类商品上的比例分配称为消费结构。德国统计学家恩格尔根据长期观察和大量统计资料得出结论：一个家庭越穷，总支出中用于购买食品的部分所占比例越多，其比重随富裕程度的降低而按几何级数增大。人们把食物支出占总支出的比例称为恩格尔系数（R1）。

$$恩格尔系数（R1）=\frac{食物支出变动百分比}{总支出变动百分比}\times100\%$$

国际上常常用恩格尔系数来衡量一个国家和地区人民生活水平的状况，也可以推知今后消费变化的趋势及对企业营销活动的影响。食物开支占总消费量的比重越大，恩格尔系数越高，生活水平越低；反之，食物开支所占比重越小，恩格尔系数越小，生活水平越高。根据联合国粮农组织提出的标准，恩格尔系数在59%以上为贫困，50%—59%为温饱，40%—50%为小康，30%—40%为富裕，低于30%为最富裕。

（3）消费者储蓄和信贷

消费者的购买力还要受到储蓄和信贷的直接影响。当收入一定时，储蓄越多，现实消费量就越少，而潜在消费量越大；反之，储蓄越少，现实消费量就越大，而潜在消费量越小。此外，储蓄的目的不同，也往往会影响到潜在需求量、消费模式、消费内容、消费发展方向的不同。这就要求企业营销人员在调查、了解储蓄动机与目的的基础上，制定不同的营销策略，为消费者提供有效的产品和劳务。

消费者信贷，指金融或商业机构向有一定支付能力的消费者融通资金的行为，消费者凭信用可以先取得商品使用权，然后按期归还货款，从而促成商品销售。主要形式有短期赊销、分期付款、信用卡结算等。信贷消费允许人们购买超过自己现实购买力的商品，对高档消费品，消费信贷可提前实现这些商品的销售，从而可以创造更多的需求。

 情境案例

随着我国经济的不断发展，我国居民年人均可支配收入持续增长、恩格尔系数逐步降低。国家统计局网站2022年2月28日发布《中华人民共和国2021年国民经济和社会发展统计公报》（以下简称公报）。公报显示，全国居民人均可支配收入35 128元（见图2-3），比上年增长9.1%，扣除价格因素，实际增长8.1%；居民人均消费支出24 100元（见图2-4），比上年增长13.6%，扣除价格因素，实际增长12.6%。按常住地分，城镇居民人均消费支出30 307元，增长12.2%，扣除价格因素，实际增长11.1%；农村居民人均消费支出15 916元，增长16.1%，扣除价格因素，实际增长15.3%。全国居民恩格尔系数为29.8%，其中城镇为28.6%，农村为32.7%。根据联合国的划分标准，我国目前正处于从相对富裕向富足过渡的阶段。恩格尔系数的降低带来了消费升级，居民消费结构发生了较大的变化。

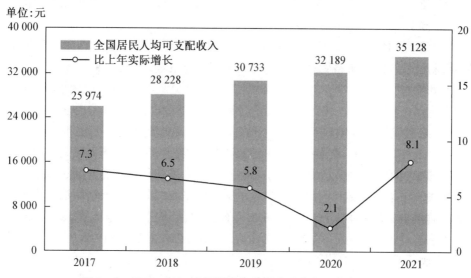

图 2-3　2017—2021 全国居民人均可支配收入及其增长速度

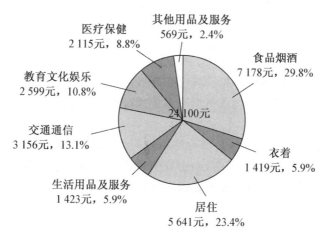

图 2-4　2021 年全国居民人均消费支出及其构成

3. 政治与法律环境

政治与法律环境是指企业外部政治形势和状况、法规条例给市场营销活动带来的或可能带来的影响。政治环境引导着企业营销活动的方向,法律环境则为企业规定经营活动的行为准则。政治与法律相互联系,共同对企业的市场营销活动产生影响和发挥作用。

（1）政治环境

政治环境指影响企业营销活动的外部政治形势,包括国家政局的状况以及政府所制定的方针政策。如果政局稳定,人们安居乐业,就会给企业创造出良好的营销环境。相反,政局不稳,社会矛盾尖锐,秩序混乱,必然影响企业的经营和经济发展。尤其当企业进行跨国营销活动时,一定要考虑东道国政局变动和社会稳定情况可能造成的影响。

此外国家的各项方针政策,如人口政策、能源政策、物价政策、财政政策、金融与货币政策等,都会对企业的营销活动带来影响。例如,国家降低利率,征收个人收入调节税等政策,都会对社会购买力产生一定的影响；而实行高的产品税（如烟草税、酒税等）则可以抑制消费者的消费需求。

在国际贸易中，各个国家还会制定一定的政策来干预外国企业在本国的营销活动，主要措施有进口限制、税收政策、价格管理、外汇管制、国有化政策等。

（2）法律环境

法律环境是指国家或地方政府所颁布的各种法规、法令和条例等，它是企业营销活动的准则。近年来，为适应经济体制改革和对外开放的需要，我国陆续制定和颁布了一系列法律法规，例如《中华人民共和国产品质量法》《中华人民共和国公司法》《中华人民共和国商标法》《中华人民共和国专利法》《中华人民共和国广告法》《中华人民共和国食品安全法》《中华人民共和国环境保护法》《中华人民共和国反不正当竞争法》《中华人民共和国反垄断法》《中华人民共和国消费者权益保护法》《中华人民共和国进出口商品检验条例》《中华人民共和国民法典》等。企业只有依法进行各种营销活动，才能受到国家法律的有效保护。对于从事国际营销活动的企业来说，不仅要遵守本国的法律制度，还要了解和遵守国外的法律制度和有关的国际法规、惯例和准则。如许多国家不允许做烟草的电视广告，比利时不允许以儿童做广告等。这些特殊的法律法规是企业在进行国际营销时所必须了解和遵循的。

 情境案例

"创办一年，成交量就已遥遥领先。"这句广告词曾频繁出现在电视、网络，甚至地铁站的广告牌上，打响了瓜子二手车的名气，也引来不少争议，而瓜子二手车也为这句"自吹自擂"的广告词付出了代价。

2018年11月，北京市工商行政管理局海淀分局就"创办一年、成交量就已遥遥领先。"的广告语缺乏事实依据，与实际情况不符，向金瓜子科技（北京）发展有限公司（瓜子二手车实际运营公司）开出1250万元的罚单。此前，2017年11月，瓜子二手车的竞争对手人人车因不满其广告语，以不正当竞争关系为由，将瓜子二手车告上法庭，向瓜子二手车索赔1亿元人民币。最终北京市海淀区人民法院发布诉前禁令裁定，认为瓜子二手车"创办一年，成交量就已遥遥领先"等相关广告，尚无充分事实依据，涉嫌构成引人误解的虚假宣传的不正当竞争行为，责令瓜子二手车立即停止使用"遥遥领先""全国领先"等虚假宣传用语。

现今打开瓜子二手车官网，其首页的广告语是"让每个家庭都拥有更好的车"。

4. 科学技术环境

科学技术是社会生产力中最活跃的因素，它影响着人类社会的历史进程和社会生活的方方面面，对企业营销活动的影响更是显而易见。现代科学技术突飞猛进，科技是第一生产力已为众多企业所认可。同时，科学技术环境不仅直接影响企业内部的生产和经营，同时还与其他环境因素相互依赖、相互作用。每一种新技术的应用，都会给企业带来新的市场机会，同时也会给另一些企业带来威胁。因此企业应密切关注科技环境的新变化，及时应用新技术，做好新产品研发工作，满足消费者不断变化的需求。

科学技术环境变化对企业营销的影响主要表现在：产品更新换代加快；企业研发费用增加；技术创新机会增多；技术贸易比重加大；电子商务与网络技术的发展对营销思想、方法、手段的改变,产生网络营销与直播电商等新型营销、服务模式。对社会进步的影响主要表现在:产生新兴的工业部门;总体上降低能源消耗,节约社会成本。

【思考与讨论】 以电子商务法律法规制度不断完善为例,说明科学技术环境与政治法律环境有什么关系?体现了市场营销环境什么特点?

5. 自然环境

自然环境是企业赖以生存的基本环境,自然环境的优劣不仅影响到企业的生产经营活动,而且会影响到一个国家或地区的经济结构、经济发展和人口环境等。以下几种自然因素值得企业关注。

(1)自然条件的变化

气候条件、自然灾害的变化和发生可能会直接影响到企业的经营,同时也可能给企业带来许多商机。

(2)自然资源短缺

自然界的资源可分为有限资源与无限资源两大类。其中有限资源又可分为有限可再生资源和有限不可再生资源。随着人类文明和社会经济的不断发展,人们大量地开采各种矿产,有限不可再生资源日趋匮乏。比如,石油这一重要的不可再生的能源资源,已成为未来经济发展的障碍。在石油价格不断上涨的情况下,不少企业正寻求新的其他形式的能源,如太阳能、风能、原子能等,这些都将会给企业的营销环境带来新的变化。

(3)环境污染加剧

随着现代工业的进一步发展,环境污染问题日趋严重,已引起全世界人民的广泛重视,各国政府也加强了对环境保护的立法。这样一方面限制了那些污染性行业的发展;但另一方面也带来了两种营销机会:一是为治理污染的技术和设备提供了营销的机会;二是为不破坏生态环境的新的生产技术、包装方法及环保型产品,创造了营销机会。

6. 社会与文化环境

任何消费者都是生活在一定的社会与文化环境中的,一定的社会文化环境是人类社会实践活动的产物,而反过来这种社会文化与环境又会对人的思想、信仰、行为及人与人之间的关系产生影响。实际上,一个社会占主导地位的社会指导思想、信仰、世界观、人的行为模式、语言、风俗习惯等的总和就是社会与文化环境。

社会与文化环境影响着消费者的行为及偏好,进而间接影响企业的营销活动。社会与文化环境因素主要包括:

(1)价值观念

价值观念是指人们对社会生活中各种事物的态度和看法。在不同的国家或民族之间,甚至是同一国家或民族的不同群体之间,人们的价值观念可能有很大的差异,而不同的价值观念会影响人们的消费需求和消费行为。例如,东方人注重将群体利益摆在首位,强调团队精神,而西方人注重个人的创造,崇尚个人英雄主义。西方人崇尚个人享受,因而信贷消费流行;东方人则注重勤俭节约的美德,以储蓄为主。

知识补给

社会主义核心价值观是社会主义核心价值体系的内核，体现社会主义核心价值体系的根本性质和基本特征，反映社会主义核心价值体系的丰富内涵和实践要求，是社会主义核心价值体系的高度凝练和集中表达。

社会主义核心价值观：富强、民主、文明、和谐，自由、平等、公正、法治，爱国、敬业、诚信、友善。富强、民主、文明、和谐是国家层面的价值目标；自由、平等、公正、法治是社会层面的价值取向；爱国、敬业、诚信、友善是公民个人层面的价值准则，这 24 个字是社会主义核心价值观的基本内容。

（2）风俗习惯

不同国家，不同民族，有着不同的风俗习惯。一般而言，风俗是指世代相袭固化而成的一种风尚，习惯则指由于重复或练习而巩固下来并变成需要的行动方式，两者合称习俗。我国地域辽阔，民族众多，长期以来形成了各种的风俗习惯，企业的营销活动如果迎合了消费者的习俗，消费者自然愿意接受。因此营销时要注意"入乡随俗"。

（3）教育状况

不同的文化修养表现出不同的审美观点，购买商品的选择原则和方式也不同。通常文化素质高的国家或地区的消费者要求商品包装典雅华贵，对附加功能的要求较高。文化素质低的国家或地区则注重商品的实用性能。此外受教育程度的高低，还会影响到企业的调研、分销、促销等活动的开展。因此，在营销活动方案制订过程中，应考虑当地教育水平，使之与地区相适应。

（4）语言文字

各个国家和民族都有自己特定的语言文字，不同的语言文字会限制双方的沟通。我国的"白象"牌电池出口到英国无人问津。因为"白象"一词在英国有"大而无用的东西"之意。美国汽车公司的"Matador"牌汽车，Matador 是"斗牛士"的意思，象征刚强、有力，但在波多黎各，这个词意为"杀手"，其在波多黎各的销量可想而知。宝洁公司中国化的品牌命名，则可以迅速地拉进其产品我国消费者的距离。家乐福、可口可乐等国际著名品牌在向中国推广时，也根据中国文字的含义给自己取了入乡随俗的中国名字。

（5）宗教信仰

宗教信仰也是影响人们消费行为的重要因素，特别是在宗教信仰比较浓厚的国家和地区，宗教信仰对市场营销的影响力更大，一些国家的宗教组织在教徒的购买决策中有重大影响。企业在营销中，应尊重消费者的信仰，避免与当地的宗教信仰相冲突。

【思考与讨论】　与不同地区的同学讨论你们家乡的民俗文化有何区别。

任务 2　管理营销信息

我们知道了企业的营销活动是在一定的环境中进行的，并认识了影响企业营销活动的环境内容。任务2我们将在理解营销信息后,进一步讨论企业营销活动如何开发、利用营销环境的外在表现形式的营销信息,即营销信息系统。

微课:2-3

管理营销信息

一、营销信息

(一)营销信息的内涵及特征

营销信息即市场营销信息,是指一定时间和条件下,与企业的市场营销有关的各种事物的存在方式、运动状态及其对接收者效用的综合反映。它一般通过语言、文字、数据、符号、现象等形式表现出来。营销信息实际上是营销环境的客观现象和主观分析表述的综合反映。

营销信息具备以下特征:(1)不确定性:营销环境的不确定性决定了营销信息随时都会发生变化;(2)复杂性:由信息的收集和分析过程复杂性所决定;(3)多样性:由信息的来源种类多样所决定。

(二)营销信息的作用

企业所有的市场营销活动都以信息为基础而展开,企业根据顾客需要,从产品定价、促销、分销渠道等方面全方位开展营销活动必须以掌握市场信息为基础。观察市场、了解市场、确定目标市场、选择目标市场策略、掌握市场动态,是企业进行有效市场营销的必要活动,也是掌握信息的重要手段。企业进行的决策也是基于各种信息,而且决策水平的高低,一定程度上依赖对信息的掌握程度。营销信息的作用主要体现在以下几个方面。

1. 市场营销信息是营销决策的前提

企业营销过程中,无论是对于企业的营销目标、发展方向等战略问题的决策,还是对于企业的产品、定价、销售渠道、促销措施等战术问题的决策,都必须在准确地获得市场营销信息的基础上,才可能得到正确的结果。为此,决策的科学化要求企业建立现代化的信息处理系统,并以此作为指导企业营销决策活动的前提。

2. 市场营销信息是营销管理的基础

企业在市场营销中,必须根据市场需求的变化,在营销决策的基础上,制定具体的营销计划,以确定实现营销目标的具体措施和途径。不了解市场信息,就无法制定出符合实际需要的计划。同样地,由于市场环境的不断变化,企业在营销活动中必须随时注意市场的变化,进行信息反馈,以此为依据来修订营销计划,对企业的营销活动进行有效控制,使企业的营销活动能按预期目标进行。

3. 市场营销信息是营销沟通的工具

企业必须使自身的营销活动与市场营销环境相协调,在协调中求生存,谋发展。为此,企业必须与外界环境进行营销沟通,市场信息是企业营销沟通的重要手段。只有通过大量的信息交流,才能有效地了解、掌握市场环境,改善企业与外界环境的各种关系,使之统筹兼顾,相互协调。

二、营销信息系统

营销信息系统是由人、设备与程序所构成的持续和相互作用的结构,用于收集、整理、分析、评估和分配那些恰当的、及时的、准确的信息,以使营销决策者能改善对于其营销计划的设计与控制。

如图2-5所示的市场营销信息系统表明:首先,营销信息系统是为营销经理的决策服务的;其次,营销信息系统是一个营销信息评估、开发、传递与使用的系统;再次,营销信息的形成是基于对企业内部资料和营销环境调研、分析。

可以概括地说,营销信息系统为企业创造良好的营销环境服务,它既可为企业确定战略目标的方法和政策提供服务,也为企业执行和控制具体营销计划创造条件。

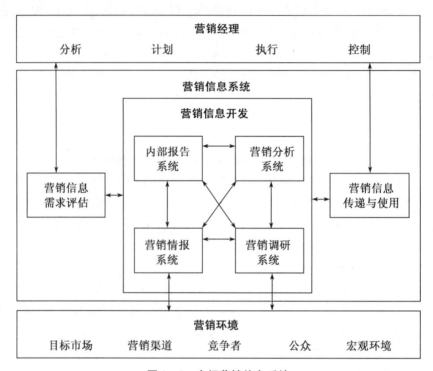

图 2-5　市场营销信息系统

（一）营销信息需求评估

企业或营销者进行决策需要大量的信息支撑,但不是所有的信息都能顺利获得,也不是所有的信息为决策所用,同时营销信息获得是有成本的。因此,营销决策者应该清楚真正需要的是什么样的信息,又是可以获得的。这就是说营销决策需要对营销信息进行需求评估,即对获取营销信息的成本和信息可能带来的收益进行评估。决策者应清楚的是信息的价值取决于信息的应用,所以不能总认为信息越多越好,而应该评估额外信息的成本和未来收益。

（二）营销信息开发

企业营销信息可从企业内部数据、营销情报和营销调研中获得,并经过分析后传递及使用。营销信息开发系统一般是由内部报告系统、市场营销情报系统、市场营销调研系统和市场营销分析系统构成。

1. 内部报告系统

内部报告系统是营销信息系统中最基本的子系统,有些企业把它称为内部会计系统或订货处理系统。它的主要作用是报告企业的订货、销售、库存、费用、现金流量以及应收账款等方面的数据资料。其主要工作内容是"订单—发货不断循环",随着现代化手段和技术的运用,这个循环的速度越来越快。如美国施凯利公司销售经理对经销商中任何一家的经销状况,可在几秒钟内测出完成的预期计划,并可随时了解其中每一个数据。营销人员经常需要和使用的企业内部信息有:① 与销售活动有关的信息,如产品系列、区域和顾客等方面的销售情况。② 当前的销售额和市场占有率与历史上最好年份的比较信息;③ 与产品存货量有关的信息,如生产的进度安排和销售中与购买行为的衔接;④ 与产品相关的信息,如各种产品、区域的销售利润表、销售费用统计表等。

2. 市场营销情报系统

市场营销情报系统的主要作用是向营销决策部门提供外部环境发展变化的情报信息。因此,市场营销情报系统可以概括为公司营销人员用以了解有关外部营销环境发展趋势信息的各种来源与程序。它与内部报告系统的区别在于:它主要提供外部营销环境变化的信息资料,而内部报告系统提供的是企业内部的销售、库存、财务等信息。

市场营销情报系统的信息来源于:

(1) 销售人员。公司的销售人员与其他任何人相比,他们在搜集营销信息上处于有利的地位。公司的营销经理必须对销售人员说明情报搜集的重要性,并要求定期填写情况汇报表,提供企业需要的信息或发现的新情况。

(2) 经销商、代理商、零售商和其他中间商。中间商处于供应商和消费者之间,对产销信息均有着充分的了解,企业通过建立与中间商的伙伴关系和信息通路,可得到有关产品、消费、竞争等方面的重要情报。

(3) 派出营销人员直接调查。如派出企业营销人员假扮购买者监听零售业务员对顾客的产品介绍,考察中间商的合作状况;购买竞争者产品,搜集其有关信息等。

(4) 市场购买信息。企业还可以从市场购买信息,如市场研究公司出售的关于品牌市场占有率、市场规模、价格和交易动向的报告等。

国外一些大公司的情报网几乎遍及全球,如日本丰田的情报系统渗透到美国的每个小城镇,丰田汽车无论在哪条公路上发生问题,公司总部当天就能得到情报并将及时做出反应。

3. 市场营销调研系统

市场营销调研系统的主要任务是根据企业营销工作面临的主要问题,即对某项具体的营销决策有关的信息进行系统的搜集、整理、分析和研究,并做出专题报告。例如,市场调查报告、产品偏好报告、广告效果报告和销售预测报告等。与前两个信息管理系统不同,营销调研系统一般具有针对性,围绕特定课题展开。

一般情况下,小型公司可请企业外部的专门机构和人员来设计及执行调研项目;大型公司则需要设立自己的营销调研部门从事调研活动。市场营销调研系统设置的必要性在于内部报告系统和营销情报系统在其职能范围内都难以提供足够的信息,这就需要组织专门的力量或委托专门市场调研公司进行设计及执行调研项目;大型公司则需要设立自己的营销调研部门从事调研活动。

市场营销调研在我国也越来越受到企业重视,与发达国家还是有一定的差距。一些大型企业设置的营销调研部门,其组成人员包括调查专家、统计专家、行为科学专家等专业人才,其规模根据企业发展要求确定。营销调研部门一般是在市场营销副总经理的领导下开展调研工作的。市场营销调研我们将在本项目任务3中具体介绍。

4. 市场营销分析系统

市场营销分析系统是分析营销数据的统计模型和统计数据,即用一些先进的技术和方法来分析市场营销信息,以更好地进行营销决策。国外一些大公司普遍采用营销分析系统来分析和解决营销中存在的问题,当然对一些具有较高技术性的方法还未能全部采用。

市场营销分析系统中,拥有两组工具,即统计库和模型库。统计库中包括一系列统计过程,帮助分析者了解一组数据中彼此之间的相互关系及统计的可靠性。该数据库可以帮助管理者了解促销是影响企业产品销量的最重要的变数以及影响程度,如提高预算费用,可以使销售额增长多少等。模型库则是一系列的数学模型,利用这些数学模型,管理部门可以做出更加科学的决策。

经过营销分析系统科学处理的信息,有相当一部分具有重新使用的价值。因此,初次使用后的信息可以进入贮存状态。计算机进入营销系统后,可将信息编码放入计算机贮存系统中。为了使处于贮存状态的信息能够及时、方便地提取使用,需要建立一套完整的查找方法和手段,即信息检索。目前有多种检索方式,尤其是计算机及其网络是一种高效率的信息检索方式,代表了营销信息检索的发展趋向。计算机对信息处理的显著特点是,它能够实现大量的综合性处理,从而提高信息的综合性和准确性。

(三)营销信息传递与使用

正如前面所述,营销信息系统是由人员、设备和程序所组成的系统,是为营销决策及时、准确地收集、整理、分析和评估并传递所需的信息的系统。只有营销信息能够为营销决策所利用才是有价值的。因此,营销信息系统必须使信息可用,让营销经理们以此作出决策或为顾客提供日常服务。这就要求所有获得的信息必须输入数据库,并使其能方便、及时地使用。

现代网络技术为这种信息系统所有的信息被方便使用提供了可能,不仅是公司内部,即使是在外部也可以通过网络对信息进行运用。

任务3 市场营销调研

市场营销调研是指企业运用科学的方法和手段,对企业的营销环境及其发展趋势进行有目的、有计划的调查研究,为市场预测和企业营销决策提供依据。市场营销调研实质上就是取得和分析整理市场营销信息的过程。

市场营销调研一般要经过五个步骤:确立调研目标、制订调研计划、搜集信息、分析信息、提出调研结论,如图2-6所示。

微课:2-4

图2-6 营销调研程序

营销调研程序

一、确定问题和研究目标

市场营销调研是一项有目的的活动。调研的第一步要求确定调研问题和调研目标。营销调研的问题很多,调研人员应从实际出发进行全面分析,根据问题的轻重缓急列出调研问题的层次,将企业经营中迫切需要解决的问题放在首位,作为调研要解决的问题。问题调研的侧重点可以多种多样,这就要求企业对问题规定要适合,既不要太宽,也不要太窄。

在调研问题明确后,应确定具体的调研目标。即在探索性调研、描述性调研和因果性调研三种目标之间做出选择。

探索性调研是指企业对需要调研的问题尚不清楚,无法确定应调查哪些内容,因此只能搜集一些有关资料分析其症结所在,再做进一步调研。其所要回答的问题主要是"是什么"。

描述性调研是指通过调研如实地记录并描述诸如某种产品的市场潜量、顾客态度和偏好等方面的数据资料。其所要回答的问题主要是"何时"或"如何"。

因果性调研是指为了弄清原因与结果之间的关系的调研,它所要回答的问题主要是"为什么"。

二、制订调查计划

目标确定后就要拟订调研计划,这是调研的第二步。调研计划是指导市场调研工作的总纲,一个有效的调研计划应包括以下几方面的内容:信息来源、调研方法、调研工具、调研方式、调研对象、费用预算、调研进度、培训安排等,见表2-1。

表 2-1　调查计划内容

调查计划内容	
信息来源	第二手资料、第一手资料
调研方法	询问法、观察法、实验法
调研工具	问卷、仪器设备
调研方式	重点调查、抽样调查
调研对象	(具体)
费用预算	劳务费、问卷费、差旅费、设备使用费
调研进度	(具体)
培训安排	(具体)

(一) 信息来源

1. 原始资料

原始资料是指当前为某种目的而搜集的资料,又称第一手资料。大部分市场营销调研方案需要搜集原始资料,搜集原始资料的费用虽大,但比较准确、实用。

2. 二手资料是指现成的市场信息资料

企业通常都首先借助二手资料来开展调研,如果可以达到目标,就能省去搜集原始资料的费用,从而降低成本,提高效率。

（二）调研方法

这里重点介绍原始资料调研方法,也称实地调研法,主要包括询问法、观察法、实验法。

1. 询问法

询问法是以询问的方式搜集市场信息,即通过向被调查者提出问题,以获得所需信息的调查方法。按调查者与被调查者之间的接触方式的不同,询问法可分为走访调查、信函调查和电话调查三种形式。

（1）走访调查。走访调查是调查者走访被调查者,当面向被调查者提出有关问题,以获得所需资料的调查方式。走访调查根据调查者和被调查者人数的多少,可分为个别走访和小组座谈等形式。走访调查的优点有以下几点。第一,真实性。走访获得的资料,其真实性较高,回答率也较高。第二,灵活性。走访调查时,可以按调查问卷发问,也可以自由交谈;可以当场记录,在取得被调查者同意后,也可录音;如发现被调查者不符合样本要求,可立即终止访问或在统计时予以删除。第三,直观性。走访调查可以直接观察被调查者所回答的问题是否客观、准确,而其他询问调查方法则无观察核对的机会。第四,激励性。有些被调查者对走访调查甚感兴趣,因为有向他人发表意见的机会,以达到个人情绪上的满足,或与他人讨论问题所获得知识上的满足,具有激励效果。走访调查也有缺点,如调查费用较高,被调查者有时受调查者态度、语气等影响而产生偏见等。

（2）信函调查。信函调查是调查者将所拟订的调查表通过邮局寄给被调查者,要求被调查者填妥后寄回的调查方式。此法的优点是:调查范围较广泛;被调查者可以不受调查者的影响,没有偏见;调查费用较低;被调查者可以有充分的时间考虑作答。信函调查的缺点是:回收率低;时间花费较长;填表者可能不是目标被调查者,致使真实性差;回答问题较肤浅。

（3）电话调查。电话调查是调查者根据抽样要求,在样本范围内,用电话按调查问卷内容询问意见的一种方法。此法的优点是:迅速及时;资料统一程度高;对有些不便面谈的问题,在电话调查中可能得到回答。电话调查的缺点主要是对问题不能深入进行讨论分析,调查受到限制。

2. 观察法

观察法是指调查者到现场凭自己的视觉、听觉或借助摄录像器材,直接或间接观察和记录正在发生的市场行为或状况,以获取有关信息的一种实地调查法。

观察法用于市场调查有以下几种形式:

顾客动作观察。如某电视机厂的调查人员,亲自观看用户选购电视机的情况,观察吸引用户注意的有哪些事项,以便改进质量,扩大销售。

店铺观察。通过站柜台或参加展销会、陈列馆、订货会,观察商品购销情况、同行业同类产品发展情况,以获得所需资料。

实际痕迹测量。即观察某事物留下的痕迹。如在几种报纸上做广告,广告下面有一张条子或表格,请读者阅后将条子或表格剪下寄回企业,企业从回条中可知,哪种报纸上刊登广告最为有效。

观察法的优点是被调查者的一切动作均极自然,所搜集的资料准确性较高。其缺点是不能了解被调查者的心理和内在感受,有时需要较长时间的观察才能得到结果。

3. 实验法

实验法是从影响调查问题的若干因素中，选择一两个因素，将它们置于一定的条件下进行小规模试验，然后对实验结果做出分析，研究是否值得大规模推广的一种调查方法。如在影响销售量的几个因素中，企业可根据需要选择包装和价格两个因素进行试验，也可以选择促销活动和广告宣传等。通过实验能直接体验营销策略的效果，这是其他方法所不能提供的。

实验法尤为适用于商品在改变品种、包装、价格、商标、广告策略时的效果测定。需要注意的是企业采用实验法时，实验时间不宜过长，否则会影响正式推出时的效果，被竞争对手模仿，或采用抵制性的措施等。对于新产品应用实验法，目前已创造出不少方式，如：试用，即将试制的新产品送给有关单位或人员试用，用户将使用情况反馈给企业，这有利于生产单位提高产品质量和进行销售预测；试销，企业先生产一小批产品，有计划地投放预定市场，摸清销路，再决定生产方式、生产规模。试销可在企业的门市部进行，也可以在企业委托的商店进行。

（三）调研手段

这里重点介绍调查问卷。

1. 调查问卷的含义

调查问卷是市场调查基本的、有效的调查工具，它可以作为调研人员与被调查者之间信息沟通的桥梁。调查问卷主要用于第一手资料的搜集。

调查问卷或称调查表，是由向被调查者提问并征求意见的一组问题所组成。调查问卷设计就是根据调研目的，将所需调研的问题具体化，使调查者能顺利地获取必要的信息资料，并便于统计分析。问卷设计质量的高低，将直接影响问卷的回收率，影响资料的真实性和实用性。为此，要求调研人员仔细地研究问卷，掌握问卷设计的技能。

2. 调查问卷的构成

调查问卷通常由三个部分构成，即被调查者项目、调查项目和调查者项目。

被调查者项目，主要包括被调查人的姓名、性别、年龄、文化程度、职业、家庭住址、联系电话等。这些项目的设置目的主要是便于日后查询，有些项目对分析研究也很有用处。如不同的年龄、性别、职业等对不同的商品有不同的需求，对研究不同消费者构成有一定参考价值。应根据调查目的，有针对性地选择被调查者项目。

调查项目，是将所要调查了解的内容，具体化为一些问题和备选答案，这些问题和备选答案就是调查项目。通常，在所列项目中，要给出若干个答案供被调查者选择填写。

调查者项目，主要包括调查人员的姓名、工作单位及调查日期等。这些项目主要为明确责任和方便查询而设。

3. 调查问卷类型

调查问卷可以分为开放式问卷和封闭型问卷。

开放式问卷是指问卷所提的问题没有事先确定答案，由被调查者自由回答。这类问卷可以真实地了解被调查者的态度与情况，但调查不易控制，五花八门的答案很难归纳统计。

封闭型问卷是指问卷内的题目调查者事先给定了可供选择的答案或范围。这些问卷虽然呆板，但便于归纳统计。在问卷调查中用的较多的是封闭型问卷，尤其在拦截式调查中只能运用这种类型的问卷。

4. 调查问卷设计的原则

调查问卷设计的原则一般遵循以下原则。

(1) 必要性原则,调查问卷的设计是为了取得满意的结果,因此,除属于引导启发答复的问题以外,所列项目都应是调查课题所必需的。

(2) 准确性原则,所提问题的界限要明确,提问用词要准确,要避免使用含糊不清、过于专业化的语句。同时,一个项目只能包含一个层次的内容,否则会影响被调查者问题的正确理解以及答案选择的准确性。

(3) 客观性原则,所提问题要客观,不要提出一些带有引导性和倾向性的问题。即不要提出带有向被调查者提示答案方向或暗示调查者观点的问题。

(4) 可行性原则,对所提的问题,被调查者能够根据常识或经验选择答案,而不是依靠其记忆或计算作答。提问的设计可适当安排少量趣味性问题,以融洽一下调查气氛。对令人困窘且调查又必要的问题,应设计"间接引问句"。提问的设计注意逻辑性与顺序性。所有项目应按其内容的逻辑联系排列;提问可按先易后难顺序排列。

(四) 调研方式

这里重点介绍抽样调查。

由于市场范围大,调查对象复杂,使得采用全面调查这种方式难以实施。故在通常情况下采用非全面调查即抽样调查,是指从局部的调查中得出有关整体的结论。局部调查的对象称为样本,从中抽取样本的那个整体叫作总体。

抽样调查设计是采用抽样调查必须解决的一个重要技能。由于抽样调查是根据样本的特征推算总体的特征,因此抽样设计是否科学合理,直接关系调查结果的准确性。

抽样调查设计包括三项内容:

抽样对象设计。例如,要想了解家庭购买家具的决策过程,究竟调查丈夫、妻子,还是全体家庭人员? 对此,调研人员要认真做出选择。

样本大小设计。大样本当然比小样本提供的结果更可靠,但大样本的调查成本高,而且往往没有必要。只要抽样方法正确,即使样本不足的,也同样能提供可靠的调查结果。因此,确定样本大小时,既要考虑样本的足够代表性,又要考虑费用和时间的节约。

抽样方法设计,抽样方法设计可以对随机抽样和非随机抽样这两类方法进行考虑和运用。

1. 随机抽样

随机抽样是指总体中每一个体都有机会被选作样本。随机抽样完全排除人们的主观选择,因而代表性强。其优点是可以通过设计分析,估计出样本的代表性程度,从而可确定由样本调查结果推算总体特征时产生的误差大小。这种抽样误差在抽样调查中是难以避免的。随机抽样虽然可以判断抽样误差,但费时费钱,不太方便,因而仅在定期市场调查中使用。随机抽样的常用方法有以下三种。

第一种,简单随机抽样。即总体中每一个体都有均等的机会被选作样本。简单抽样一般要先给总体中的每一个体都分别编号,然后采用抽签(包括用机器摇出号码或掷骰子)或查乱数表的方法,随机抽取编号,编号所代表的个体即为样本,直到从总体中抽取的样本达到事先规定好的数量。

第二种,分层随机抽样。对调查对象总体按照不同特征分组(分层),然后用随机方法从各层中抽取一定数量的样本。使用此抽样法有两条原则:在分层时要尽量使各层间具有明显的差异性;每层内部的每一个体要保持一致性、这样可保证从每层中抽取的样本能准确地代表该层。当调查对象总体中的每一个体间的差异较大时,为提高样本的代表性,则可用此法进行抽样调查。分层抽样并无一定的标准,这要根据调查的目的和要求而定。如调查企业或商店时,可按销售额分层,也可按职工人数分层。调查消费者时,则可按收入、家庭人口数、年龄、教育程度等分层。

第三种,分群随机抽样。把调查对象总体的各个相似部分,分成若干群,然后在一、两个群中进行随机抽样调查。在实际中,当调查对象总体中包含个体量过多且所处位置分散时,采用此法能有效减少这一困难。例如调查某个城市职工家庭收入情况,采用分群随机抽样法,可把该城市划分为若干区,再把一个区划分为若干街道,将调查集中在某个区的两个街道里,调查费用和时间就可大大减少。当调查对象总体中的个体差异性大、无法订立分层标准、只能按其地域分群时,即可采用分群随机抽样法。但有两条原则需注意:① 分群时要尽量使各群之间具有相同特征。② 在每一群的内部,调查对象个体之间必须具有很大的差异性。

2. 非随机抽样

非随机抽样是指在总体中不是每一个个体都有机会被选作样本。非随机抽样是根据一定的标准来选取样本的,总体中每一个个体抽取的机会是不相等的。其不足是无法估计抽样误差,所以应用范围是受限制的。一般在对调查总体没有足够了解的情况下,或当总体太大时,可采用非随机抽样。非随机抽样虽不能判断抽样误差,但它省钱省时,应用方便,因而在市场调查中常被应用。非随机抽样的常用方法有以下三种。

第一种,任意抽样。调查人员根据方便,任意选择样本。例如,在街上任意找几个行人询问其对某产品的看法和印象。此方法调查结果的误差很大,但由于简便、省钱,因而在非正式调查中常被采用。

第二种,判断抽样。即调研人员根据自己或专家的经验来判断有哪些个体作为样本。此方法运用时要求判断者必须对总体的特征有充分的了解。选择样本如果发生判断偏差,则极易产生抽样误差。一般而言,判断抽样法通常适用于总体的构成单位极不相同而样本数很小的情况。

第三种,配额抽样。即先将总体分组,并规定各组的样本配额,然后由调查人员按照每一组的配额,用判断抽样的原则决定具体样本。配额抽样实质上就是分层判断抽样法。

三、搜集信息

调研计划得到批准后,调研人员就可以执行调研计划。营销调研的重要任务是搜集信息,这是调研的第三步。具体工作如下:

第一,确定资料的来源。搜集第一手资料时,应明确资料是来源于用户、中间商、企业推销员还是企业协作单位、同行竞争对手或专家等。搜集第二手资料时,应明确资料是来源于企业内部的报表资料、销售数据、客户访问报告、销售发票、库存记录,还是来源于国家机关、金融机构、行业组织、市场调研或咨询机构发表的统计数字或院校研究所的研究报告、图书馆藏书或报纸杂志。

第二，确定搜集资料的方法。搜集第一手资料应明确是采用访问法、观察法或实验法，还是多种方法并举。搜集第二手资料时也应明确采用何种方法，如直接查阅、购买、交换、索取或通过情报网委托搜集。

第三，设计调查表或问卷。搜集第一手资料时，一般需要被调查者填写各种表格或问卷。其设计合理与否，直接关系到资料的准确性。因此，必须设计出合理、规范的调查表或问卷。

第四，抽样调查设计。企业在市场调研中普遍采用抽样调查，即从被调查的总体中选择部分作为样本进行调查，再用样本特性推断总体特性。为了科学地进行抽样调查，必须设计出合适的抽样方法和样本容量。

第五，现场实地调研。组织调研力量，采用各种方式到现场获取资料。现场调研工作的好坏，直接影响到调研结果的正确性，必须由经过严格挑选并加以培训的调查人员按规定进度和方法搜集所需资料。

【思考与讨论】　在互联网直接搜集的资料与通过互联网进行问卷调查收集资料属于同一资料类型吗？

四、分析信息

分析信息是调研的第四步，其主要目的包括：分析得到信息的渠道是否可靠，分析信息内容的准确性，分析信息间的相互关系和变化规律。信息分析的一般过程包括整理审核、分类编码、统计制表。

整理审核。整理审核是为了发现资料的真假和误差，达到去伪存真的目的。对调查的资料要检查误差，审核情报资料是否可靠。

分类编码。分类编码是为了使资料便于查找和利用，将调查的资料按一定标准进行分类，再进行编号。

统计制表。统计制表是通过表格形式表示各种调查数据，反映各种信息的相关经济关系或因果关系。经过制表的资料针对性强，便于研究和分析，提高了资料的适用性。

五、提出调研结论

营销调研的最后步骤是对营销调研结果做出准确的解释和结论，编写成调研报告。调研报告是对问题的集中分析和总结，也是调研成果的反映。报告可以分专门报告和综合报告两类。

编写调研报告应掌握的原则是：① 内容真实客观；② 重点突出而简要；③ 文字简练；④ 应利用易于理解的图、表说明问题；⑤ 计算分析步骤清晰，结论明确。

营销调研报告的内容包括：① 调查过程概述，亦称摘要；② 调查目的，又称引言；③ 调查结果分析，它是调查报告的正文，包括调查方法、取样方法、关键图表和数据；④ 结论与对策；⑤ 附录，包括附属图表、公式、附属资料及鸣谢等。

知识补给

如何提高线上调研数据的质量

市场调研处于线下模式的时候,一线访问员承担了大部分的数据质量监督工作,现场会有多次被访者的甄别,还会有访问员全程指导被访者,确保他们对题目的理解无误,对选项的理解无误,以及做出尽可能详尽的回答。

随着互联网的普及,以及出于成本和效率的考虑,大部分的定量访问已经转到线上,线上访问大大缩短了时间周期,减少了人力成本,但随之而来的弊端是:数据的质量不再像以前那样有保障。在这种情况下,我们就应该在处理定量数据的时候,学会辨识"假数据"和"弄虚作假的被访者"们,不管是线上还是线下访问,其实都需要做考虑,线上访问尤其要注意。

一、更好的题目设计

1. 题目不可出现引导性(见图 2-7)

这道题的题干就带有很明显的引导意味。消费者或者用户总是会期待更好的东西,他们并不会理智判断哪些是真的需要,因此,这种引导性的题干,会让被访者看了之后,感觉表单好看应该是挺重要的一件事情,从而导致选择的答案未必是内心真实想法。

表单好看与否,对您来说有多重要? 1分表示非常不重要,示非常重要。

非常不重要　　　　　　　　　　　　　　非常重要

图 2-7　调研题目示例 1

更正确的做法,是罗列若干方面的功能或者因素,让被访者选觉得重要的选项,或选出前几个重要的选项。

2. 问题清晰没有歧义

专业术语是一定不能出现的,除非你做的是针对专业人士或某特定行业业内人士的访问。否则,一旦被访者无法理解,就会产生困扰,不能正确作答,专业术语一定要转换为消费者或者用户的语言去呈现。

3. 选项要容易理解,不要互相包含

为了确保被访者能够理解选项的意思,不要产生不同的理解,我们在设计选项的时候要说得比较清楚,避免使用容易产生歧义的描述。同时,不要出现互相包含的选项,比如图 2-8 的例子:

"宿舍""学校"就属于模棱两可,没有完全互斥的选项,学校包含宿舍。如果被访者是在学校宿舍上网,应该选哪个还是都选? 而如果选了宿舍,是指学校宿舍,还是单位宿舍?

4. 选项随机出示

最近一周, 您主要在哪些场所使用手机上网? (多选)

☐ 家里
☐ 公司/单位
☐ 学校
☐ 宿舍
☐ 娱乐场所 (如KTV等)
☐ 地铁/公交/火车等交通工具上
☐ 外出/旅行
☐ 其他

图 2-8　调研题目示例 2

除了打分题或者某些有特定选项逻辑顺序的题之外,最好都做随机出示,以免造成因选项顺序引起的答案偏差。如果不做选项随机，一些排序靠前的答案，会有更高的选中概率。

在设计选项的时候，数量不宜过多，尽量在一屏显示，不要出现下拉或者左右拖拽鼠标的操作。

5. Highlight 题目关键文字

对于题目中特别关键的字词，建议将这些字词重点高亮，确保被访者特别注意到。不是每一位被访者都是细心的被访者，既然没有访问员的辅助，我们就把辅助工作做在问卷里，让问卷说话，提高数据质量。

6. 注意思考逻辑

前后题目如有强关联，最好放在一起，比如，虽然我们建议开放题往后放，但如果前面一题问的是满意度，接下来要用开放题问不满的原因，就可以直接跟在满意度题目的后面，而不用死板地将所有开放题都调到问卷最后。相隔太远，对被访者来说也存在思路跳跃的感觉，不够友好。

7. 不建议设置"上一页"按钮

保留"上一页"按钮，通常是为了方便被访者修改答案。但对于有些前后有逻辑关系的题目，允许返回修改可能导致问卷结果不再可靠。

8. 访问时长控制在 15 分钟左右

被访者大部分是在利用自己的碎片时间答题，过长的问卷，会使他们放弃答题或者敷衍完成。尽可能用更少的问题获得我们要了解的信息，同时，不要试图用一次访问获取所有答案。

二、确保被访者具备答题条件

调研前尽量去设置一些鉴别"弄虚作假的被访者"的途径，以保证数据准确性，尤其是把问卷发布在专门的答题平台的时候。可以尝试使用以下方法：

1. 问卷中设计"陷阱"题目

为了确保访问质量，在线问卷可以设置一些暗逻辑题目，即被访者如果不按照正常思路答题而是随意答题，就容易出错的题目。

如我们在甄别部分问被访者今年的年龄，然后在背景资料问一下被访者的属相，如果对应不上，这个被访者基本就是属于随意答题者。因为，正常答题者在这个简单信息上是不会出现逻辑错误的。这样，我们在后期清理数据时候，就有据可依，可以删除这些不合格样本。

2. 不要让被访者轻松识别你的甄别条件

甄别问卷主要作用在于甄别出适合回答这份问卷的被访者。为了避免有"调研虫"钻空子，我们对于甄别问题的设计要聪明一些，不要太容易被判断出你要什么样的被访者。

3. 对有音频或视频的调研，事先确保被访者设备良好

有些题目需要播放音频或视频，要确认被访者的设备可以很好地听到或看到，否则，就会导致被访者放弃答题或者随便答题。我们可以在问卷开始的时候，插入一段很短的视频，让被访者观看。看完之后，加两道题目，分别问被访者在刚才的视频中看到了什么，听到了什么。如果回答不正确，就作为不符合条件的样本，结束访问。

任务 4　消费者购买行为分析

前面我们学习了营销信息系统,即营销人员如何从营销环境中获取、分析、使用营销信息。本任务和任务 5 我们将进一步讨论分析营销环境中最重要的因素——顾客。我们从最终消费者和生产者两个方面入手进行分析顾客的购买行为。

消费者是指为生活消费需要购买、使用商品或者接受服务的个人和单位。消费者市场又称消费品市场或终极市场,也就是指为满足生活消费需要而购买商品或服务的一切个人和家庭的集合,是通向最终消费的市场,是实现企业利润的最终环节,是一切社会生产的终极目标。因此,对消费者市场的研究,是对整个市场研究的基础与核心。

消费者的购买行为是消费者在一定购买条件和购买动机驱使下,为了满足某种需求而购买商品的活动过程。消费者购买的基本特征主要包括:

(1) 购买者多而分散。消费购买涉及每一个人,每个家庭,消费者市场是一个人数众多、幅员广阔的市场。由于消费者所处的地理位置各不相同,闲暇时间不一致,造成购买地点和购买时间的分散性。

(2) 购买量少,多次购买。消费者购买是以个人和家庭为购买和消费单位的,由于受到消费人数、需要量、购买力、储藏地点、商品保质期等诸多因素的影响,消费者为了保证自身的消费需要,往往购买批量小、批次多、购买频繁。

(3) 购买需求的多样性和差异性。消费者的年龄、性别、职业、收入、文化程度、民族、宗教、消费习惯等导致其需求具有多样性和差异性,从而导致消费者购买多样性和差异性。

(4) 大多属于非专家购买。需求的复杂性,导致了产品的多样性,使得绝大多数消费者在购买商品时缺乏相应的专业知识、价格知识和市场知识,尤其是对某些技术性较强、操作比较复杂的商品,更显得知识缺乏,在多数情况下消费者购买时往往受感情的影响。

(5) 购买的流动性大。人口在地区间的流动性较大,因而导致消费购买的流动性很大,消费者的购买能力经常在不同产品、不同地区及不同企业之间流动。

(6) 购买的周期性。从消费者对商品的需要来看,有些商品消费者需要常年购买、均衡消费;有些商品消费者需要季节购买或节日购买;有些商品消费者需要等商品的使用价值基本消费完毕才重新购买。由此可见,消费者购买有一定的周期性可循,从而使消费者市场时常呈现一定的周期性。

(7) 购买的时代特征。消费者购买不仅受到消费者内在因素的影响和制约,还常常受到时代精神、社会风俗习惯的导向,从而使人们对消费购买产生一些新的需要。

(8) 购买的发展性。消费者购买是在不断变化的,随着社会的发展和人民消费水平、生活质量的提高,消费需求也在不断向前推进。

一、消费者行为模型

消费者每天都会做出购买决策,营销人员要了解的是:消费者购买什么?到哪儿购买?买多少?什么时候买?为什么买?但是要回答消费者上述问题并不容易,答案往往隐藏在消费者心中。营销人员要知道消费者对公司营销活动有什么样的反应,就要研究消费者购买行为模型：购买者行为的刺激—反应模型。

图2-9表明：营销及其他刺激因素共同进入购买者黑箱，并产生反应，这些反应是一组可以观测的信息：消费者对产品、对品牌、对经销商的选择，以及决定购买时间和数量。营销人员需要了解刺激因素如何转化成为消费者反应，包括两个方面：一是购买者的特征将影响其如何接受外界环境的刺激并产生行为反应；二是购买者决策过程本身影响购买者的行为。

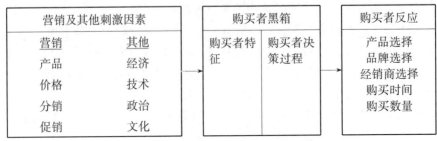

图2-9　购买者行为模型

二、消费者购买行为影响因素

影响消费者购买行为
文化与社会因素

消费者的购买行为受文化、社会、个人、心理特征等因素的强烈影响，具体内涵见图2-10所示。一般情况下营销人员不能控制这些因素，但在营销活动中必须考虑这些因素。

（一）文化因素

1. 文化

文化是人类群体创造并共同享有的物质实体、价值观念、意义体系和行为方式，是人类群体的整个生活状态。文化的内隐部分为价值观和意义系统，其外显形态为各种符号，这些符号主要体现为物质实体和行为方式。

文化是引发人类愿望和行为的最根本原因。人类的行为方式大多是通过学习形成的。一个人在社会里成长，通过家庭和其他社会机构获得基本的价值观、喜好和行为。

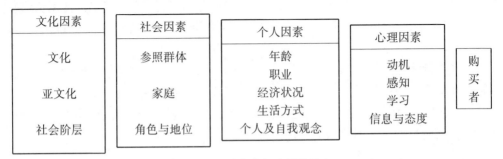

图2-10　消费者行为影响因素

2. 亚文化

文化随着人类的群体的范围划分不同而体现出差异，即亚文化。每种文化都由更小的亚文化组成，亚文化为其成员带来更明确的认同感和集体感。

　　每个群体或社会都有其特有的文化,而文化对购买行为的影响在不同的国家有很大的差异,营销人员要不断地捕捉文化变迁从而发现人们可能需要的新产品。许多亚文化构成了重要的细分市场,而营销人员可以根据他们的需要设计产品并制定营销计划。

 情境案例

2022年2月上海市制定发布《商业广告代言活动合规指引》
(以下简称《指引》)

　　《指引》明确界定相关概念,指出广告代言人是指广告主以外的,在广告中以自己的名义或者形象对商品、服务做推荐、证明的自然人、法人或者其他组织。广告代言活动是广告代言人受广告主(商品经营者或者服务提供者)委托,在广告中以自己的名义或者形象对广告主的商品或者服务进行推荐、证明的一种商业广告活动。同时,《指引》从8个方面列举了对于《广告法》所称的以自己的名义或者形象对商品、服务做推荐、证明的判定标准。

　　《指引》中明确21项商业广告代言人资格及相关广告代言活动的负面清单。将"利用发生违法犯罪、违反公序良俗等行为的明星艺人进行广告代言""以扮演党和国家领导人、英雄烈士或者国家机关工作人员的形象进行代言""借严肃政治议题开展商业宣传,恶搞经典、歪曲历史等违法违规商业营销宣传""宣扬拜金主义、享乐主义和奢靡之风、铺张浪费""炒作个人隐私、软色情等低俗庸俗媚俗现象"等列入负面清单。

　　《指引》特别从5个方面倡导广告主、广告经营者、广告发布者、广告代言人及其经纪公司积极履行社会责任,倡导其自觉维护国家主权、民族尊严和人民利益,尊重社会公德,遵守职业道德,恪守个人品行,遵循行业规则和市场准则,传播积极、正面、阳光的理念和态度,展示有信仰、有情怀、有担当的社会形象,积极担当公益广告代言人,为传播社会主义核心价值观、倡导文明风尚、传扬优秀文化传统贡献力量。

　　《指引》还倡导广告主对广告代言人进行背景内容审查和日常品行调查,慎重选择代言人,如实向广告代言人提供商品或者服务的真实、全面的信息,一旦发现广告代言人发生违法犯罪、违反公序良俗等行为或者法律法规规定不得代言的情形,及时采取停播、撤回等方式停止发布代言广告,以减少对品牌产生的负面影响等;倡导广告经营者、广告发布者建立代言人台账档案、查验广告代言证明、及时处置违法违规代言广告等。

　　《指引》明确了法律责任。根据相关法律法规的规定,对商业广告代言人、广告主、广告经营者、广告发布者等主体在虚假违法代言广告中的法律责任进行了全面梳理和强调。《指引》供各广告活动主体在广告代言活动中自觉遵守。

　　上海市市场监管局表示,上海市场监管部门将会同市委宣传部、市委网信办、市文旅局等部门加强宣传和指导,督促相关主体自觉遵守《指引》内容,同时依法加强对广告代言活动的监管,严厉打击违法违规广告代言活动,积极打造良好的广告生态环境,服务经济社会高质量发展。

　　3. 社会阶层

　　社会阶层是指一个社会按照其社会准则将其成员划分为相对稳定的不同层次。这也是影

响消费者购买行为的重要因素之一。不同社会关于社会阶层划分的标准是不同的。一般来说,划分阶层的标准有职业、经济收入、居住区域、住房条件等。而其中的职业是划分的重要因素。不同社会阶层的人,他们的经济状况、价值观念、兴趣爱好、生活方式、消费特点、闲暇活动、接受大众传播媒体等各不相同。这些都会直接影响他们对商品、品牌、商店、购买习惯和购买方式。

　　企业营销要关注本国的社会阶层划分情况,针对不同的社会阶层爱好要求,通过适当的信息传播方式,在适当的地点,运用适当的销售方式,提供适当的产品和服务。

 知识补给

　　菲利普·科特勒将美国社会划分为七个阶层:① 上上层:继承大财产,具有著名家庭背景的社会名流;② 上下层:在职业或生意中具有超凡活力而获得较高收入或财富的人;③ 中上层:对其"事业前途"极为关注,且获得专门职业者,独立企业家和公司经理等职业的人;④ 中间层:中等收入的白领和蓝领工人;⑤ 劳动阶层:中等收入的蓝领工人和那些过着"劳动阶层生活"的人;⑥ 下上层:工资低,生活水平刚处于贫困线上,追求财富但无技能的人;⑦ 下下层:贫困潦倒,常常失业,长期靠公众或慈善机构救济的人。

　　(二) 社会因素

　　1. 参照群体
　　参照相关群体是指那些影响人们的看法、意见、兴趣和观念的个人或集体。研究消费者行为可以把相关群体分为两类:参与群体与非所属群体。

　　参与群体是指消费者置身于其中的群体,按其作用又可分为主要群体和次要群体。① 主要群体是指个人经常性受其影响的非正式群体,如家庭、亲密朋友、同事、邻居等,这样的群体直接影响着一个人的情趣和爱好,培养其消费习惯,这种影响往往是潜移默化的。② 次要群体是指个人并不经常受到其影响的正式群体,如工会、职业协会、知名人士等,这样的群体尽管其影响不如主要群体,但同样在情趣、爱好方面相互影响,从而间接影响消费者的购买行为。

　　非所属群体是指消费者置身之外,但对购买行为有影响作用的群体。非所属群体有两种情况,一种是期望群体,另一种是游离群体。期望群体是个人希望成为其中一员或与其交往的群体,如一些球迷以某崇拜球队为期望群体。反之,则属游离群体,即群体的价值观、行为遭到个人拒绝或抵制,极力划清界限的这种群体。相关群体对消费者购买行为的影响主要有以下方面:① 向消费者展示新的生活方式和消费模式;② 影响人们的态度,帮助消费者在社会群体中认识消费方面的"自我";③ 相关群体的"模仿"作用,使某群体内的人员消费行为趋于一致化;④ 相关群体的"意见领袖",有时其消费示范作用是难以估计的。

　　在企业营销活动中,应该重视相关群体对消费者购买行为的影响作用。首先关注本企业目标市场的消费者受不同相关群体的影响程度,运用不同的策略满足不同的需求。如经营化妆用品的企业总是请著名的影星、歌星做产品形象代言人、做广告,这就是利用期望群体的影响提供产品。企业在利用相关群体的影响开展营销活动时,还要注意不同的商品受相关群体影响的程度不同。商品能见度越强,受相关群体影响越大。一辆自行车与一双袜子相比,购买自行车受相关群体的影响要大得多。商品越特殊、购买频率越低,受相关群体影响越大。消费者对某商品越缺乏知识,受相关群体影响越大。

2. 家庭

（1）家庭对购买行为的重要影响

要看到家庭作为一个相关群体对购买行为的影响。一个家庭中的每个成员都受到这个家庭的熏陶和影响,也可以说家庭在从小就影响着一个人的生活情趣、方式、个人爱好和习惯,这常常体现在对商品需要的要求、评价和购买习惯。尽管这种影响多数情况下是下意识的,但其影响作用是长久的,一个人孩提时代对商品的爱好可能会维持几十年。

（2）家庭中不同购买角色的作用

在购买行为中,不同的家庭成员可能充当不同的角色,会对购买发表不同的意见,起着不同的影响作用。通常在购买行为中,家庭有五种不同的角色,即购买发起者、重大影响者、商品使用者、实际购买者和购买决策者。不同商品,家庭成员充当的购买角色是不同的,购买家用电器,男主人往往充当购买决策者;而购置新家具,充当购买决策者的则通常是女主人。

（3）家庭生命周期的影响

一个家庭从产生到子女独立的发展过程称为家庭生命周期。根据购买的年龄、婚姻和子女等状况,购买者的家庭生命周期大体分为七个阶段:①"未婚":年轻、单身;②"新婚":年轻夫妇,没有子女;③"满巢"Ⅰ:年轻夫妇,有6岁以下的幼儿;④"满巢"Ⅱ:年轻夫妇,有6岁或6岁以上的孩子;⑤"满巢"Ⅲ:年纪较大的夫妇,有未独立的孩子;⑥"空巢":年纪较大的夫妇,与子女已分居;年老、单身;⑦"独居":即失去配偶后,只剩下一位老人的家庭。消费者处在不同的家庭生命周期阶段,会有不同的爱好与需要。如新婚夫妇需要购买家具,家电等耐用消费品,"满巢"需要婴儿食品,需要购买青少年商品、玩具等,"满巢"用的图书杂志、体育用品、服装、摩托车等商品。由此可见,购买者的家庭生命周期也会影响消费者的购买行为。家庭生命周期的研究目的在于,要看到不同家庭生命阶段,有着不同的购买重点。企业营销应根据不同的家庭类别、不同的家庭生命周期阶段的实践需要,开发产品和提供服务。

3. 角色与地位

一个人在一生中会参加许多群体,每个人在各个群体中的位置可用角色和地位来确定。角色是一个人所期望做的活动内容。一个人可能是父亲,是儿子,同时是经理。地位伴随着角色,每个角色都具有一定的地位,反映着社会的综合评价。

人们通常会选择适合自己角色和地位的产品。角色与地位影响着一个人在购买商品中参与决策的程度。

（三）个人因素

1. 年龄

人们一生中购买的商品与服务随年龄的变化而变化。年龄的变化导致的购买行为变化与家庭生命周期有密切的关系。

2. 职业

一个人的职业也影响着消费模式。学生、农民、工人、公务员……营销人员要做的是努力找出对自己的产品或服务有浓厚兴趣的职业群体。

3. 经济状况

个人经济状况对产品的选择有很大的影响。一个企业经营与收入水平密切相关的产品时,应关注个人收入、储蓄和利率等变化趋势。一旦经济指标预示衰退,企业应对产品进行重新设计、定位、定价。

4. 生活方式

生活方式(AIO模式)是指个人的生活模式,可由消费心态表现出来,包括消费者活动(Activities,如工作、嗜好、购买行为、运动及社会活动)、兴趣(Interests,如食品、服装、家庭、休闲)和意见(Opinions,如有关自我、社会问题、商务和产品等方面)。生活方式所表现的内容很多,它勾画出了一个人在社会中的行为和互动模式。即使是亚文化、社会阶层和职业相同的人,他们的生活方式也可能不同。

 情境案例

商道纵横和界面新闻发布了《2021年中国可持续消费报告》。报告指出:

中国经济正从"高速增长"向"高质量发展"转变。"低碳消费"作为建立健全绿色低碳循环发展经济体系、促进经济社会发展全面绿色转型的重要环节,与生态链中的每一个个体都息息相关。

年龄越大,意识先行者(具有低碳消费意识、并将认为自己是低碳消费践行者的受访群体)的占比越高。20岁及以下的青少年中,有77.4%为意识先行者;而在21岁及以上年龄段的人群中,超过85%的受访者为意识先行者。

受访者对耐用消费品(如家居建材和装饰品、电子产品和电器)的低碳表现愿意接受更高的溢价,对快速消费品(如服装、日用百货)低碳表现所带来的溢价,接受意愿较低。

84.83%的消费者因为想要影响更多的朋友加入可持续的低碳消费而进行分享;37.53%的消费者因为想要彰显自己的环保价值观而进行分享。

"低碳消费和生活方式成为越来越多人的共识和日常的行动""低碳消费市场持续壮大,有越来越多的低碳产品和服务选择""未来的资源循环体系更完善,我使用过的产品还能进入新的循环"是消费者对未来完善低碳消费市场环境的三大核心期待。

5. 个性与自我概念

个性是指一个人独特的心理特征,这种心理特征将使个人对环境作出相对一致和持久的反应。个性通常可用自信心、控制欲、自主、顺从、交际、保守性、适应等特征来描述。对于特定的产品或品牌选择,个性是一个很有用的分析变量。

(四)心理因素

影响消费者行为的心理因素有动机、感受、学习、信念和态度。

1. 动机

动机与行为有着直接的因果关系。消费者购买行为由购买动机支配,而购买动机又由需要引起。因此要研究消费者购买动机,必须研究消费者的需要。需要

微课:2-6

影响消费者购买
行为心理因素

是购买动机的基础,是购买行为的起点。

　　人的需要引发购买动机,需要是指人们感到没有满足的一种状态。就消费者而言,需要表现为获取各种物质需要和精神需要。对需要与动机的分析,许多行为学者、心理学家曾提出多种分析方法,其中马斯洛的"需要层次"理论对消费者购买行为分析有重要的参考价值。

 知识补给

　　马斯洛将人类的需要分成五个层次:生存需要、安全需要、社会需要、尊重需要和自我实现的需要。其中前两个层次需要都属于生理的和物质方面的需要,后三个层次需要是心理的和精神方面的需要。它们是根据由低到高的层次排列的。

表 2 - 2　马斯洛需要层次模式

第一层	生存需要	希望满足基本生存条件	生理需要
第二层	安全需要	希望有安全稳定的环境	
第三层	社会需要	希望得到关爱和友情	心理需要
第四层	尊重需要	希望得到尊重,获得名誉	
第五层	自我实现需要	希望取得成功,实现自我发展目标	

　　(1)生存需要。是指人类最基本的需要,如对衣、食、住等物质的需要。马斯洛认为:当人所有的需要未得到满足时,生存需要是压倒一切、最为优先的需要。

　　(2)安全需要。是指人们要求人身安全得到保障,基本需要得到满足以后,为避免生理及心理方面受到伤害所产生的保护和照顾的需要,如人身安全、健康保障、财产安全、职业安全等。

　　(3)社会需要。是指人们相互交往的愿望和归属感,人们希望能被社会上某些团体或者他人所接受,使自己在精神上有所归属;希望给予他人和得到别人的友谊和爱护,这是人的情感方面的需要。这种需要促使人们致力于与他人感情的联络和建立社会关系,如朋友交往、伙伴关系、参加某些团体或集会等。

　　(4)尊重需要。是指人们对自尊心、荣誉感的追求和维护。人们希望通过自己的才华与成就获得他人的重视和尊重,希望自己具有一定的身份和地位。

　　(5)自我实现需要。是指人们的成就感,人们对获得成功具有渴望,希望个人才能得到发挥成为优秀的人。这是需要层次理论的最高级需要。

　　需要产生动机,但并非所有的需要都必然产生动机。一种需要必须被激发到足够大时才能发展成为动机。而且,动机的强弱除了受内在刺激驱使外,还与外界的刺激有关时才能发展成为动机。可见,消费者购买动机是消费者内在需要与外界刺激相结合使主体产生一种动力而形成的。

　　由于消费者需要的复杂多样,在此基础上产生的消费者的购买动机也是多样化的,购买动机大体上可概括为两大类。

　　(1)生理性购买动机。生理性购买动机指人们因生理需要而产生的购买动机,如饥思食、渴思饮、寒思衣，所以又称本能动机。

生理动机是以人们基本的生理本能需要为基础的，因此，具有经常性、习惯性和稳定性的特点。但是应该注意到，当社会经济发展到一定水平时，心理动机在消费者行为中占重要地位。

（2）心理性购买动机。心理性购买动机是指人们由于心理需要而产生的购买动机。消费者的心理需要十分复杂，因而产生了各种各样的心理性购买动机。根据对人们心理活动的认识，以及对情感、意志等心理活动过程的研究，可将心理动机归纳为以下三类。

第一类是感情动机。所谓感情动机是指由于个人的情绪和情感心理方面的因素而引起的购买动机。第二类是理智动机。是指建立在对商品客观认识的基础上，经过充分分析比较后产生的购买动机。第三类是惠顾动机。是指消费者由于对特定的商品或特定的商店产生特殊的信任和偏好而形成的习惯重复光顾的购买动机。

需要引发动机、动机影响购买的行为，营销人员应深入细致地分析消费者的各种需求和动机，针对不同的需求层次和购买动机设计不同的产品和服务，制定有效的营销策略，从而获得企业营销的成功。

2. 感受

消费者一旦有了购买动机后，就会采取行动。但是如何行动还要看他对外界刺激物或情境的反应。这就是感受对消费者购买行为的影响。感受指的是人们的感觉和知觉。所谓感觉，就是人们通过视、听、嗅、触等感官对外界的刺激物或情境的反应或印象。随着感觉的深入，各种感觉到的信息在头脑中被联系起来进行初步的分析综合，使人形成对刺激物或情境的整体反映，就是知觉。知觉对消费者的购买决策、购买行为影响较大。在刺激物或情境相同的情况下，不同的消费者有不同的知觉，他们的购买决策、购买行为就可能会截然不同。例如，有两个顾客到同一商店选购电视机，刺激物和情境相同，但其中一个认为某牌电视机好，售货员服务态度好，决定购买；而另外一个认为同一品牌的电视机不好，售货员的服务态度也不好，不愿购买。为什么会出现这种情况呢？是因为消费者的知觉是一个有选择性的心理过程。一个人在特定范围内不可能对所有的刺激物都感受得到。具体说有三种情况影响感受。

（1）有选择的注意。一个人每时每刻都面对许多刺激物，是往往不可能注意所有的刺激物，只能有选择地注意某些刺激物，即只注意那些与自己的主观需要有关的事物和期望的事物。如，某顾客准备买洗衣机，他只注意看洗衣机而不注重别的商品。因此，对某种商品（如洗衣机）的广告宣传，有些消费者会有印象，有些消费者不会有什么印象。

（2）有选择的曲解。消费者注意到刺激物，但未必能如实反映客观事物，往往按照自己的先入之见来曲解客观事物，在对所接受信息的加工处理过程中，不自觉地加进了个人的看法。例如，甲品牌电冰箱的质量客观上很好，但某消费者主观认为国产电冰箱只有乙品牌质量好，其他牌子都不行。

（3）有选择的记忆。是指人们所获得的信息绝大部分都会被忘记，人们往往只会记住那些和自己的意见、观点一致的信息。如消费者只记得自己喜欢的乙品牌电冰箱的优点，而忘记了也在经常宣传的甲品牌电冰箱的优点。

可见，感受是消费者购买的重要影响因素。尽管不同的人对同样的客观事物有不同的感受，但外界刺激物本身有助于决定人的感受，我们应该看到外界刺激物的作用所在。还应看到消费者个人因素也会影响其感受,如个人理解信息的能力、心情、记忆力、经验和价值观等,都会影响外界信息的接受,形成自己的感受。

分析感受对消费者购买行为影响,要求影响人员掌握这一规律,充分利用企业的营销策略,在保证商品质量的前提下,改进包装、款式、颜色,尤其是要加强广告宣传,以强化刺激。企业要以简明、有吸引力的广告词句,反复多次做促销宣传,引起消费者的注意,加深消费者的记忆,正确理解广告。

【思考与讨论】　企业在媒体上做广告中时,为什么总是不断重复进行?

3. 态度

态度通常指个人对事物所持有的喜欢与否的评价、情感上的感受和行动倾向。作为消费者态度对消费者的购买行为有着很大的影响。企业营销人员应该注重对消费者态度的研究。

社会心理学家认为态度是情景和他人倾向以及本人性格特点相互作用的结果。消费者对某一商品的态度来源于:① 消费者本身与商品的直接接触;② 亲友或其他人的直接、间接的影响;③ 家庭教育与本人的生活经历。

消费者的态度包含信念、情感和意向,它们对购买行为都有各自的影响作用。

(1)信念

信念是指人们认为确定和真实的事物。一般地说,信念是来自知识、见解,也有来自信任的。在实际生活中,消费者不是根据知识,而常常是根据见解和信任来做购买的决策。如某消费者之所以选择甲品牌商品而不买乙品牌商品,其原因在于他相信前者而不相信后者。该消费者的信任往往产生于甲品牌的商品质量有保证、企业信誉好、优质的服务、公道的价格。

(2)情感

情感是指商品和服务在消费者情绪上的反应,如对商品或广告喜欢还是厌恶。上述所提的消费者对甲品牌商品倾注着喜欢态度,显示出自己的情感。情感往往受消费者本人的心理特征与社会规范影响。

(3)意向

意向即态度的动作倾向,具体指消费者采取某种方式行动的倾向,是倾向于采取购买行动,还是倾向于拒绝购买。消费者的态度最终落实在购买的意向上,喜欢甲品牌的消费者必然会采取购买的行动。

研究消费者态度的目的在于企业充分利用营销策略手段,让消费者了解企业的商品,帮助消费者建立对本企业的正确信念,培养对企业商品和服务的情感,让本企业产品和服务尽可能适应消费者的意向,使消费者的态度向着企业期望的方向转变。在 20 世纪 80 年代,温州的产品一直被认为是劣质假冒产品的代名词,经过市场经济的锤炼,温州企业改变营销观念,注重产品质量,强化广告宣传,从而改变了人们对温州产品的信念和态度。现在温州的鞋类产品已经以新的形象行销全国,并开拓了国际市场。

4. 学习

学习是指由于经验引起的个人行为的改变。即消费者在购买和使用商品的实践中,逐步获得和积累经验,并根据经验调整自己购买行为的过程。一个人的学习是通过驱策力、刺激物、提示物、反应和强化的相互影响、相互作用而进行的。

"驱策力"是诱发人们行动的内在刺激力量。例如，某消费者重视身份地位，这种尊重的需要就是一种驱策力。当这种驱策力被引向某种刺激物，如高级名牌西服时，驱策力就变为动机。在此动机的支配下，这位消费者需要做出购买名牌西服的反应。但他在何时何地做出何种反应，往往取决于周围的一些"提示物"的刺激，如有关电视广告、商品陈列等。在他购买了这套名牌西装时，如果穿着很满意的话，他对这一商品的反应就会加强，以后如果再遇到相同诱因时，就会产生相同的反应，即采取购买行为。如反应被反复强化，久而久之，就成为购买习惯了。这就是消费者的学习过程。

从以上分析可以看到消费者一方面从广告中学习，获取知识。另一方面是从个人周围人的购买经验中学习。为此，企业在营销过程中要注重消费者购买行为中"学习"这一因素的作用，要通过各种途径给消费者提供信息，如重复广告，目的是达到加强诱因，激发驱策力，将人们的驱策力激发到马上行动的地步。同时，企业对商品和提供的服务要始终保持优质，这样消费者才有可能通过学习建立起对企业品牌的偏爱，形成其购买本企业商品的习惯。

三、消费者购买行为类型

微课：2-7

消费者购买
行为类型

消费者购买行为会随着其购买决策类型的不同而有所不同。在较为复杂的和花钱多的购买决策中，购买者往往要反复比较、权衡，并且可能还需要其他人（如家庭成员、朋友、销售人员等）参与购买决策。根据购买过程中参与者的介入程度和品牌间的差异程度，可以将消费者购买行为分为复杂的购买行为、寻求平衡的购买行为、习惯性的购买行为和寻求多样化的购买行为四种类型，如图2-11所示。

	参与程度高	参与程度低
品牌间差异大	复杂的购买行为	寻求多样化的购买行为
品牌间差异小	寻求平衡的购买行为	习惯性购买行为

图2-11　四种购买行为

1. 复杂的购买行为

复杂的购买行为是指消费者对价格昂贵、品牌差异大、功能复杂的产品，由于缺乏必要的产品知识，需要慎重选择，仔细对比，以求降低风险的购买行为。消费者在购买此类产品过程中，经历了收集信息、产品评价、慎重决策，用后评价等阶段，其购买过程就是一个学习过程，在广泛了解产品功能、特点的基础上，才能做出购买决策。如购买计算机、汽车、商品房等。

针对复杂的购买行为，首先企业需要制作产品说明书，帮助消费者及时全面了解本企业产品知识，产品优势及同类其他产品的状况，增强消费者对本企业产品的信心。其次，企业要实行灵活的定价策略。第三，企业要加大广告力度，创名牌产品。第四，企业需要运用人员推销，聘请训练有素，专业知识丰富的推销员推销产品，简化购买过程。最后，企业应加强售后跟踪服务策略，加大企业与消费者之间的亲和力。

2. 寻求平衡的购买行为

寻求平衡的购买行为是指消费者对品牌差异小，不经常购买的单价高、购买风险大的产品,需要花费大量时间和精力去选购,购后又容易出现不满意等失衡心理状态,需要商家及时化解的购买行为。如购买家用电器、旅游度假等。消费者购买此类产品往往是"货比三家",谨防上当受骗。

针对寻求平衡的购买行为,首先企业应做到价格公道、真诚服务、创名牌,树立企业良好形象。其次,企业应选择最佳的销售地点,即与竞争对手同处一地,便于消费者选购。最后,企业要采用人员推销策略,及时向消费者介绍产品的优势,化解消费者心中的疑虑,消除消费者的失落感。

3. 习惯性的购买行为

许多产品的购买是消费者在低度介入、品牌间无多大差别的情况下完成的。消费者有时会长期购买同一种品牌的产品,但这只是出于习惯,而非出于对品牌的忠诚。一般来说,这类消费者对价格低廉、经常购买、品牌差异小的产品花最少的时间,采取就近购买策略。它是最简单的购买行为,如购买食盐、鸡精、牙膏之类的便利品。消费者并没有对品牌信息进行广泛研究,也没有对品牌特点进行评价,对决定购买什么品牌也不重视,相反,他只是在看电视或阅读印刷品广告时被动地接受信息。他之所以选择这一品牌,仅仅因为是他熟悉。

对习惯性的购买行为,可以利用价格与销售促进吸引消费者试用。由于产品本身与同类其他品牌相比难以找出独特优点以吸引顾客的兴趣,就只能依靠合理价格与优惠,展销、示范、赠送、有奖销售的手段吸引顾客试用。一旦顾客了解和熟悉了产品,就能经常购买以至形成习惯。其次通过开展大量重复性广告加深消费者印象。在低度介入和品牌差异小的情况下,消费者并不主动收集品牌信息,也不评估品牌,只是被动地接受包括广告在内的各种途径传播的信息,根据这些信息所造成的对不同品牌的熟悉程度来决定选择。企业可开展大量广告,使顾客经过被动地接受广告而产生对品牌的熟悉。为提高效果,广告信息应简短有力且不断重复,只强调几个重要论点,突出视觉符号与视觉形象。最后是增加购买介入程度和品牌差异。在习惯性购买行为中,消费者只购买自己熟悉的品牌而较少考虑品牌转换,如果竞争者通过技术进步和产品更新,将低度介入的产品转换为高度介入并扩大与同类产品的差距,将促使消费者改变原先的习惯性购买行为,并在价格和档次上与同类竞争性产品拉开差距。

4. 寻求多样化的购买行为

寻求多样化的购买行为是指消费者对产品品牌差异大,功效近似的产品,不愿多花时间进行选择,而是随意购买的一种购买行为。这种购买行为的消费者,表现为朝三暮四;不花太多的时间选择品牌,而且也不专注于某一产品,而是经常变换品种。该行为针对商品的特点是,不同品牌商品间差异较大,但价格便宜,经济风险小,如食品、化妆品等商品。消费者愿意经常尝试一下未曾用过的商品或新产品,其购买行为表现出一种寻求多样化的特点。这里消费者对商品品牌选择的变化常起因于商品的多样性,而不是起因于对商品不满意。消费者低参与并了解现有品牌和品种之间具有的显著差异,则会产生寻求多样化的购买行为。寻求多样化的购买行为指消费者购买产品有很大的随意性,并不深入收集信息和评估比较就决定购买某一品牌,在消费时才加以评估,但是在下次购买时又可能会转换其他品牌。

针对寻求多样化的购买行为,首先,企业可以采取多品牌策略,突出各种品牌的优势。多品牌决策是指企业在相同产品类别中同时为一种产品设计两种或两种以上互相竞争的品牌决策。此策略为宝洁公司首创,今天宝洁公司的洗发用品品牌众多,如飘柔、海飞丝、潘婷等。飘柔突出优势是柔顺头发,海飞丝突出优势是去头屑,潘婷是护理、营养头发。宝洁公司凭借强大的企业实力,多方位的广告宣传,使其品牌深入消费者心中,创造了骄人业绩。其次,企业应在价格上拉开档次。第三,要占据有利的货架位置,扩大本企业产品的货架面积,保证供应。最后,企业要加大广告投入,树立品牌形象,使消费者形成习惯性购买行为。

【思考与讨论】 消费者购买日常生活用品(如牙膏)与购买家用汽车分别属于什么样购买行为?

四、消费者购买决策过程

消费者的购买不是简单的实地购买,而是较复杂的决策过程。消费者的购买决策在实地购买前就已经开始,而且还延伸到实地购买以后。因此,企业不要仅仅着眼于"决定购买"阶段,而要调查研究和了解消费者购买过程的各个阶段。消费者的购买决策过程一般可分为以下五个阶段。

(一)确认需要

确认需要是消费者购买活动的起点。当消费者意识到对某种商品有需要时,购买过程就开始了。消费者的需要可以由内在因素引起,如口渴驱使人寻找饮料;也可以是由外在因素引起,如一种色香味美的食品引起人们的食欲;看了电视、杂志上的家具广告而产生购买的欲望。在这一阶段,企业必须通过市场调研,认定促使消费者认识到需要的具体因素,营销活动应致力于做好以下两项工作。

① 发掘消费驱策力。如青年人绝大多数爱美,爱美的需要就是一种驱策力。企业在开发年轻人使用的产品系列中就应考虑"爱美"驱策力。② 规划刺激、强化需要。驱策力只有与某些刺激相联系时,才能使人形成强烈的购买欲望。企业不但需要生产适销对路的产品,还要善于规划刺激,尤其是运用数量众多、形式各异的各类提示物,强化刺激,引发和深化消费者对需要的认识。

(二)寻求信息

有时消费者的消费需要很强烈,甚至可能马上去购买商品,但在多数情况下,消费者还要考虑买什么牌号的商品,花多少钱到哪里去买等问题,这就是消费者购买过程的第二阶段,即寻求信息的阶段。消费者寻求所需求的信息一般有:产品质量、功能、价格、牌号、已经购买者的评价等。消费者的信息来源通常有以下四个方面:① 商业来源,即消费者从广告、经销商、商店售货员、商品陈列、商品包装等途径得来的信息。一般地说,消费者的信息大多数来自商业来源;② 个人来源,即消费者从家庭、亲友、邻居、熟人那里得来的信息;③ 大众来源,即消费者从报纸、杂志、电视、广播等大众传播媒介获得的信息;④ 经验来源,即消费者通过自身操作、实验、使用产品而得到的信息。消费者通过寻找信息,逐渐了解市场上出售的某种品牌的产品及其特征。市场营销者的任务就是设计适当的市场营销组合,尤其是产品品牌广告策略,宣传产品的质量、功能、价格等,以便使消费者最终选择本企业的品牌。

（三）比较评价

比较评价是消费者购买过程的第三个阶段。消费者进行比较评价的目的是识别哪一种牌号、类型的商品最适合自己的需要。消费者对商品的比较评价，是根据收集的资料，对商品属性做出的价值判断。消费者对商品属性的评价因人因时因地而异，有的评价注重价格，有的注重质量，有的注重牌号或式样等。对企业来说，首先要注意了解并努力提高本企业产品的知名度，使其列入消费者比较评价的范围之内，进而才可能被选为购买目标。同时，还要调查研究人们比较评价某类商品时所考虑的主要方面，并突出进行这些方面的宣传，以对消费者的购买选择产生最大影响。

（四）决定购买

消费者通过对可供选择的商品进行评价，并做出选择后，就会形成购买意图。在正常情况下，消费者通常会购买他们最喜欢的品牌。但有时也会受以下两个因素的影响而改变购买决定。

第一是他人态度。任何一个消费者都生活在一个特定的环境中，他的购买决策往往受其家庭成员、朋友、同事或权威人士等的影响，和他关系越密切，影响程度就越大。

第二是意外事件。消费者原本做出的购买决策，可能会受到如涨价、失业、收支状况的变化而发生改变。消费者修改、推迟或取消某个购买决定，往往是受已察觉风险的影响。"察觉风险"的大小，由购买金额大小、产品性能优劣程度以及购买者自信心强弱决定。企业应尽可能设法减少这种风险，以推动消费者购买。

（五）购后评价

这是购买决策的最后一个阶段。消费者购买商品后，购买的决策过程还在继续，他要评价已购买的商品。企业对这一步仍须给予充分的重视，因为它关系到产品今后的市场和企业的信誉。判断消费者购后行为有两种理论：

1. 预期满意理论

预见期满意理论认为，消费者对所购商品的满意程度，取决于购前期望的实现程度。如果购买满意程度达到或超过他的购前期望，他就会比较满意；反之，就会不满意。希望与现实差距越大，消费者的不满意感也就会越大。因此，企业在营销过程中，对商品的宣传应尽量实事求是，不要夸大其词，以免造成消费者在购买前的希望过高，使用后却对商品产生强烈不满。

2. 认识差距理论

认识差距理论认为，消费者购买商品后，都会产生不同程度的不满意感。这是因为任何商品都有其优点和缺点，而消费者在购买时往往看重商品的优点，而购买后，又较多注意商品的缺点，当别的同类商品更有吸引力，消费者对所购商品的不满意感就会更大。企业在营销过程中，应密切注意消费者购后感受，并采取适当措施，消除不满，提高满意度。如经常征求顾客意见，加强售后服务和保证，改进市场营销工作，力求使消费者的不满降到最低。从以上分析可见，消费者购买决策的每一个阶段，都会对其购买决策产生影响。企业通过调查分析，可以针对消费者在决策过程各个阶段的思想、行为采取适当措施，来影响消费者的购买决策，使消费者做出对企业有利的购买决策。

【思考与讨论】　在商场,同学小王看中一件冬装准备购买,你却说这个品牌的衣服你买过,质量不怎么样,小王最终放弃购买。试从购买过程参与者角度分析一下你的角色,并说明小王不买的原因。

任务 5　生产者购买行为分析

前面我们学习了消费者的购买行为及影响因素,本任务我们将对生产者购买行为进行分析。生产者购买行为是指一切购买产品或服务并将之用于生产其他产品或服务,以销售、出租或供应给他人消费的一种决策过程。对生产者购买行为分析是提供生产资料产品企业营销的研究重点,只有了解了生产者购买行为特点,掌握生产者购买行为的规律性,才能制定相适应的市场营销组合策略,在满足生产者需求的同时,实现企业自身的营销目标。

一、生产者购买行为的特征

在生产者市场上,购买者购买商品的目的,不是为了个人生活消费,而是为了进行再生产并取得利润。因此,生产者的购买行为与消费者的购买行为有很大的差别。生产者购买行为具有以下鲜明的特征。

1. 购买者数量少,购买规模大

在消费者市场上,购买者是个人或家庭,购买者数量众多,但购买规模很小;而在生产者市场上,购买者绝大多数是企业单位,购买者的数量必然比消费者市场小得多,但每个购买者的购买规模都较大。在现代市场经济条件下,由于资本的积聚,产业市场上的购买规模更显庞大,许多行业的产品生产集中在少数大公司,所需原料、设备的采购也就相对集中。

2. 购买者区域相对集中

购买者区域上相对集中是由产业布局的区域结构决定的。由于历史和地域资源的原因,各国的产业布局结构各不相同。产业布局在地理位置上相对集中的特点,形成了生产者购买较为集中的目标市场,在产品分销过程中,可以抓准重点目标市场,提高分销效率,降低分销成本。比如,扬州市邗江区杭集镇享有"中国牙刷之都"的美誉,杭集镇生产牙刷已有 170 多年的历史。目前,全镇拥有牙刷生产及相关配套企业近千家,其中规模生产企业 80 多家,世界 500强企业高露洁公司也落户杭集。全镇牙刷从业人员 2 万多人,生产的牙刷有 1 100 多个品种,年产牙刷 32 亿支,年销售 20 多亿元,杭集镇的牙刷已占据了国内 80% 的市场份额,还出口到 50 多个国家和地区。因此,牙刷毛、牙刷柄的购买者主要集中在杭集镇。

3. 需求受消费品市场的影响

生产企业对生产资料的需求,常常取决于消费品市场对这些生产资料制品的需求。有人把它又称为"衍生需求",这就是说,生产者购买产品的需求,归根结底是从消费者对消费品的需求中衍生出来的。例如,兽皮商把牛、羊、猪皮卖给制革商,制革商把皮革卖给皮鞋制造商,皮鞋制造商把皮鞋售给消费者。由此可见,正是由于消费者对皮鞋的需求,才派生出一系列连锁的需求。

4. 需求缺乏弹性

在生产者市场上,购买者对产品的需求受价格变化的影响不大。在工艺、设备、产品结构相对稳定的情况下,生产资料的需求在短期内尤其缺乏弹性。例如,皮鞋制造商既不会因皮革价格上涨而减少对皮革的需求量,也不会因为价格下降而增加需求量。

5. 需求波动大

生产者需求是波动的需求,而且波动幅度大。用户对于生产资料产品的需求比消费者对消费品的需求更容易发生需求波动。由于生产者需求是一种衍生需求,所以消费者需求的少量增加能导致产业购买者需求的大幅度增加。这种现象被西方经济学家称为加速原理。所以有时消费者的需求有稍许的变化,就会引起很大的生产者购买变化,因而提供生产资料的企业往往实行多元化经营,以减少风险,增强应变能力。

6. 购买人员较为专业

生产者购买较为专业。由于生产者所需产品(原料、原材料、零配件、设备、技术等)是用来再生产或再加工之后出售的,所以,购买必须符合企业再生产的需要,对产品的质量、规格、型号、性能等方面都有系统的计划和严格的要求,通常需要专业知识丰富、训练有素的专业采购人员负责采购。这就要求有关企业必须向采购员提供技术资料和特殊的服务。

7. 购买多为直接购买

由于生产购买者少,又是大宗买卖或技术复杂的设备仪器等,因而购买者多数希望直接与供应者打交道。一方面,供应商能够保证按照自己的要求提供产品;另一方面又能与供应商密切关系,保证在交货期和技术规格上符合自己的需求。

8. 特殊购买方式——租赁

许多生产者并不是以购买而是以租赁的方式取得设备。这种方式一般适用于价值较高的机器设备、交通工具等,因为这种设备单价高,通常用户需要融资才能购买,加上技术更新越来越快,为减少投入和避免技术升级带来的风险,租赁已成为近年来生产者获得生产资料,特别是生产设备的一种重要形式。租赁的形式主要有服务性租赁、金融租赁、综合租赁、杠杆租赁、供货者租赁、卖主租赁等形式。

二、生产者购买行为的类型

由于企业采购的目标与需要不同,生产者的购买行为,按其购买性质,大致可分为三种类型。

1. 直接重购

直接重购是指企业采购部门为了满足生产活动的需要,按惯例进行订货的购买行为。也就是企业的采购部门根据过去和供应商打交道的经验,从供应商名单中选择供货企业,并连续订购采购过的同类产品。这是最简单的采购,生产者的购买行为是惯例化的。供应商的营销人员要努力保证稳定的产品质量,维护与客户的良好关系,以保持现有客户并争取新客户。

2. 修正重购

修正重购是指企业的采购人员为了更好地完成采购任务,适当改变采购产品的规格、价格和供应商的购买行为。这类购买情况较复杂,参与购买决策过程的人数较多。供应商的营销人员必须做好市场调查和预测工作,努力开发新的品种规格,并努力提高生产效率,降低成本,设法保护自己的既得市场。

3. 全新采购

全新采购是指企业为了增加新的生产项目或更新设备而第一次采购某一产品或服务的购买行为。新购买的产品成本越高、风险越大，决策参与者的数目就越多，需收集的信息也就越多，完成决策所需时间也就越长。这种采购类型对供应商来说是一种最大的挑战，同时也是最好的机会。全新采购的生产者对供应商尚无明确选择，是供应商的营销者应该大力争取的市场。

三、生产者购买决策过程

（一）生产者购买过程的参与者

生产资料的生产企业不仅要了解谁参与生产者用户的购买决策过程，还要了解他们在购买决策过程中充当什么角色、起什么作用。也就是说，还要了解其客户的采购组织，以便采取相应的对策。

生产者购买，除了专职的采购人员外，还有一些其他人员也参与购买决策过程。所有参与决策过程的人员构成采购组织或采购中心，参加采购中心的人具有同一目标，并分担购买决策的风险。这比消费者购买行为要复杂得多。通常，企业的采购中心包括以下五种成员。

（1）使用者。即实际使用欲购买的某种产品的人员。例如，公司要购买实验室用的电脑，其使用者就是实验室的技术人员。使用者往往首先提出购买某种所需产品的建议，并提出购买产品的品种、规格和数量。

（2）影响者。即企业内部和外部直接或间接影响购买决策的人员。他们通常协助企业的决策者决定购买产品的品牌、品种、规格。企业的技术人员是最主要的影响者。

（3）采购者。即在企业中组织采购工作的专业人员。采购人员的职能包括选择供应商、与供应商谈判等。在较为复杂的采购工作中，采购者还包括那些参与谈判的公司高级职员。

（4）决定者。即在企业中拥有购买决定权的人。在标准品的例行采购中，采购者常常是决定者；而在较复杂的采购中，企业领导人常常是决定者。

（5）信息控制者。即在企业外部和内部能控制市场信息流到决定者和使用者那里的人员，如企业的采购代理商、技术人员和秘书等。

当然，并不是任何企业采购任何产品都必须有上述五种人员参与购买决策过程，采购的产品不同，企业采购中心的规模大小和成员多少也不相同。购买的产品技术性越强，单价越高，购买情况越复杂，参与购买决策过程的人员就越多；反之，人员就越少，规模就越小。如果一个企业的采购中心的成员较多，供货企业的市场营销人员就不可能接触所有的成员，而只能选择接触其中少数几位成员，在这种情况下，市场营销人员就必须了解谁是主要的决策参与者，以便采取适当措施，影响其中的重要人物。

（二）影响生产者购买决策的主要因素

影响生产者购买决策的因素可以归纳为四大类：环境因素、组织因素、人际因素和个人因素。

1. 环境因素

环境因素即一个企业外部周围的因素,包括政治、法律、文化、技术、经济和自然环境等因素。如市场基本需求水平、国家经济前景、资本成本等发生变化时,都将影响大批生产者购买。技术、政治及竞争环境、资源短缺程度等都会影响各企业的购买计划和采购决策。

2. 组织因素

组织因素即企业本身的因素。如一个企业的目标、政策、业务程序、组织结构、制度等,都会影响生产者购买决策和购买行为。如企业采购机构有多少人参与购买决策? 他们是些什么人? 他们的评价标准是什么? 企业的政策如何? 等等。有关企业的营销人员只有调查了解这些组织因素的变化,才能采取适当措施影响客户的购买决策和购买行为。

3. 人际因素

人际因素主要指企业内部人际关系。生产者购买决策过程比较复杂,参与决策的人员较多,这些参与者在企业中的地位、职权、说服力以及他们之间的关系有所不同,这种人际关系也影响客户的购买决策和购买行为。

4. 个人因素

个人因素即各个参与购买决策的人,在决策过程中都会掺入个人感情,从而影响参与者对要采购的产品和供应商的看法,进而影响购买决策和购买行为。

(三)生产者购买决策的主要阶段

企业要了解生产者购买决策过程的各个阶段情况,并采取适当措施,以适应用户在各个阶段的需要。由于生产者购买类型不同,所以购买过程也有所不同。在直接重购的简单购买情况下,生产者购买阶段最少;在修正采购的情况下,购买阶段多了一些;在全新采购较为复杂的情况下,购买阶段的过程最长,要经过八个阶段。

1. 认识需要

在全新采购和修正重购的购买情况下,购买过程是从公司的某些人员认识到需购买某种产品以满足企业的某种需要开始。认识需要是由两种刺激引起的。① 内部刺激。如开发新产品需要采购生产这种新产品的新设备和原料;有些机器发生故障或损坏,需购置零部件或新机器;发现购进的某些原料质量不好,需更换供应商,等等。② 外部刺激。如采购人员看了广告或参加了展销会,发现了更物美价廉的新产品或替代产品,对企业的再生产能降低成本。

2. 确定需要

认识需要后,第二步是确定所需品种的特征和数量。对于标准品即按要求采购;至于复杂品,采购人员要和使用者、工程师等共同研究确定所购产品特征和数量。供应商企业的营销人员在这一阶段应积极帮助采购单位的采购人员确定所需品种的特征和数量。

3. 说明需要

这一步是指专家小组对所需品种进行价值分析,做出详细的技术说明书。价值分析的目的是以最少的资源耗费,生产出或取得最大功能,以取得最大的经济效益。价值分析公式:

$$V = F/C$$

公式中,V 为价值;F 为功能(指产品的用途、效用、作用);C 为成本。

企业通过价值分析,就能在生产性能、质量、价格之间进行综合评价,从而有利于选择最佳采购方案。供应商企业的营销人员也应该应用价值技术分析,向其顾客说明产品具有良好的性能。

4. 物色供应商

写出技术说明书以后,第四步是物色适合的供应商。特别是在全新采购的情况下,采购复杂的、价值高的品种,需要花较多时间物色供应商。采购人员通常利用工商名录或其他资料查询供应商,也可向其他企业了解供应商的信誉。供应商企业一定要将本企业名称列入《工商企业名称录》,同时加强广告宣传,提高本企业的知名度。

5. 征求建议

第五步是企业采购部门邀请合格的供应商提出建议或提出报价单。如果采购复杂的、价值高的产品,采购部门应要求每个潜在的供应商都提交详细的书面建议或报价单。因此,供应商企业的营销人员必须十分重视报价单的填写工作,善于提出富有创意的建议书,引起客户信任,争取成交。

6. 选择供应商

与供应商有了接触之后,企业采购部门就可以对供应商提出评价和选择建议。采购部门要根据供应商的产品质量、产品价格、信誉、及时交货能力、技术服务等来评价供应商,选择最具吸引力的供应商,以免受制于人。通常从主要供应者处采购所需要的而另外的则分散给其他供应商,这样一方面促使供应商之间展开竞争,另一方面也可以防止市场波动给企业供货带来风险。

7. 正式订货

选择供应商后,通过商务谈判达成协议,就要给选定的供应商发出最后采购订单,写明所需产品的规格、数量、交货时间、退款政策、担保条款、保修条件等。在商务活动中,对信誉可靠的保修产品,往往愿订立"一揽子合同"(又叫无库存采购计划),和该供应商建立长期供货关系,供应商允诺当采购部门需要时,即按照原来约定的价格条件随时供货。这样库存就存放于供货企业那里,采购单位需要进货时,会直接发送货单给该供应商,这种方式使供应者的产品销路有保障,可减弱竞争的影响。

8. 检查合同履行情况

采购部门最后还要向使用者征求意见,了解他们对购进的产品是否满意,检查和评价各个供应商履行合同的情况,然后根据这种检查和评价,决定以后是否继续向某个供应商采购。

 情境案例 ·········

2022年3月,南航集团纪检监察组印发《关于对采购领域腐败案件涉案供应商分类处置情况的通报》,将去年以来查处的采购领域违纪违法案件中的涉案供应商纳入"黑名单"并予以通报,继续探索实施行贿人"黑名单"制度。

2021年,南航集团聚焦"靠企吃企"突出问题,针对采购领域问题易发多发,深入开展腐败问题集中整治,严肃查处了多起严重违纪违法问题。南航集团决定将26家涉及采购领域腐败案件的行贿供应商纳入"黑名单",进行集中通报,形成震慑。

在将行贿供应商纳入"黑名单"过程中,南航集团不搞"一刀切",坚持综合施策,分类处理,在综合考虑涉案情节轻重、造成影响大小以及在组织调查过程中的配合情况,依据集团《供应商管理办法》相关规定,精准提出处理意见,对涉案供应商分类处置。将行贿情节较重且对组织调查不予配合的3家供应商列入"黑名单",永久禁止企业交易;将行贿情节较轻的17家供应商列入限制交易名单,明确限制准入年限。

课后练习

一、单项选择题

1. 下列属于宏观环境的要素是(　　　)。

　　A. 消费者　　　　　B. 中间商　　　　　C. 社会文化　　　　　D. 竞争者

2. 下列属于微观环境的要素是(　　　)。

　　A. 政治法律　　　　B. 科学技术　　　　C. 社会文化　　　　　D. 竞争者

3. 电子商务在营销活动中的广泛应用说明企业应重视(　　　)。

　　A. 自然环境　　　　B. 经济环境　　　　C. 技术环境　　　　　D. 社会文化环境

4. 以向企业管理人员提供有关销售、成本、存货、现金流程、应收账款等各种反映企业经济现状信息为其主要工作任务的系统,是市场营销信息系统中的(　　　)。

　　A. 市场营销情报系统　　　　　　　　B. 市场营销研究系统

　　C. 市场营销分析系统　　　　　　　　D. 内部报告系统

5. 消费者通过互联网来订购车船机票和购买产品,这要求企业在制定市场营销组合战略时还应当着重考虑(　　　)。

　　A. 人口环境　　　　B. 技术环境　　　　C. 经济环境　　　　　D. 社会文化环境

6. 关于恩格尔系数说法正确的是(　　　)。

　　A. 恩格尔系数越高则生活水平越高　　B. 恩格尔系数越低则生活水平越低

　　C. 恩格尔系数越低则生活水平越高　　D. 恩格尔系数越高说明收入水平越高

7. 对不愿接受访问的对象最适宜采用的调查方式是(　　　)。

　　A. 电话访问　　　　B. 邮寄问卷　　　　C. 人员访问　　　　　D. 上门调查

8. 一手资料主要是来自(　　　)。

　　A. 公司纪录　　　　　　　　　　　　B. 政府的统计资料

　　C. 实地调研　　　　　　　　　　　　D. 数据库

9. 把总体按照不同特征分组,然后在每一组中按简单随机原则抽取样本,这种抽样法为(　　　)。

　　A. 分群随机抽样　　B. 分层随机抽样　　C. 简单随机抽样　　D. 非随机抽样

10. 调查者通过试销实际观察顾客的购买行为,这种调研方法是(　　　)。

　　A. 实际痕迹测量法　　　　　　　　　B. 行为记录法

　　C. 实验法　　　　　　　　　　　　　D. 直接观察法

11. 属于消费者购买行为的特征是(　　　)。

　　A. 需求多样性　　　B. 需求弹性小　　　C. 感情动机　　　　　D. 理性决策

12. 生活方式是影响消费者购买的(　　)。

    A. 文化因素　　　B. 心理因素　　　C. 个人因素　　　D. 社会因素

13. 一个消费者的完整购买过程是从(　　)开始的。

    A. 引起需要　　　B. 筹集经费　　　C. 收集信息　　　D. 决定购买

14. 消费者购买决策过程的顺序通常为(　　)。

    A. 引起需要→收集信息→评价比较→决定购买→购后感受

    B. 引起需要→评价比较→收集信息→决定购买→购后感受

    C. 收集信息→评价比较→引起需要→决定购买→购后感受

    D. 决定购买→引起需要→评估比较→收集信息→购后感受

15. 根据马斯洛的需要层次理论(　　)。

    A. 需要的层次越高越不可缺少　　　B. 需要的层次越低越重要

    C. 尊重的需要是最高层次的需要　　　D. 层次最高的需要最先需要

16. 按马斯洛的需要层次论,最高层次的需要是(　　)。

    A. 生理需要　　　B. 安全需要　　　C. 自我实现需要　　D. 社会需要

17. 制约顾客购买行为的最基本因素是(　　)。

    A. 文化因素　　　B. 经济因素　　　C. 个人因素　　　D. 社会因素

18. 所购买商品的品牌有较大差异,消费者在购买时介入程度高,此类购买行为属于(　　)类型。

    A. 复杂购买　　　B. 寻求平衡购买　　C. 寻求变化购买　　D. 习惯购买

19. 消费者在购买和使用商品的实践中,逐步获得和积累经验,并根据经验调整自己购买行为的过程。这是影响消费者行为心理因素中的(　　)。

    A. 动机　　　　　B. 态度　　　　　C. 学习　　　　　D. 感受

20. 下列属于生产者购买特征的是(　　)。

    A. 购买者多而分散落　　　　　B. 次数频繁,购买量小

    C. 多属非专业购买　　　　　　D. 需求缺乏弹性

二、多项选择题

1. 企业宏观营销环境因素包括(　　)。

    A. 经济环境　　　B. 人口环境　　　C. 竞争环境　　　D. 社会文化环境

    E. 相关社会公众

2. 企业微观营销环境因素包括(　　)。

    A. 经济环境　　　B. 供应环境　　　C. 竞争环境　　　D. 社会文化环境

    E. 中间商

3. 影响企业营销的社会文化环境包含的因素有消费者的(　　)。

    A. 储蓄与信贷　　　　B. 消费结构与模式　　　C. 价值观念

    D. 宗教信仰　　　　　E. 风俗习惯

4. 下列属于企业可控的营销因素有(　　)。

    A. 产品　　　　　B. 价格　　　　　C. 分销　　　　　D. 促销

    E. 政策

5. 企业在经济环境分析时应着重分析以下主要经济因素（　　）。

    A. 消费者收入变化   B. 消费者支出模式   C. 消费者价值观念

    D. 消费者价格反应   E. 消费与信贷

6. 市场营销信息系统包括（　　）。

    A. 内部报告系统   B. 外部报告系统   C. 市场营销情报系统

    D. 市场营销研究系统   E. 市场营销分析系统

7. 根据调研目标，市场调研的基本类型包括（　　）。

    A. 探测性调查   B. 描述性调查   C. 预测性调查

    D. 新产品开发调查   E. 因果性调查

8. 观察法用于市场调查有常见形式（　　）。

    A. 顾客动作观察   B. 店铺观察   C. 试用观察

    D. 实际痕迹测量   E. 试销观察

9. 影响消费者市场购买行为的主要因素有（　　）等。

    A. 个人因素   B. 心理因素   C. 技术因素   D. 自然因素

    E. 社会文化因素

10. 根据购买的介入程度和所购商品的差异程度，消费者购买行为分为（　　）。

    A. 复杂型购买   B. 寻求平衡型购买   C. 寻求变化型购买

    D. 同一型购买   E. 习惯型购买

11. 以下是个人直接受其影响的相关群体（　　）。

    A. 朋友   B. 邻居   C. 家庭   D. 工会

    E. 知名人士

12. 消费者的寻找信息的来源通常有（　　）。

    A. 商业来源   B. 个人来源   C. 大众来源   D. 经验来源

    E. 购买来源

三、判断题

1. 公众是指对企业实现其市场营销目标构成实际或潜在影响的任何团体。　　（　　）

2. 营销中间商包括经销商、货物储运公司、营销服务机构和金融中介。　　（　　）

3. 社会阶层不是由单一要素（例如收入）决定的，而是由职业、收入、教育和财产等多种变量共同决定的。　　（　　）

4. 态度是指一个人对某些事物或观念所持有的相对稳定的评价、感受和倾向。　（　　）

5. 个性是指个人独特的心理特征，这种心理特征将使个人对环境作出相对一致和持久的反应。　　（　　）

6. 文化是决定欲望和行为的基本因素。　　（　　）

7. 人口增长首先意味着人民生活必需品的需求增加。　　（　　）

8. 恩格尔系数越小，生活水平越低。　　（　　）

9. 营销活动只能被动地受制于环境的影响。　　（　　）

10. 消费者习惯性购买行为是指消费者购买时介入程度低且没法弄清品牌之间差异的购买行为。　　（　　）

11. 消费者大多根据个人的好恶和感觉做出购买决策。　　　　　（　　）

12. 消费者对其购买产品满意与否直接决定着以后的购买行为。　　（　　）

13. 组织市场需求是派生需求。　　　　　　　　　　　　　　　　（　　）

14. 组织市场需求的波动幅度大。　　　　　　　　　　　　　　　（　　）

15. 组织也常常通过租赁方式取得所需的产品。　　　　　　　　　（　　）

四、思考题

1. 什么是营销环境? 有何特点?

2. 宏观环境包括哪些内容? 微观环境包括哪些内容?

3. 说明消费者收入的含义? 信贷和储蓄对消费有何影响?

4. 说明科技环境对营销有何影响?

5. 什么是营销信息,其主要有哪些特征、作用?

6. 什么是市场营销调查? 其步骤如何?

7. 市场调研主要方法有哪些?

8. 市场营销调研报告包括哪些内容?

9. 简述消费者购买行为模型。

10. 什么是相关群体? 相关群体对消费者购买行为有何影响?

11. 简述个人因素对消费者购买行为的影响。

12. 试述不同消费者购买行为类型的特点及营销对策。

13. 简述消费者购买决策过程。

14. 生产者购买行为有何特征?

15. 简述生产者购买行为的影响因素。

五、案例分析题

案例一　恰到好处的心理营销

北京西乐日用化工厂(以下简称:西乐厂)是北京市的一个乡办化妆品生产企业。1995年该厂根据社会对日用化妆品需求不断增长的趋势,正式转产护肤霜。几年来,西乐厂坚持依靠科技,不断开发出适销对路的新产品,销售额连年翻番,到2000年已突破9000万元,实现利税1000多万元。西乐厂之所以取得如此好的成绩,其中一个极为重要的原因就是抓住了消费者对日用化妆品的消费心理,展开了心理营销。

1. 抓住顾客求新求美心理

随着化妆品消费需求的发展,消费者不再仅仅追求化妆品的美容需要,而是更加重视其护肤、保健等多种功能。西乐厂在开发过程中意识到这一点,1994年引进了北京协和医院开发的硅霜生产技术,并把这种经过临床医疗实验证明具备护肤、治疗良效的专用技术,用来开发新产品,当年9月通过硅霜工业化生产的技术鉴定后,很快就生产出以"斯丽康"命名的护肤霜投入市场。这种化妆品与传统护肤霜的不同之处在于,它以硅油代替了以往使用的白油或动植物油脂。这种硅油搽抹在皮肤上,能形成一种薄膜,一方面能阻止皮肤表面因水分丧失而引起皮肤干燥,另一方面又能维持皮肤细胞的正常新陈代谢。因此,"斯丽康"护肤霜由于使用了硅油可起到美容、增白、洁肤的作用。长期使用硅油化妆品,不但无害,而且还可让使用者的皮肤滑润、弹性好。多年来,该厂陆续推出的"'斯丽康'高级护肤霜""'斯丽康'增白粉蜜"以及化妆用的"底霜"、婴儿用的"宝宝霜"等多种新产品,已经受到了经常需要化妆品的顾客特别是寒冷干燥地区消费者的青睐。西乐厂在满足消费者的这些求新求美心理中,不断挤占着新的市场。

2. 抓住顾客的求实心理

对于化妆品消费者来说,最大的担心是化妆品的副作用。如害怕导致皮肤过敏,担心长期使用会患皮肤病,会影响身体健康。针对这一点,西乐厂牢牢把握产品质量关,并努力让消费者信赖该产品的质量。他们抓住消费者求安全动机这一心理特征,在推销化妆品过程中,必带"三证",即生产许可证、卫生许可证、质量合格证,以取得用户对产品质量的信赖。该厂还主动邀请质量监督部门、卫生管理部门来厂检查、评定。由于该厂重视科技开发,严格质量检查,注重厂容,文明生产,因此,先后得到北京市经济委员会和农业农村部颁发的"西乐牌斯丽康高级护肤霜""斯丽康增白粉蜜"等优质产品证书,在检测、卫生评比中也多次受到肯定。通过这些上级主管部门的肯定性评价,提高了企业的声誉和形象。

为了推销新产品,西乐厂还经常派出技术人员参加展销会、订货会,由科技人员用医学道理,深入浅出地讲解皮肤的结构和斯丽康特有的功效,用科学道理解除用户的疑虑和误解。他们还通过直接演示法通俗易懂地说明硅油化妆品对皮肤的保护作用。在演示时,演示者用两块布,一块普通布,一块经过硅油处理的布,做了两组对比实验。一组实验是用一杯水分别从两块布上倒下去,普通布透水,硅油布滴水不漏,从而形象地显示了硅油化妆品具有保持水分的良好性能;另一组实验是分别在两块布下面点燃烟,结果普通布把烟挡在下面,而经硅油处理的那块布却青云直上,显示硅油处理的布透气。两组实验直观地表现了"斯丽康"化妆品"透气不透水"的独创功能,说明对人体皮肤有益无害。这种攻心战使广大消费者心悦诚服地接受了"斯丽康"化妆品,取得了心理营销的成功。

3. 抓住顾客的求名心理

西乐化妆品之所以很快在市场上走俏,这与该厂选用"斯丽康"(SLK)这个牌子不无关系。"斯丽康"这个有机硅的英文 SILICONE 音译而来的名字,发音响亮,并带有一点儿洋味,在一定程度上能够满足部分消费者追求高档、进口、名牌化妆品的心理需求。当广告上出现"斯丽康"化妆品的宣传时广大消费者并没有把这个名字与乡镇企业联系起来。由于种种原因,当前社会上对乡镇企业产品抱有偏见;相反,认为高档的化妆品应是进口产品或合资企业的产品。针对部分化妆品消费者这一心理,西乐厂在广告宣传时,采取着重宣传产品特色,而不是宣传企业自己的促销策略,随着"斯丽康"产品的推出,当"斯丽康"化妆品深入人心,在北京家喻户晓的时候,人们并未想到享有盛誉的"斯丽康"化妆品出自一家乡镇企业。一直到了"斯丽康"化妆品相当走俏时,北京西乐日用化工厂的名字才逐渐为顾客知晓。

问题:
1. 你认为化妆品消费者的消费心理特征有哪些?
2. 北京西乐日用化工厂如何根据顾客需求心理搞产品开发?
3. 该厂在产品促销活动中采取了哪些营销策略?为什么要采取这些策略?
4. 试结合本案例谈谈企业如何围绕顾客消费心理从事市场营销。

案例二　政府采购方式变革为企业带来什么?

据测算,全国事业单位一年的采购金额约为 7 000 亿元,政府实际上成为国内最大的单一消费者。为适应市场经济体制的新形势,政府采购方式将发生变革。

以某市某区下属各单位要购买设备为例,以前采购首先向财政局报预算,经财政局行财科按市场价格核定后给予拨款,再由各使用单位自行购买。但是行财科的职员们时常心里打鼓:商品价格究竟是多少,我们没底,采购环节的伸缩性实在太大了。今年5月,某市某区出台了《某区采购试行办法》,规定区属各行政事业单位由区财政安排的专项经费,购置设备单项价值在10万元以上,或全区范围内一次集中配置的批量采购总价值在29万元以上,均需采取公开的竞争性招标、投标采购。某区专门成立了政府采购领导小组,区属两家机关购买133台空调的工作成为区政府采购方式改革的第一个试点。5月26日召开招投标大会,有6家公司投标。开标后,投标商单独介绍了产品技术、质量、价格等内容,并接受由空调专家、高级会计师和使用单位人员组成的评审委员会的质询。经专家们反复比较论证,某空调以较好的性能价格比中标。此次购买的预算资金177万元,实际支出108万元,节约69万元,近1/3。采购部门负责人说:"想都没想到,效果好得出奇。"

区采购办公室正着手进行其他项目的政府采购工作。购买7辆公务车,预算金额208万。由于车型不一,不成规模,将采用"询价"的方式,也就是货比三家的方式购买。广播局购买两台专用设备则采取广播局主办,采购办参与的招标方式。还将进行教学用具、医疗设备、基本建设非标准设备的采购工作,争取今年的政府采购总额达到1 000万元。从长远而言,有关人员希望将采购办从财政局分离出去,使批钱的和买东西的是两部分,更便于监督和制约。

问题:

1. 政府采购方式的变革使得政府市场采购组织和采购过程的参与者发生了哪些变革?

2. 政府采购方式的变革对企业在政府市场的营销活动带来何种影响? 企业如何适应这种变革?

六、职业技能训练题

1. 到大型商场观察某一类消费者的购买行为,写一篇消费者行为分析报告。

2. 访谈自己的爸爸妈妈,找出父母在购买行为上的差异。

项目三　设计以顾客为导向的营销战略

知识目标：掌握市场细分的标准及步骤；理解目标市场选择、市场定位的模式及策略。

技能目标：能够选取恰当的标准进行市场细分；能够根据企业实力选择恰当的目标市场；能够为企业产品进行市场定位；能够根据企业实际情况进行目标市场策略的选择。

 导入案例·········

国产手机的崛起已经是不容争议的事实。目前，全球每 3 部手机就有 1 部来自中国。而在国产手机之中，华为是当之无愧的龙头。2017 年前三季度，华为手机表现抢眼，累计发售 1.12 亿台，超过苹果，位居全球手机市场排名第二，中国市场排名第一。这份成绩的背后离不开华为旗下两大手机品牌——华为和荣耀的全面爆发。

双品牌这一经营策略，并不是秘密，在各行各业都能见到。回顾华为和荣耀双品牌从相互依靠到相互独立的过程，不难发现，华为双品牌战略的推进过程中有诸多可以借鉴的地方。

第一，划分准确的细分市场：华为主攻商务，荣耀面向年轻人群。

智能手机市场日趋成熟，消费群体呈现多元化，比如时尚的、商务的、科技的、女性的、重视性价比的等。消费群体的多元化进一步催生了不同的细分市场，一个品牌在面对两个以上细分市场时往往显得无力。

面对多元化的消费群体，华为的双品牌战略可以覆盖更多的消费群体，帮助华为做大整个市场：华为品牌更多面向中高端市场，以商务人士为目标消费者；荣耀品牌更多面向互联网，以年轻人群为目标消费者。华为和荣耀所面对的细分市场是少有重叠的，这也意味着即便两个品牌的售价相近，二者的冲突也不明显。

第二，打造差异化的产品和服务：华为强调品位和品质，荣耀追求大胆和创新。

不同的细分市场，决定了不同的产品定义。华为品牌以商务人士为主，外观更稳重，产品定义则强调品位和品质。荣耀面对年轻人，所以，外观更时尚，产品定义更大胆、更创新，在时尚、游戏、音乐、运动等领域关注较多。

为了更好地服务年轻人，荣耀坚持全面拥抱年轻人，以大数据为支撑，全流程、全平台、全区域搭建消费者声量分析平台，希望能够以此了解消费者对于未来手机的构想，和他们对于未来手机期待。

【营销启示】　华为的成功来自华为和荣耀双品牌各自锁定不同的细分市场，有着不同的产品定位和经营方法。它们针对品牌锁定的目标群体，打造极致产品，脚踏实地地构建自己的竞争力。

了解市场和顾客需求是为了设计以顾客为导向的营销战略，进而进行营销活动组织实施。本项目我们将按项目 1 中设计以顾客为导向的营销战略的基本思路介绍其设计步骤，主要包括市场细分、目标市场选择、市场定位三个步骤，即目标市场营销；同时解释基于为顾客创造价值的竞争导向的营销战略的基本原理，即企业在竞争中如何定位才能获得最大的竞争优势。设计有价值的实施方案——营销策略组合，将在以后学习的项目中进行阐述。

微课：3-1

市场细分概念及有效细分要求

任务 1　市场细分

　　市场是由购买者组成，而购买者可能在一个或多个方面各有不同，比如年龄、欲望、资源、购买行为、购买态度等。通过市场细分，一个企业可以将大而复杂的市场划分为小的市场，目的就是为了有效地到达这些市场，并提供满足他们独特需求的产品和服务。

一、市场细分的概念及意义

　　所谓市场细分是指企业通过市场调研，根据市场需求的多样性和异质性，依照一定的标准，把整体市场即全部顾客和潜在顾客划分为若干个子市场的市场分类过程。每一个子市场就是一个细分市场，一个细分市场内的顾客具有相同或相似的需求特征，而不同的子市场之间却表现为明显的需求差异。显然，市场细分的客观基础是有差异的顾客需求。

　　市场细分是企业市场营销战略设计的重要步骤，是企业分析市场机会的重要方法，对营销实践有着重要的意义。

　　首先，市场细分有利于企业分析、挖掘和发现新的最有利的市场机会。市场机会就是尚未得到满足的市场需求。在市场细分的基础上，企业可以深入了解细分市场需求的差异性，并根据对每个细分市场需求的分析，研究购买者的满足程度及该市场的竞争状况。

 情境案例

　　"足力健"，这家专做老人鞋的企业，仅 2016 年，就一口气开了 1 000 多家店，最让人惊喜的是，这么多的店居然无一亏损！"足力健"发迹于 2013 年的郑州，以专做老年人健康鞋而闻名，2014 年开始全国招商，一年下来竟然卖了四十多万双。目前的"足力健"已发展成为一家专注老人脚部健康，集研发、生产、销售专业老人鞋为一体的综合型企业。"足力健"成立的第一个部门，就是消费者需求调研部（后来升级为用户研究中心）。通过一次次面对面访谈，"足力健"对老人穿鞋的需求、痛点逐渐清晰起来。老年人买鞋难、穿鞋难，是因为老年人的脚发生了三大变化。一是脚前后变宽，脚背变高，脚变长了；二是趾骨变软，大骨头塌陷，脚踝骨变脆，有骨刺；三是脚上皮肤有脚垫，脚跟疼，包括皮肤松软。针对老年人穿鞋的需求与痛点，"足力健"开始了立项、打样、试穿，根据用户反馈，再不断改进颜色、款式、质量。"足力健"推出的第一款鞋为"足力健动力鞋"，主打"穿上不挤脚，出门不打滑"，最终一年卖了 50 万双。2022 年 9 月有报道显示，"足力健"成功入榜 2022 年"中国 500 最具价值品牌"，品牌价值 91.75 亿元。

　　其次，市场细分有利于企业集中资源，提高效益，增强企业的竞争能力。企业根据细分市场的特点，结合企业资源条件，充分发挥企业优势，占领某一细分市场或几个细分市场，从而增加企业在目标市场上的竞争能力。

 情境案例

以"足力健"的冬鞋为例,为了找到最好的羊毛货源,"足力健"找到了全球羊毛加工重地——河南焦作,却遇到了成本太高的问题。据"足力健"对用户的调研,若价格超过 300 元,鞋的销路就会出问题。所以必须降低成本!随后两个月,"足力健"的创始人亲自去了 15 次焦作,和当地的厂商软磨硬泡,愣是把 45—50 元的羊毛成本,降到了 31 元钱。

为了控制成本,"足力健"专门请了顾问,完整了解了材料、设备和人工等费用,以原皮为例,从何地采购、价格多少,海关、运费、设备各方面费用,都被算得清清楚楚,然后以预期的销量规模,将供应商的价格降到最低。如鞋底,从报价 18 元,降到 8 元。

再次,市场细分有利于企业有针对性地制定和调整营销组合策略。通过市场细分,能使企业比较容易地认识和掌握顾客需求的特点制定出相应的市场营销组合策略。同时,在细分市场上,信息反馈灵敏,便于企业及时掌握市场供求关系及其消费者需求的变化,适时调整原来的营销组合策略,巩固和提升企业在市场上的地位。

 情境案例

以"足力健"的老年人冬鞋为例,2016 年初,"足力健"通过调研发现,因为足底血液不畅,到了冬天,老年人的脚一定会凉,但他们需要的其实不是保暖鞋,而是一双不冻脚的鞋。针对这种特点,"足力健"决定用羊毛解决这问题。因为羊毛既可以解决冻脚的问题,还是一个用户可感知的价值点。

考虑到老人们也有出席正式场合的需要,"足力健"生产了一款产品:美国原装进口头层牛皮,由上市公司利德科技加工,厚度适中。但是价格,只卖 169 元。

"足力健"的实体店专门开在超市里,这是因为"足力健"经过调研发现,超市是老人生活中最常去的地方之一;而且,很多老人认为,超市里的品牌可信度更高。在 2016 年 1 月,"足力健"在郑州开了第一家店。同年 7 月份,开始全国招商,至今已有 1 500 家店,县级以上市场100% 覆盖。在如此快速的扩张速度下,"足力健"遍布全国的实体店居然没有一家亏损。在"足力健"的实体店里,顾客试穿时,工作人员全是半跪式服务,亲自给老人脱鞋、换鞋,令很多顾客大为触动。

二、有效细分的要求

市场细分的方法很多,但并不一定所有的细分都有效。有效的细分市场具有以下特点:

1. 可区分性

可区分性是指市场细分具有明确的标准,即消费者需求具有明显的差异性,这样不同的细分市场的特征才可以清楚地加以区分,便于企业以不同的产品和营销策略为之服务,这样的市场细分才是有价值的。例如,玩具公司按年龄将玩具分为婴幼儿玩具、儿童玩具和成人玩具三个细分市场。

2. 可衡量性

可衡量性即经过市场细分后,各个子市场之间区隔明显,容易界定和识别,同时各个细分市场的销售潜力能被测量,否则企业无法针对其实施有效的营销组合。

3. 可实现性

企业的资源条件有能力进入这一细分市场,并在这一细分市场上有较强竞争力,这样的细分市场才是有现实意义的。例如,2015年宝马在豪华车市场份额能达到25%～26%。在细分市场上,2015年前10个月BMW5系在豪华商务轿车细分市场取得了第一名的成绩。

4. 可盈利性

可盈利性是指所选择的细分市场有足够的市场容量,并具有相对稳定的发展潜力使企业能够在较长时间内获得稳定的利润。企业作为以营利为目的的经济组织,能否赢利是判断其活动合理性的重要标准。因此企业选择的目标市场应当能够维持一定的利润水平。容量过小的市场不值得企业进入,而若所选细分市场频繁改变,势必导致企业经营设施和营销策略不断改变,给企业带来的风险与损失也随之增加。

> **【思考与讨论】** 某企业曾大量做广告,将"牙膏"按性别标准对消费者进行细分,你认为这种细分市场有效吗?

三、消费者市场细分标准

微课:3-2

市场细分的标准

由于造成消费者需求差异性的因素很多,所以消费者市场细分的标准也呈多样化。但随着市场细分化理论在企业营销中的普遍应用,消费者市场细分标准逐步被归纳为四大类:地理细分因素、人文细分因素、心理细分因素和行为细分因素,而每类因素又包含着一系列细分变量因素。

1. 地理细分因素

地理细分要求把市场划分为不同的地理区域单位。其具体变量包括国家、地区、城镇规模、交通运输条件、气候及人口密度等。处于不同地理位置的消费者,对同一类产品的需求特征往往呈现较大的差异,对企业营销组合的反应也各不相同。

(1)按照地理区域,我们可以将市场细分为东北、华北、西北、华南、华东等子市场。比如,有些旅行社将旅游市场分为日韩、东南亚、西欧、北美等细分市场。

 情境案例

2013年在深圳成立的"深圳传音控股股份有限公司",目前旗下拥有手机品牌TECNO、itel及Infinix,数码配件品牌Oraimo、家用电器品牌Syinix以及售后服务品牌Carlcare。全球销售网络覆盖非洲、中东、东南亚及南亚70多个国家和地区。当国产手机巨头们在国内市场厮杀得难分难解的时候,一个很少有人知道的国产手机品牌另辟蹊径,跑去非洲占据了40%的市场份额,成为国内手机厂商的"出口冠军"。2021年,该公司在全球手机市场的占有率为12.4%,在全球手机品牌厂商中排名第三。2021年,传音公司在非洲市场稳健增长,非洲智能机市场的占有率仍然超过 40%，继续巩固和扩大非洲市场的领先优势。在南亚市场，巴基斯坦智能机市场占有率超过 40%，排名第一；孟加拉国智能机市场占有率 20.1%，排名第二；印度智能机市场占有率 7.1%，排名第六。2022 年 7 月，传音控股以强劲的可持续增长态势入选"2021 中国新经济企业 500 强"。

智能手机的普及掀起了全民自拍的热潮，全世界人都爱自拍，但非洲人民似乎被手机厂商和美颜修图软件给遗忘了。由于非洲人民自身肌肤颜色的因素，在光线不佳的情况下，自拍出来的照片效果很差，经常画面是周围一团漆黑，只看得到一口白牙。为了解决这个难题，传音大量搜集当地人的照片，进行脸部轮廓、曝光补偿、成像效果的分析。最终通过眼睛和牙齿来定位，在此基础加强曝光，帮助非洲消费者解决了自拍困扰。

众所周知，非洲气候非常炎热，时间稍微一长，拿着手机的手就容易出汗，黏糊糊的感觉并不舒服。传音又开发出具有防汗、防摔等功能的手机，让消费者可以尽情挑选。此外还有防滑、开机音乐非常长、来电铃声超大等特点。

为了迎合非洲人天生热爱音乐，能歌善舞的特性，Tecno 专门推出适合非洲人音乐口味的音乐手机，并随机赠送一个定制的头戴式耳机，因此在非洲用户中非常受欢迎，手机一上市便被疯抢。非洲用户大多有两张以上的 SIM 卡，却受消费能力所限，大多只有一台手机。传音率先在非洲推出双卡手机，后来甚至推出了四卡手机，不出意料，产品很受欢迎。

（2）按照气候，我们可以将市场细分为南方、北方、热带、亚热带、寒带、温带等子市场。比如，很多服装品牌都将衣服分为夏装、冬装、春秋装等细分市场。

（3）按照人口密度，我们可以将市场细分为都市、郊区、乡村、边远地区等子市场。比如，有的汽车品牌将 SUV 分为城市 SUV、山地 SUV、越野 SUV 等细分市场。

（4）按照城市规模，我们可以将市场细分为特大城市，大、中、小城市等子市场。比如，很多奢侈品品牌根据中国的城市等级分为一线、二线、三线及以下三个细分市场。

当然，地理因素只是一种相对静态的因素，不一定能充分反映消费者的特征。即使处于同一地理位置的消费者，对某一类产品的需求仍然还会存在较大的差异，因此，市场细分还必须同时考虑其他变量因素。

2. 人文细分因素

人文细分是指市场按照人文变量细分。具体的细分变量包括年龄、性别、家庭规模、家庭生命周期、社会阶层、收入、职业、教育、宗教、种族、代沟、国籍等。显然，这些人口变量与消费需求差异性之间存在着密切的因果关系。具体来说主要有以下几个方面：

（1）按消费者年龄细分。

不同年龄消费者的需要和购买力具有明显差异，如对服装的款式、规格、颜色、价格的要求，儿童、青年人、老年人是不同的。所以根据消费者年龄我们可以把服装市场划分为婴幼儿市场、少年市场、青年市场、中年市场和老年市场。

（2）按性别细分。

不同性别的消费者具有不同的需求和购买行为，这在服装、化妆品等市场上尤其明显。比如，我们可以根据消费者的性别将服装市场、化妆品市场划分为男性市场和女性市场。

（3）按消费者的收入水平细分。消费者的实际收入直接影响他们的购买力、生活方式以及对将来的期望，因而对消费需求的数量和结构具有决定性影响。服装、化妆品、旅游、家具、家电等许多行业均以此作为细分依据，可以分为高档市场、中档市场和低档市场。

（4）按消费者职业和受教育程度细分。消费者的职业不同会引起不同的需求。如职业女性、教师和演员对服装、鞋帽和化妆等产品的需求会有自己独特的购买要求。消费者受教育程度的不同会形成不同的消费行为和需求特点，这是由于文化水平会影响人的价值观和审美观。例如，职业装可以根据消费者的职业分为公务人员、技术人员、商务人员三个细分市场。报纸杂志可以根据读者的受教育程度分为大众市场和高学历读者市场。

与其他因素相比，人文因素相对明确稳定，一般比较容易获得和使用，所以这一因素在消费者市场细分中颇受重视。

3. 心理细分因素

所谓心理细分，主要指根据消费者的心理特征，即按照消费者的生活方式、社会阶层、个性来细分市场。实践证明，仅仅运用地理因素和人口因素变量对市场进行细分，细分后的市场往往对同类产品的需求仍会显示出差异性，可能的原因之一就是心理因素在发挥作用。具体来说主要有以下几个方面：

（1）按消费者生活方式细分。生活方式是指消费者对自己的工作、休闲和娱乐的态度。生活方式不同的消费者，他们的消费欲望和需求是不一样的。如企业可根据生活方式将消费者分为"传统型"与"新潮型"，"节俭型"与"奢华型"，"严肃型"与"活泼型"，"社交型"与"顾家型"等消费者群体。比如，有些家具企业将市场分为现代简约、中式仿古、欧美风格等细分市场。

（2）按消费者所处社会阶层细分。处于不同社会阶层的消费者，其消费方式存在巨大的差异，他们之间的消费理念与消费行为也存在较大差异。

（3）按消费者的个性细分。个性是指人特有的稳定的心理特征，它影响着消费者的需求与购买行为。消费者的个性千差万别，直接导致消费者在购买过程中形态各异的购买行为。

在当今社会条件下，随着社会经济的迅速发展和生活水平的普遍提高，消费者的需求结构的变化明显呈现高级化、多元化、个性化的趋势。在选购商品时，不仅要求其具有良好的性能、最佳的质量、便利的购买条件、适宜的价格和周到完善的服务，而且要求所购买商品具有审美价值和社会象征意义，能展示自己独特的个性和个人风采，并能显示出个人特殊的身份、地位、财富。

4. 行为细分因素

行为细分因素标准就是按照消费者的购买行为细分市场，包括消费者购买时机、使用频率、追求利益和忠诚度等变量。具体来说主要有以下几个方面：

（1）按消费者的购买时机细分。根据顾客的有规律购买或无规律购买、平时购买或节假日购买等购买时机性进行市场细分。比如，很多旅行社将市场细分为春节黄金周、暑期游、十一黄金周等细分市场。

（2）按消费者的使用率细分。根据消费者对于产品的使用程度将市场细分为大量使用者群体、中度使用者和少量使用者群体。大量使用者的人数虽然只占总消费者数量的很小一部分，但其购买量占总消费量的比重很大。大量使用者往往是许多企业争夺的主要对象。比如，当当网就根据客户累计消费金额，将市场分为普通会员和贵宾会员两个细分市场，其中贵宾会员又进一步细分为银卡、金卡、钻石卡等三个细分市场。

（3）按消费者追求利益的不同细分。根据顾客从产品中追求的不同利益来细分市场。企业的产品能够给消费者提供什么样的特殊利益和效用是细分的关键。如消费者对牙膏选择，有的是为了经济实惠，有的是为了防治牙病，有的是为了洁齿美容，有的是为了口味清爽等。

（4）按消费者的品牌忠诚度细分。根据消费者对品牌的忠诚状况可把消费者分为四类：坚定品牌忠诚者，即始终不渝地购买一种品牌的消费者；中度品牌忠诚者，即忠于两种或一种品牌的消费者；转移型的品牌忠诚者，即从偏爱一种品牌转换到偏爱另一种品牌的消费者；经常品牌转换者，即对任何一种品牌都不忠诚的消费者。

购买行为是消费者心理活动的外在表现，与心理因素相比，行为因素的各种变量处于显现状态，更容易把握和使用，因而在细分市场时，也经常为企业所采用。

以上提出的四项标准及其所含变数，是一般企业常用的标准，这并不意味着适用于任何消费品的市场细分，也不表示所有细分只限于以上变数。企业应该根据具体情况来确定细分标准，通常选择其中与消费者购买行为关联性最强的变数作为市场细分的标准。

四、生产者市场细分标准

生产者市场的购买者主要是企业用户，其购买决策主要由专业人员做出。与消费者市场相比，生产者市场无论在消费主体、消费对象、购买方式、购买周期变化等方面，都有许多特殊性。因此，生产者市场细分除了可使用消费者市场的一些细分标准（如地理环境因素、追求利益等）之外，还要根据其特点选择一些能够反映各类生产者市场特征及其差异的细分变量，作为生产者市场细分标准。美国的波罗玛（Bouoma）和夏皮罗（Shapiro）两位学者，提出了一个产业市场的主要细分变量表（见表 3 - 1），比较系统地列举了细分产业市场的主要变量，并提出了企业在选择目标顾客时应考虑的主要问题，对企业细分产业市场具有一定的参考价值。

表 3 - 1　产业市场的主要细分变量表

人口变量
（1）行业：我们应把重点放在哪些行业？
（2）公司规模：我们应把重点放在多大规模的公司？
（3）地理位置：我们应把重点放在哪些地区？
经营变量
（1）技术：我们应把重点放在顾客所重视的哪些技术上？
（2）使用情况：我们应把重点放在经常使用者，还是较少使用者、首次使用者或从未使用者身上？
（3）顾客能力：我们应把重点放在需要很多服务的顾客上，还是只需少量服务的顾客上？
采购方法
（1）采购职能组织：我们应将重点放在那些采购组织高度集中的公司上，还是那些采购组相对分散的公司上？
（2）权力结构：我们应侧重那些工人和技术人员占主导地位的公司，还是财务人员占主导地位的公司？
（3）与用户的关系：我们应选择那些现在与我们有牢固关系的公司，还是追求最理想的公司？
（4）总的采购政策：我们应把重点放在乐于采用租赁、服务合同、系统采购的公司，还是采用密封投标等贸易方式的公司上？
（5）购买标准：我们是选择追求质量的公司、重视服务的公司，还是注重价格的公司？
情况因素
（1）紧急：我们是否应把重点放在那些要求迅速和突击交货或提供服务的公司？
（2）特别用途：我们应将力量集中在本公司产品的某些用途上，还是将力量平均花在各种用途上？
（3）订货量：我们应侧重于大宗订货的用户，还是少量订货者？

(续表)

个性特征
(1) 购销双方的相似点：我们是否应把重点放在那些其人员及其价值观念与本公司相似的公司上？ (2) 对待风险的态度：我们应把重点放在敢于冒风险的用户，还是不愿意冒风险的用户？ (3) 忠诚度：我们是否应该选择那些对本公司产品非常忠诚的用户？

一般而言，市场细分是一项十分重要而又复杂的工作，在实践中既要运用以上标准，但又不能生搬硬套。而要根据时间、地点、商品的不同特点、顾客的不同需求以及企业的具体情况灵活运用，用发展的观点来选择某些变量作为细分的标准，方能获得最佳的营销机会和效果。

任务 2　确定目标市场

市场细分只说明了企业的细分市场机会，不是最终目的。最终目的是有效地选择并进入某一或多个细分市场，也即目标市场。所谓目标市场，是指企业在细分市场的基础上，经过评价和筛选所确定的准备，为之提供相应产品和服务的一个或几个细分市场。即企业决定所要销售产品和提供服务的目标顾客群。目标市场是企业制定市场营销战略的基础，是企业经营活动的基本出发点之一，对企业的生存与发展具有重要意义。而企业根据一定的要求和标准，选择其中某个或几个作为自己经营目标的决策过程。即目标市场的选择。

一、评估细分市场

为了准确选择目标市场，企业必须首先对每个细分市场进行全面的评估和分析，然后根据自己的营销目标和资源条件选择适当的目标市场，并决定自己在目标市场上的营销策略，从而实现市场细分和目标市场营销的作用。一般来说，细分市场的评估主要从以下三个方面来考虑。

1. 细分市场的规模和增长潜力

企业主要评估细分市场是否有适当规模和增长潜力。所谓适当规模是相对概念，是相对企业的规模和实力而言的。大企业可能偏好购买量大的细分市场，对较小的细分市场不感兴趣，认为不值得涉足。而小企业会有意避开较大规模细分市场，选择购买量小的细分市场，因为较大规模的市场对小企业来说，往往由于缺乏资源和能力而无法有效进入，即使进入后也无力与大企业展开竞争。

细分市场增长潜力的大小关系到企业销售和利润的增长。所有企业都希望目标市场的销售和利润具有良好的增长趋势，能保证企业经营战略目标的实现。但有发展潜力的市场也常常是竞争者激烈争夺的目标，这又减少了企业的获利机会。

2. 细分市场的吸引力

所谓吸引力主要指市场可以提供的长期获利能力的大小。一个细分市场可能具有适当规模和增长潜力，但从获利观点来看不一定具有吸引力。根据"竞争力模型"，决定整体市场或细分市场是否具有长期盈利潜力的因素有五种。

(1) 现实的竞争者。如果某个细分市场已经有了众多、强大的或者竞争意识强烈的竞争者，该细分市场就失去了吸引力，尤其是当该市场已趋向饱和或萎缩时。

（2）潜在的竞争者。如果某个细分市场的进入障碍较低，能吸引新的竞争者投资，增加新的生产能力和大量资源，并争夺市场份额，也会使该细分市场的吸引力下降。

（3）替代产品。如果某个细分市场存在替代产品或者潜在替代产品，那么该细分市场就有可能失去吸引力。替代产品会限制细分市场内价格和利润的增长。

（4）购买者的讨价还价能力。如果某个细分市场中购买者的讨价还价能力很强或正在加强，该细分市场就可能会失去吸引力。在这种细分市场中，购买者会设法压低价格，对产品质量和服务提出更多、更高的要求，并使竞争者间互相斗争，所有这些都会使销售商的利润遭受损失。

（5）供应者的讨价还价能力。如果企业的供应商——原材料和设备供应商等，能够提价或者降低产品和服务的质量，或减少供应数量，那么该企业所在的细分市场就没有吸引力。

3. 细分市场与企业目标和资源的匹配性

细分市场的评估还需要分析企业自身的目标和资源状况。某些细分市场虽然具有一定规模和发展潜力，并且也具有较大的吸引力，但不符合企业的长远目标，不具备在该市场营销获胜所具备的能力和资源，这样的细分市场对企业是不合适的，应该放弃。

二、目标市场选择策略

微课:3-3

企业通过评估细分市场，将决定进入哪些细分市场，即选择企业的目标市场。

目标市场选择模式

（一）目标市场选择模式

从产品—市场对应的角度，企业有五种可供考虑的目标市场覆盖模式，如图3-1所示。

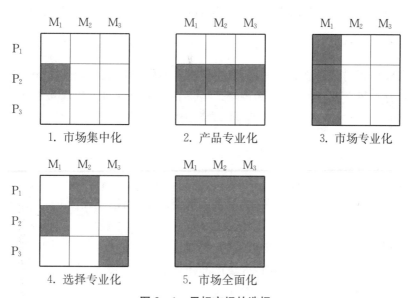

图3-1 目标市场的选择

1. 市场集中化

这是一种最简单的目标市场模式。市场集中化是指企业只选取一个细分市场，只生产一类产品，供应给一类顾客群，进行集中营销。选择市场集中化模式一般基于以下考虑：企业在这一特定市场范围具有专业化经营的优势；企业资源力量有限；该细分市场中竞争对手较少；

准备以此为出发点，取得成功后向更多的细分市场扩展。但是，选择这种目标市场覆盖模式使企业需要承担较大的市场风险，一旦市场需求发生变化，企业将有可能无法生存。

2. 产品专业化

产品专业化是指企业集中生产一类产品，并向各类顾客销售这类产品。产品专业化模式可以使企业专注于某一种或一类产品的生产，有利于形成和发展生产和技术上的优势，在该专业化产品领域树立形象。但是，由于产品范围过窄，当该产品领域被一种全新的技术所代替时，该产品销售量有大幅度下降的危险。

3. 市场专业化

市场专业化是指企业生产不同的产品去满足某一类顾客群体的需要。这种模式由于经营的产品类型众多，能有效地分散企业经营的风险。同时，这种目标市场的覆盖策略也能帮助企业从纵深方面尽可能地满足特定顾客的不同需求。但由于集中于某一类顾客，当这类顾客由于某种原因需求下降时，企业也会收益下降。

4. 选择专业化

选择专业化是指企业选取若干个具有良好的盈利潜力和结构吸引力，且符合企业的目标和资源的细分市场作为目标市场。该目标市场覆盖模式中的各个细分市场之间较少或基本不存在联系。其优点是可以有效地分散企业经营风险，即使某个细分市场盈利不佳，企业仍可在其他细分市场取得盈利。选择专业化模式的企业应具有较强的资源实力和营销能力。

5. 市场全面化

市场全面化是指企业针对不同顾客群的多种需求，提供多种产品加以满足。显然，这种目标市场覆盖策略只有实力雄厚的大型企业才能选用。

（二）目标市场策略

企业对目标市场的选择还需要考虑其市场策略问题，即决定采取何种市场营销策略进入目标市场，直至占领该目标市场。可供企业选择的目标市场策略主要有三种：无差异性营销策略、差异性营销策略、集中性营销策略、微市场营销策略。如图 3-2 所示。

微课：3-4

目标市场策略

1. 无差异性营销策略

无差异性营销策略也叫整体性市场策略。即企业只提供一种产品，采用单一的营销策略来开拓整个市场。采用此策略的企业，只注重市场需求的共性，不需要进行市场细分，无须关注市场间的需求差异性。

无差异性营销策略的最大优点是成本的经济性。单一品种大批量的生产经营，有利于降低单位产品成本，获得规模效益；同时，大量产品销售能节省大量的调研、产品开发、产品宣传、管理等费用，从而取得较佳的经济效益。

无差异性营销策略的缺点也非常明显，即产品的适应性较差。随着市场营销环境的不断变化，消费者经济收入水平的不断提高，一种产品很难适应消费者需求多样化、个性化的发展趋势，充分满足消费者的不同需求；同样，当同类企业均采用这种策略时，必然要形成激烈的竞争。

（A）无差异性营销策略

（B）差异性营销策略

（C）集中性营销策略

（D）微市场营销策略

图 3-2　目标市场策略示意图

2. 差异性营销策略

差异性市场策略是指把整体市场按照消费者需求的差异性,细分成需求与欲望大致相同的若干细分市场,然后根据企业资源及营销实力选择其中部分细分市场作为目标市场,并为各目标市场设计不同的产品,采取不同的营销组合策略,满足不同目标顾客的需要。

差异性营销策略最大优点是市场适应力强。有针对性地满足具有不同特征的顾客群的不同需求,有利于增强企业竞争力,提高企业信誉,扩大销售额。

当然,差异性市场策略由于产品品种增多,批量减少;以及销售渠道、广告宣传的扩大化与多样化,导致企业的生产成本上升,营销费用急剧增加,并使管理工作复杂化。可见,目标市场选择的数目并非越细越好、产品越多越好,企业要根据自己的客观条件,权衡得失做出决策。

3. 集中性营销策略

集中性营销策略又称密集性市场策略。它是指在细分市场的基础上,从中选择一个或少数几个细分市场作为目标市场,集中企业的资源和实力,经营一类产品,实施一套营销策略,以求在部分市场上争取较高的市场份额,获得明显优势。

集中营销策略主要适用资源有限的中小企业或是初次进入新市场的大企业。这一市场策略能够发挥企业的资源优势,集中资源在小市场获得营销成功;由于目标市场集中,能更深入地了解目标市场的需求,生产出更加适销对路的产品;可实行生产专业化,有利于提高产品质量和生产效率,树立企业形象和品牌形象;而营销组合的单一,可大大节约生产成本和营销费用,增加利润。

但是,集中性市场策略经营风险较大,如果目标市场的需求情况突然发生变化,如消费者偏好突然改变，或是市场上出现了更强有力的竞争对手，企业可能陷入困境。

 情境案例

"单项冠军"指长期专注于某些特定细分产品市场生产技术或工艺国际领先单项产品市场占有率位居全球或全国前列的企业。2022 年 4 月福建省公布了在软件与信息服务业细分领域"单项冠军"（不完全名单）。

亿联网络：SIP 话机市场占有率全球第 1，统一通信终端全球第 2，视频会议产品全球第 5。

美亚柏科：电子数据取证行业市场占有率全国第 1。

瑞为公司：智慧机场解决方案覆盖国内 1/3 机场，国内机场人脸识别占有率第 1。

云知芯：车载方案在中国后装车机市场的占有率排名第 1。

科拓公司：车位引导系统领域连续十年市场占有率第 1。

路桥信息：在智慧停车领域独占鳌头，免取卡停车市场占有率第 1。

南讯软件：中国最大的大数据营销画像解决方案提供商。

商集网络：票据识别技术位居全球第 3。

网宿科技：中国最大的 CDN 及 IDC 综合服务提供商。

云脉技术：中文字符 OCR 识别技术全球领先。

汇医慧影：人工智能医学影像领域全国排名第 1，医疗健康产业独角兽企业。

四三九九：全国最大的游戏门户网站。

咪咕动漫：全国最大的手机动漫发行平台。

易联众：新标准社保卡发行量全国第 1。

美柚：全国最大的女性健康社区。

直播吧：全国体育资讯类 App 排行第 1。

美图：美图秀秀、美颜相机移动互联网图片美化、拍照摄影赛道用户规模第 1（据 QM 数据）。

　　……

在这份 50 强企业榜单中，亿联网络统一通信终端全球第二，SIP 话机市场占有率全球第一；美亚柏科在电子数据取证行业市场占有率接近一半；美图旗下美图秀秀、美颜相机在图片美化、拍照摄影两个细分领域用户规模第一。

透过首秀的这份 50 强榜单，亦能一窥福建软件行业的现状——不求"大而全"，但求"小而美"。

纵观榜单，该省数字经济领域较为知名企业均在其中。如今，在芯片设计、信息安全、工业信息化控制、金融科技、电力软件、信息通信等细分领域，该省涌现一批"单项冠军"企业。

这些企业大多自创立以来便深耕某一细分领域，或与某一特定行业深度融合，掌握自主核心技术。它们均是细分领域的领军企业。有的企业名气虽"小"，但行业话语权可一点都不"小"。正是这些"小而美"企业，逐渐扛起自主创新的大旗，组成了全国软件行业版图中不可忽视的一道亮丽风景。

4. 微市场营销策略

差异化和集中化营销都是根据不同细分市场需求来调整营销组合,并没有根据单个消费对象的需求来进行营销组合调整。

微市场营销策略是指根据特定个人或特定地区的需求来调整营销组合策略。要注意的是微市场营销不是寻求每一个个体能否成为顾客,而是寻求每一个消费者身上的个性。包括本地营销和个人营销。

(1) 本地营销

本地营销是根据当地顾客群的需求,调整营销策略组合,如品牌、促销等。本地营销由于规模的降低而可能带来生产成本和营销成本的上升,物流配送也可能存在问题,另外如果不同地区的策略差别太大,还可能会影响企业品牌的整体形象。但随着技术的发展,面对地区人口特点和生活方式的明显差异,本地营销是一种更为有效的营销方式。

(2) 个人营销

极端情况下,微市场营销可变成个人营销,即根据单个消费者的需求和偏好来调整产品及营销策略。个人营销也称为一对一营销、定制营销或单人市场营销。现实生活中常见的裁缝为顾客量体做衣,鞋匠为单个顾客定做鞋子,木匠根据顾客需求制作家具等等都是个人营销的体现。随着新技术的不断应用,特别是互联网技术的应用,使个人营销成为可能并被广泛使用。不仅在消费者市场在生产者市场也同样如此。

(三) 影响目标市场策略选择的因素

以上所述四种目标市场策略各有利弊,各自适用于不同情况。营销实践中,企业在具体选择目标市场策略时,应综合分析各种影响因素,全面权衡利弊、慎重选择。一般来说,通常要考虑的因素有以下几个。

1. 企业实力

企业实力是指企业在满足市场某种需求方面所具备的资源状况,主要包括生产能力、销售能力、技术开发能力、资金、信息,以及经营管理水平等。如果企业资金雄厚,市场营销管理能力较高,可以选择无差异性营销策略和差异性营销策略。反之,如果企业资源能力不足,则应采用集中性营销策略。

2. 产品性质

产品在性能、特点等方面的差异程度是不同的,有些差异大,有些差异小。例如,某些初级产品,尽管每种产品自身可能会有某种品质差别,但用户大多不会重视或不加区别,竞争主要集中在产品价格和服务方面。因而一般可视为同质产品,对于同质产品,一般宜实行无差异性营销策略。反之,许多加工制造产品,不仅本身可以开发出不同规模型号,不同花色品种,顾客对这类产品的需求也是多样化的,选择性很强,则可视为异质产品,对异质产品则宜采用差异性营销策略或集中性营销策略。

3. 市场差异性

市场差异性是指各细分市场之间的差异程度。如果市场的需求、欲望、购买行为基本相同,对营销方案的反应也基本一致,这样的市场即为同质市场,一般宜实行无差异性营销策略。反之,如果市场需求差异较大,即所谓的异质市场,宜采用差异性营销策略和集中性营销策略。

4. 产品所处市场生命周期的不同阶段

一般来说,一种产品从进入市场到退出整个市场,产品的市场生命周期可以分为四个阶段,即投入期、成长期、成熟期、衰退期。企业应随着产品所处的生命周期阶段的变化,采用不同的目标市场进入策略。通常,企业在产品处于投入期或成长期时,可采用无差异性营销策略,以扩大市场规模,提高市场占有率。到了产品的成熟期,由于市场竞争加剧,企业可改用差异性营销策略,以利于开拓新市场、新产品,增强企业竞争力。进入衰退期时,企业则应采用集中性营销策略,缩短战线,缩小市场,延长产品的市场生命周期。

5. 竞争对手的目标策略

企业采用何种目标市场策略也应该充分考虑竞争对手所采取的目标市场策略。通常,企业的目标市场策略要与竞争对手有所区别,反其道而行之。竞争对手采用无差异性营销策略,自己就应采用差异性营销策略,以提高产品的竞争能力。竞争对手采用差异性营销策略,企业就应进一步细分市场,实行更有效的差异性或集中性营销策略。当然,这些只是一般原则,并没有固定不变的模式,营销者在实践中应根据市场具体情况以及竞争双方的力量对比,采取具体的目标市场战略。

任务 3　市场定位策略

企业在市场细分的基础上,选定目标市场之后,还要确定如何服务这个市场,也就是说还必须进行市场定位,为企业及其产品在市场上树立鲜明形象,塑造一定特色,并争取目标顾客的认可。

微课:3-5

一、市场定位的含义

所谓市场定位(Marketing Positioning),是指企业根据竞争者现有产品在细分市场上所处的位置和顾客对产品某些属性和特征的重视程度,塑造出本企业产品与众不同的鲜明个性或形象并通过一系列营销努力把这种个性和形象强有力地传递给目标顾客,从而使该产品在细分市场上占有强有力的竞争位置。市场定位就是要回答"消费者为什么购买你的品牌、产品?"的问题。

市场定位的实质就是企业决定将自己的产品置于目标市场的什么位置上,而这种定位是通过塑造一种产品的鲜明特色和个性来实现的。它是通过对竞争者产品所处的市场位置、消费者的实际需求特点等做出正确的评估,然后塑造出本企业产品与众不同的特色、个性或形象并传递给所选的目标顾客的。

二、市场定位的基本步骤

企业的市场定位通常是通过识别潜在竞争优势、确定本企业适当的竞争优势、推广宣传所选择竞争优势等三个步骤来完成。

(一)识别潜在竞争优势

识别潜在竞争优势通常是通过对目标市场的广泛调研,以鉴别企业的成本优势和产品差异化优势。

1. 竞争者的定位状况

通过市场调研确认竞争者在目标市场上的定位,了解其产品在顾客心目中的形象,并估测其产品成本和经营情况,同时要正确估量竞争者的潜力,判断其潜在竞争优势,为本企业正确进行市场定位提供充分的依据。

2. 目标顾客的需求特点及其被满足的程度

就是要充分了解目标顾客现实的和潜在的需求特点及其偏好和欲望,掌握其对产品的购买要求及其满足的状况。这一点是企业能否实现产品差异化,真正获得竞争优势的关键。

3. 主要竞争者的优势和劣势

(1) 主要竞争者的主营业务经营状况,如近三年的销售额、利润率、市场占有率、投资收益率等。

(2) 主要竞争者的核心竞争能力,如产品的差异化状况、种数以及产品质量和服务质量的水平等。

(3) 主要竞争者的资金营运能力,如财务状况、筹资能力、获利能力、资金周转能力、偿还债务能力等。

(二) 确定本企业适当竞争优势

当企业与主要竞争对手相比,在产品开发、服务质量、销售渠道、品牌知名度等方面所具有的可获取明显差别利益的优势时,企业必须确定哪些方面的竞争优势能作为企业定位策略的基础,也就是说要确定准备推广哪些差异。

企业要决定差异问题包括:推广多少差异?推广哪些差异?

(三) 推广宣传所选择竞争优势

企业的核心竞争优势定位以后,还必须将其传递给消费者并取得其认同,进而树立起一种形象和独特的鲜明市场概念,才会发挥核心竞争优势的效用,赢得顾客的青睐。

三、市场定位策略

一般来说,可供企业选用的市场定位策略有以下几种。

(一) 针锋相对式定位策略

针锋相对式定位亦称对抗性定位。它指将本企业的产品定位在与竞争者相似或相近的位置上。采用这种定位方式必须具备三个条件:本企业能够向市场提供比竞争者更好的产品;所争夺的市场容量足以吸纳两个以上竞争者的产品;本企业具有比竞争对手更多的资源和更强的实力。当然,这种定位具有较大的风险,很有可能造成两败俱伤。

(二) 另辟蹊径式定位策略

另辟蹊径式定位也可称为避强定位。当企业意识到自己无力与强大的竞争者相抗衡,就会将自己的产品做不同方向的定位取向,使自己的产品在某些特征或属性方面与竞争者相比有比较显著的区别。这种定位策略的优点在于,可凭借自身条件的优势迅速地在市场上站稳脚跟,并能在消费者心目中迅速树立起一种形象;市场风险相对较小,成功率较高。但是,避强往往意味着企业必须放弃某个最佳的市场位置,从而有可能使企业处于较差的市场位置。

(三)填补空缺式定位策略

填补空缺式定位是指寻找新的尚未被占领的,但又为众多的消费者所看重的需求进行定位,即填补市场上的空白。这种定位策略的前提是:尚有部分潜在市场未被发掘,处于空白状态;虽有一些企业发现了该部分市场,但却无力或不愿涉足,致使其处于空白状态。对此,只要企业能结合自身资源条件,认真评估细分市场,正确选择目标市场和制定相应的市场策略,成功率高。

四、市场定位的依据

各个企业经营的产品不同,面对的顾客不同,所处的竞争环境也不同,因而市场定位的依据也不同。一般说来,目标市场定位的依据可以归纳为如下几种:

1. 产品特色

产品特色定位是企业根据其本身特征,确定它在市场上的位置。构成产品内在特色的许多因素都可以作为市场定位所依据的原则,如产品功能、成分、质量、档次、价格等。比如,雀巢咖啡的产品特性是味道好,CLINIQUE 的产品特色是通过过敏性测试且不含香料,华硕的特色是华硕品质坚若磐石。

2. 产品用途及使用场合

产品本身的用途及所使用的场合也可作为市场定位的依据。例如,脑白金的"今年过节不收礼,收礼只收脑白金",就将脑白金定位于礼品,"防脱发用霸王","困了累了喝红牛"等都是根据产品用途和使用场合来进行定位的。

3. 使用者的类型

企业把产品指引给适当的潜在使用者,根据使用者的心理与行为特征及特定消费模式塑造出恰当的形象来展示其产品的定位。例如,海澜之家"男人的衣柜"、七匹狼"男人不止一面"、妮维雅"FOR MEN"等就定位于男性市场。嘉宝莉儿童漆定位于儿童市场,朵唯手机定位于女性手机市场,中国移动根据使用者类型,将动感地带定位于大学生年轻人市场、神州行定位于工薪阶层、全球通定位于商务人士等精英阶层。

4. 根据竞争的需要定位

根据竞争者的特色与市场位置,结合企业自身发展需要,将本企业产品定位于与其相似的另一类竞争者产品的档次,或定位于与竞争者直接有关的不同属性与利益。主要有迎强定位、避强定位和反向定位三种类型。

 情境案例 ●●●●●●●●●●

在消费品市场中,产品的口碑意味着一切。而当下的美妆领域,以"东方彩妆,以花养妆"为品牌理念的花西子已悄然崛起。花西子成功的背后不仅是强大的产品力,其对传统文化的深刻理解也诠释了国货美妆的内涵。

1. 赋传统以时尚，美妆巧妙融合苗族文化。

在以往消费者的印象中，彩妆时尚与传统文化的元素相差甚远，二者的特性难以得到有效的融合。传统文化如何与现代的时尚文化巧妙结合，是国货彩妆品牌面临的一个难题。而这个难题的答案，在花西子的品牌中得以诠释。

花西子品牌诞生于 2017 年 3 月 8 日，花西子中的"花"，是指"以花养妆"，"西子"二字，则取自苏东坡诗句"欲把西湖比西子，淡妆浓抹总相宜"。在花西子推出的产品中，传统文化的身影无处不在。以花西子推出的"雕花口红"为例，这款口红与其他仅在外部包装下功夫的口红产品不同，将微雕工艺搬到了口红膏体上。

在花西子的产品阵容里，雕花口红不是个例。自创立以来，花西子已推出数十款复刻东方传统工艺的彩妆产品。而这一次，花西子又依靠其特有的创意，推出了与苗族非遗文化相融合的苗族印象高定系列产品。

当消费者在使用苗族印象系列产品时，其独特的图腾标签和文化内涵也将让消费者眼前一亮。

2. 读懂"东方美"、打磨产品，才能做好国货。

与传统文化元素相结合的做法并不是花西子所特有的，但滥用传统文化元素及缺乏对传统文化的敬畏之心，让很多国货美妆品牌走向平庸。

在当下的国货美妆领域，产品设计同质化、概念标签化的现象依旧普遍。国货概念新鲜感消逝后，消费者对国货美妆产品的期待日渐高涨，如何让消费者接受国货美妆是国货美妆不可逃避的问题。而弘扬东方美，对于任何一个国产品牌来说，都是职责所在。

在解读传统文化时，花西子也着重挖掘传统元素中的"东方美"，并以独到的见解将"东方美"融入产品的设计过程中。以花西子的爆款产品之一空气蜜粉为例，该产品沿用唐朝太平公主专研养颜方——桃花红肤膏。在沿用古法的同时，花西子依托先进的研磨工艺，将蜜粉的颗粒细化至普通化妆品的 3 倍。这个工艺在继承传统养颜配方的同时，也用先进的生产技术让古老的配方焕发新生。

在竞争日趋激烈的美妆领域，产品好看无法支撑一个品牌长远的存续。花西子在保持创意的基础上，也在产品品质上下了很多工夫。在产品制作的过程中，花西子坚持工匠精神，一遍遍打磨产品，做好每一个细节，甚至付出十倍百倍的精力研发一款产品。

凭借着对传统文化传承的责任心、对传统文化元素的独特理解及产品品质的高要求，花西子得以在一众国货美妆品牌中脱颖而出。而花西子产品在海内外市场的火爆表现，也足以说明花西子已逐渐成为一个不可忽视的美妆品牌及国货美妆的代表。

3. 品牌内外兼修，花西子走出国门。

依托"东方彩妆，以花养妆"的品牌理念，花西子走出了属于国货彩妆的独特路线。纵观花西子的成名之旅，不难发现其营销路径正是锚定"Z 世代"中，具有个性化追求的年轻女性群体，传承至中国传统文化的"以花养颜"古法，用东方魅力雕刻时尚属性，文化内涵与精致产品的双重魅力，实现了更多元受众的捕捉。

在征服国内消费者的同时，花西子也走出国门。2019 年，花西子的西湖礼盒系列产品就曾在日本推特上引发热议。花西子的包装和质感让国际友人感受到国货美妆的魅力与中华文化的独特内涵,部分日本网友甚至表示"愿意为了买花西子去一次中国"。

花西子在海外的爆红,印证了国货品牌崛起的一条道路——具有本土特色及深刻文化内涵的品牌,可以帮助民族文化的宣扬,也可以为文化自信添砖加瓦。而花西子在国内市场的优异表现,也证明了花西子所选择的"赋传统以时尚"国货彩妆品牌路线的正确性。

在内容营销时代,花西子通过对消费者需求的细致解读、传统文化的再创新及对品质的执着,为国货美妆探索了新的出路。而所有的这些坚持和努力,也体现了花西子品牌"扬东方之美,铸百年国妆"的品牌愿景。

课后练习

一、单项选择题

1. 市场细分的依据是( )。
   - A. 产品类别的差异
   - B. 消费者需求与购买行为的差异性
   - C. 市场规模的差异性
   - D. 竞争者营销能力的差异性

2. 市场细分的客观基础是( )。
   - A. 不同产品的消费需求的差异性
   - B. 不同产品的消费需求的共同性
   - C. 同一产品的消费需求的同一性
   - D. 同一产品的消费需求的多样性

3. 不属于有效市场细分原则的是( )。
   - A. 可衡量性
   - B. 可区分性
   - C. 动态性
   - D. 可盈利性

4. 无差异性目标市场策略面对的是( )。
   - A. 整体市场
   - B. 一个子市场
   - C. 多个子市场
   - D. 相关市场

5. 无差异性目标市场策略主要适用于( )的情况。
   - A. 企业实力较弱
   - B. 产品性质相似
   - C. 市场竞争者多
   - D. 消费需求复杂

6. 对于经营资源有限的中小企业而言,要打入新市场适宜用( )。
   - A. 集中市场营销
   - B. 差异性市场营销
   - C. 整合市场营销
   - D. 无差异市场营销

7. 企业只推出单一产品,运用单一的市场营销组合,力求在一定程度上适合尽可能多的顾客的需求,这种战略是( )。
   - A. 无差异策略
   - B. 密集市场策略
   - C. 差异化策略
   - D. 集中性策略

8. 成本的经济性是( )的最大优点。
   - A. 无差异策略
   - B. 密集市场策略
   - C. 差异化策略
   - D. 集中性策略

9. 市场的适应性强是( )的最大优点。
   - A. 无差异策略
   - B. 密集市场策略
   - C. 差异化策略
   - D. 集中性策略

10. 企业生产经营不同产品满足同一顾客群的需求的市场选择方式为( )。
    - A. 选择专业化
    - B. 市场集中型
    - C. 产品专业化
    - D. 市场专业化

11. 企业生产经营同一产品满足不同顾客群的需求的市场选择方式为( )。
    - A. 产品市场选择型
    - B. 产品市场集中型
    - C. 产品专业化
    - D. 市场专业化

12. 企业通过市场细分,根据每个顾客需求为其制定营销组合策略是( )。

    A. 市场专业化营销   B. 目标市场营销

    C. 产品差异营销   D. 定制营销

13. ( )要解决的是回答"消费者为什么购买你的品牌、产品?"的问题。

    A. 市场细分   B. 目标市场选择   C. 市场定位   D. 目标市场策略

14. 产品已进入产品生命周期的成熟期,选择的目标市场策略应当是( )。

    A. 大量市场营销   B. 差异性营销   C. 集中性营销   D. 无差异性营销

二、多项选择题

1. 消费者市场细分的标志有( )。

    A. 地理   B. 人口   C. 心理   D. 行为   E. 用途

2. 以下不符合有效市场细分原则的有( )。

    A. 可衡量性   B. 可实现性   C. 可盈利性   D. 动态性   E. 无限性

3. 在消费品市场细分标准中,属于人口统计因素的指标有( )。

    A. 生活方式   B. 教育   C. 年龄   D. 性别   E. 收入

4. 选作目标市场的条件有( )。

    A. 潜在需求量大   B. 有足够购买力   C. 企业有竞争优势

    D. 企业有能力进入经营   E. 有完善的物流系统

5. 影响选择目标市场策略的因素有( )。

    A. 企业的资源   B. 产品的性质   C. 市场变化的状况

    D. 产品生命周期   E. 竞争对手的市场策略

6. 市场定位是一个( )的过程。

    A. 创造竞争优势   B. 明确竞争优势   C. 选择竞争优势

    D. 显示竞争优势   E. 延续竞争优势

7. 良好的市场定位要求企业的产品( )。

    A. 符合消费者需要   B. 有明确的形象   C. 价格低廉

    D. 质量优异   E. 有别于竞争者产品

三、判断题

1. 在同类产品市场上,同一细分市场的顾客需求具有较多的共同性。 ( )

2. 产品差异化营销以市场需求为导向。 ( )

3. 市场细分对中小企业尤为重要。 ( )

4. 市场细分标准中的有些因素相对稳定,多数则处于动态变化中。 ( )

5. 市场专业化是一种最简单的目标市场模式。 ( )

6. 同质性产品适合于采用集中性市场营销战略。 ( )

7. 集中性市场战略适合于资源薄弱的小企业。 ( )

8. 市场定位与产品差异化无关。 ( )

9. 企业采用服务差别化的市场定位战略,就可以不再追求技术和质量的提高。 ( )

10. 企业在市场营销方面的核心能力与优势,会自动地在市场得到表现。 ( )

四、思考题

1. 什么是市场细分？市场细分有何作用？
2. 有效的细分市场有何要求？
3. 简要说明消费者市场、生产者市场细分有哪些变量？
4. 细分市场评估应该从哪些方面着手进行？
5. 什么是目标市场？目标市场选择有哪些模式？
6. 目标市场营销策略有哪些类型，其优缺点是什么？
7. 简述目标市场策略选择的影响因素。
8. 什么是市场定位？市场定位的步骤有哪些？
9. 简述市场定位的策略与方法。

五、案例分析题

王饱饱的营销定位

杭州饱嗝电子商务有限公司 2017 年 12 月 21 日在中国商标局申请注册"王饱饱"商标。2018 年 5 月王饱饱成立，2018 年 8 月正式上线天猫，天猫月销量一路从 200 万增长至 4 000 万，成为食品品类爆品。2022 年天猫 6·18，王饱饱在线上已经甩开桂格、卡乐比等外资品牌，成为线上麦片的绝对第一。

短短几年时间把一个新品牌运营得如此出色，王饱饱是怎么做到的呢？

在中国消费市场，95 后、00 后已经成为消费的主力军，他们不仅有强烈的消费意愿，更具有消费个性与主见。燕麦片作为营养丰富的谷物食品，近年来已成为消费者重要的代餐食品之一。但市面大部分代餐多为粉类，饱腹感不足，传统谷物代餐又太过乏味，代餐市场存在很大的空白。王饱饱团队瞄准了空白市场，以健康麦片品类进入市场，并对自己的品牌进行了精准定位，主要体现在两个方面：

1. 目标群体定位精准

王饱饱将年轻女性定位成自己的目标群体，非常精准。首先，90、95 后年轻女性消费观念前卫开放，乐于接受新鲜事物，追求个性敢于尝试，对于这样的消费群体，只要产品有特点、有实力、符合她们的胃口，就很容易被其接受。其次，年轻女性消费者经济独立、消费自由，消费观念不定型，易受环境影响，容易种草和市场教育；此外，年轻女性消费者还更加关注产品的口感、健康，与主打健康、安全、养生的王饱饱非常吻合。

2. 产品定位精准

有关资料统计显示，当下年轻人关注健康问题，他们既想享受休闲食品带来的多样口味，又希望对自己的健康保障安全和营养。王饱饱就是在这样的市场背景下成长起来的互联网麦片品牌，将自己的产品定位为安全健康食品，选用富含膳食纤维的燕麦为主料，辅以营养丰富、色彩鲜艳的各色水果，打造既好吃又能减肥的产品形象。

王饱饱的成功，便是基于年轻消费者的消费需求，产品定位"健康好吃还吃不胖"，制定出兼顾营养又不发胖的健康食品，符合当下年轻女性的"好吃又塑身"的诉求，最终获得一批追随的用户。

问题：

1. 王饱饱使用哪些细分变量？

2. 王饱饱采用了什么的样目标市场营销策略?

3. 王饱饱使用了哪些市场定位方法?

六、职业技能训练题

1. 调研某一企业市场现状,分析其市场细分的标准,并说明其选择目标市场的理论依据。

2. 调研分析某一企业的市场竞争策略,写一篇该企业 STP 策略报告。

项目四 提供满足需求的产品

知识目标：掌握整体产品概念、理解产品组合的内涵；熟悉产品生命周期各个阶段的特点及相应的营销策略；掌握品牌、包装的概念、作用及常用的策略。

技能目标：能够分析产品的整体层次以及产品组合的宽度、长度、深度和关联度；能够判别产品生命周期并运用产品周期理论分析企业营销策略选择依据；具备品牌建设意识并能进行企业品牌策略分析。

 导入案例

航空公司"随心飞"产品设计

2020年6月18日，东方航空率先推出"随心飞"套票，消费者买下产品后，即可在2020年12月31日前的任意周末兑换消费。随后，春秋航空、海南航空、华夏航空、吉祥航空、中国南方航空等各大航空公司也陆续推出类似产品。

"随心飞"是航空公司应对疫情危机的创新性产品。该产品设计有以下特点：一是根据航班客座率、折扣率的关系，同时考虑客户成本回收所需乘座次数设计；二是设计适用的日期限制。如东航"随心飞"产品限制于周末，工作日无法使用。南航产品适用日期为2020年8月26日至2021年1月6日，完美躲开了暑期高峰；三是兑换及使用限制。比如：顾客必须在起飞前5—7天换票，退改需要提前2—4天。

各航空公司在设计该产品时，还进行了产品组合创新。比如：① 航班＋购物组合：海航"随心飞"产品在乘机权益基础上，额外赠送2 880元中免集团旗下海南免税店代金券；可见，海航的"野心"不只是航空出行，同时希望刺激海南自贸港的购物旅游经济。② 航班＋酒店组合：厦航"全福飞"产品推出"机＋酒"组合，消费者搭乘厦航境内任一航点往返福建（厦门、福州、泉州、武夷山），可兑换商务舱或经济舱机票；同时，消费者可以任选福建省5地14家酒店2晚住宿。

在推出"随心飞"产品的同时，各航空公司还对该产品营销上进行了创新活动。比如，海南航空的线上直播销售；南航的"价格竞猜"模式。在产品上线时间上，南航推出时间最晚，许多已购买竞争对手产品且没有退换打算的消费者，较少可能再额外购买南航的套票产品。因此，南航没有直接公布价格，而是让消费者竞猜。这一营销举措，很好地帮助南航预估套票需求量与顾客的心理价位。最终产品定价略高于其他竞争对手的产品价格。

疫情之下，航空公司进行商业模式创新，打包下半年航班折扣，推出"随心飞"产品。在成本上做减法，设置对应的兑换与使用限制；在服务上做加法，通过跨行业合作丰富"交通票＋X"模式；在品牌上做乘法，通过让消费者竞猜价格等形式，放大营销效果。

也许,"随心飞"产品设计与盈利模式还有待验证,但对于航司短期回血来说,可以说是很有创新性的尝试了。

【营销启示】　消费者的需求是通过产品实现的,产品在市场营销组合中的地位十分重要。任何一个企业制定战略时,首先要回答的是用什么产品使企业和目标市场发生联系,再考虑市场营销组合的其他3项决策。在"4Ps"中,产品是最重要的因素,随后依次是定价、分销和促销。

产品的开发与生产是企业经营活动的实质内容。然而,并非任何产品都一定能为企业带来所期望的经济利益,首先,它必须能满足一定的需求,因为只有能满足需求的产品才会被需求者所接受,他才愿意进行交换;其次,它必须能较好地满足需求,因为在市场上可能会有大量的同类产品出现,若相比较而言,满足程度不如其他产品,需求者就会转向购买其他产品;再次它必须实现较高的价值(相对其成本而言),若其实现的价值低于其生产和加工的成本,企业也就得不到应有的经济利益。由此可见,根据市场消费的需要,开发出具有竞争力和较高价值的产品,是企业获得良好经济效益的基础,从而也是市场营销策略组合中的首要问题。

任务 1　产品组合策略

一、什么是产品

(一) 整体产品概念

产品有广义和狭义之分,从广义上来讲,凡是能够满足消费者或用户某种需要和欲望的东西,都是产品。而狭义上的产品,是指能够提供给市场以满足需要和欲望的任何东西。因此,在市场营销中产品和商品是同一意思。

产品还可以分为有形产品和无形服务。有形产品是指具有某种物质形态和用途的生产物,它可以满足消费者对产品使用价值的需要,是看得见摸得着的产品实体,如服装、家具、汽车等。无形服务包括可以给消费者带来附加利益、心理满足感、形象和声誉等,它也是产品的一个组成部分。有形物品和无形服务共同构成产品。现代营销学对整体产品概念的解释如图4-1所示。

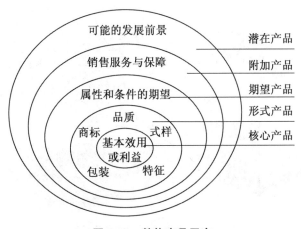

图 4-1　整体产品层次

（1）核心产品。核心产品并不是指对企业生存至关重要或者是能够带来最多收益的产品，而是指向顾客提供的产品的基本效用或利益。核心产品回答了"顾客真正要购买什么"的问题。营销在形式上是出售产品，但在本质上出售的是消费者的核心利益和服务。譬如，人们购买空调机不是为了获取装有某些电器零部件的物体，而是为了在炎热的夏季，满足凉爽舒适的需求。

（2）形式产品。形式产品是指核心产品借以实现的形式或目标市场对某一需求的特定满足形式，又称基本产品或一般产品。形式产品由五个特征所构成，即品质、式样、特征、商标及包装。产品的基本效用必须通过特定的形式才能实现，市场营销人员应努力寻求更加完善的外在形式以满足顾客的需要。

（3）期望产品。是指购买者在购买该产品时期望得到的与产品密切相关的一整套属性和条件。期望产品是消费者没有偏好的共同要求，营销者在提供产品中应作为基本功能提供给消费者。譬如，旅馆的客人期望得到清洁的床位、洗浴香波、浴巾、衣帽间的服务等。因为大多数旅馆均能满足旅客这些一般的期望，所以旅客在选择档次大致相同的旅馆时，一般不是选择哪家旅馆能提供期望产品，而是根据哪家旅馆就近方便而定。

（4）附加产品。是指顾客购买形式产品和期望产品时，附带获得的各种利益的总和，包括产品说明书、保证、安装、维修、送货、技术培训等。国内外许多企业的成功，在一定程度上应归功于它们更好地认识了服务在产品整体概念中所占的重要地位。许多情况表明，新的竞争并非各公司在其工厂中所生产的产品，而是附加在产品上的服务、广告、顾客咨询、资金融通、运送、仓储及其他具有价值的形式。能够正确发展附加产品的公司必将在竞争中赢得主动。

（5）潜在产品。是指现有产品包括所有附加产品在内的，可能发展成为未来最终产品的潜在状态的产品。潜在产品指出了现有产品的可能的演变趋势和前景。如彩色电视机可发展为录放机、电脑终端机等。

图4-2以洗衣机为例说明产品的5个层次。产品整体概念的五个层次，十分清晰地体现了以顾客为中心的现代营销观念。这一概念的内涵和外延都是以消费者需求为标准的，由消费者的需求来决定的。可以说，产品整体概念是建立在需求＝产品这样一个等式基础上的。没有产品整体概念，就不可能真正贯彻现代营销观念。

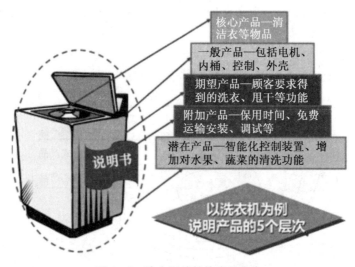

图4-2　洗衣机的整体产品层次

（二）产品的分类

产品可按不同角度进行分类，与营销策略有关的产品分类方法通常有以下几种：

1. 按产品的有形性和消费上的耐久性，可将产品分为非耐用品、耐用品和劳务

① 非耐用品。非耐用品一般是有一种或多种消费用途的低值易耗品，例如，啤酒、肥皂和盐等。售价中的加成要低，应加强广告以吸引顾客试用并形成偏好。

② 耐用品。耐用品一般指使用年限较长、价值较高的有形产品，通常有多种用途，例如，汽车、机械设备等。耐用品倾向于较多的人员推销和服务。

③ 劳务。劳务是为出售而提供的活动、利益或满意，例如，理发和修理。劳务的特点是无形、不可分、易变和不可储存的。一般来说，它需要更多的质量控制、供应商信用以及适用性。

2. 按消费者购买习惯不同，可将产品分为便利品、选购品、特殊品和非渴求物品

① 便利品。指顾客频繁购买或需要随时购买的产品，例如饮料、纸巾、零食、香烟等，便利店或者一些小超市的商品大都属于便利品。便利品可以进一步分成日用品、冲动品、应急品。日用品是顾客经常购买的产品，例如，牙膏、洗发水、米、油、盐等。冲动品是顾客没有经过计划搜寻而顺便购买的产品，如超市里的促销产品。应急品是当顾客的需求十分紧迫时购买的产品，如雨伞或者雨衣。

② 选购品。指顾客在选购过程中，对适用性、质量、价格和式样等基本方面要做认真权衡比较的产品。例如，家具、服装、家电等。选购品可以分成同质品和异质品。购买者认为家电等同质选购品的质量相似，但价格却明显不同，所以有选购的必要。销售必须与购买者"商谈价格"，因此价格促销有时非常有效。但对顾客来说，在选购服装、家具和其他异质选购品时，产品特色通常比价格更重要。经营异质选购品的经营者必须备有大量的品种花色，以满足不同的爱好；他们还必须有受过良好训练的推销人员，为顾客提供信息和咨询。

③ 特殊品。指具备独有特征（或）品牌标记的产品，对这些产品，有相当多的购买者一般都愿意做出特殊的购买努力。例如，茅台酒、奔驰汽车、LV 皮具、江诗丹顿手表等著名品牌或奢侈品。

④ 非渴求品。指消费者不了解或即便了解也不想购买的产品。传统的非渴求品有人寿保险、百科全书等。对非渴求品需付出诸如广告和人员推销等大量营销努力。

二、制定产品组合方案

（一）产品组合的含义

产品组合（Product mix）也称产品经营结构，是指一个企业生产经营的全部产品线和产品项目的组合或结构。产品线也称产品大类，是一组密切相关的产品。产品项目也称产品品种，是指产品线内由尺码、型号、外观、价格、品牌及其他属性来区别的具体产品。如某企业生产彩电、冰箱、空调、计算机等，这就是产品组合（如表 4-1），其中彩电、冰箱、空调、计算机等就是产品线，每条产品线中包括的具体品牌和品种就是产品项目。

表 4-1　海尔公司的产品组合

冰箱冷柜	洗衣机专区	空调专区	热水器专区	电视专区	厨电厨房	电脑手机及数码	小家电	智慧家电专区	大家电	居家产品	空气产品	无线产品	商业解决方案
单门冰箱	滚筒洗衣机	壁挂式空调	电热水器	曲面电视	电烤箱	笔记本电脑	厨房小家电	大家电	智能冰箱	扫地机器人	空气净化器	个人应用	中央空调
两门冰箱	波轮洗衣机	柜式空调	燃气热水器	4K高清电视	洗碗机	台式电脑	生活小家电	居家产品	智能空调	智能体脂秤	空气魔方	公共服务	商用冷柜
三门冰箱	干衣机	家用中央空调	太阳能热水器	智能电视	消毒柜	平板电脑	个护小家电	空气产品	微酒酷	菜多多水培种植箱	车载净化器		商用洗涤
对开门冰箱	除湿机	采暖炉	蓝光电视	燃气灶	一体电脑	母婴小家电	无线产品	智能烤箱	智能洁身器	除味宝		商用电视
多门冰箱	移动空调	空气能热水器		吸油烟机	网络设备及外设			智能洗衣机	魔镜	新风机		商用电脑
十字对开门冰箱		厨宝		空气炸锅	数码产品				多功能取暖器			生物医疗
冷柜				集成灶	手机专区				智慧音箱			U-home
冰吧酒柜				整体衣柜					智能晾衣机			商用净水设备
				整体厨房								商用热泵
												海尔地产

（二）产品组合的宽度、长度、深度和关联度

产品组合包括四个可以衡量的变量，即宽度、深度、长度和关联度。产品组合的宽度（见图 4-3）也称广度，是指一个企业拥有产品线的数量。产品组合的深度是指企业每条产品线中所拥有的产品项目的数量。产品组合的长度是指企业产品组合中产品项目的总数。产品组合的关联性是指企业各条产品线在最终用途、生产条件、分销渠道等方面的相关程度。

从图 4-3 可以看到，某企业产品组合的宽度为 3，护理用品的产品组合深度为 5，食品产品组合深度为 4，家用电器产品组合深度为 3，产品组合的长度为 5+4+3=12，护理用品、食品、家用电器这三条产品线关联性不强，只有分销渠道比较相似，在百货公司都有销售。

产品组合宽度

护理用品	食　品	家用电器
护肤用品	调味品	冰　箱
洁肤用品	糕　点	彩　电
护发产品	干　果	洗衣机
洗涤用品	饮　料	
护齿产品		

（左侧纵向文字：产品组合深度）

图 4-3　某企业产品组合示意图

产品组合的宽度、深度、长度和关联度在市场营销战略上具有重要意义。一是增加产品组合的宽度，可以增加企业产品线的数量，扩大企业经营范围，甚至跨行业经营，实行多角化经营战略，有利于发挥企业特长，充分利用企业资源，降低风险，提高经济效益；二是增加产品组合的深度和长度，可以增加产品项目，增加产品花色、款式、规格等，实行专业化经营，可以满足目标市场消费者的不同需求和爱好，扩大产品销售量，增强企业竞争力，树立良好企业形象；三是加强产品组合的关联性，可以提高企业在某一地区或某一行业的市场竞争位次，充分发挥企业在生产、分销渠道和技术等方面的优势。

【思考与讨论】　分析一下校园超市的产品组合，并说明与校外超市的明显差异之处。

（三）产品组合策略

产品组合策略是指企业根据市场需求和内部资源对产品组合的宽度、深度、长度和关联度的最优组合策略。企业通过产品线销售额和利润分析、产品项目市场定位分析对产品组合进行调整和优化，采取扩大产品组合、缩减产品组合、产品线延伸策略。

1. 扩大产品组合策略

扩大产品组合策略是指企业拓展产品组合的宽度和加强产品组合的深度。拓展产品组合宽度是在原有产品组合中增加新的产品线，扩大经营范围；加强产品组合深度是在原有产品线内增加新的产品项目。如果企业预测到现有产品线的销售额和利润额在未来一定时期内可能下降时，就会考虑在现有产品组合中增加新的产品线或加强其中有发展潜力的产品线。如果企业想增加产品特色或为更多的子市场提供产品时，可以考虑在原有产品线内增加新的产品项目。

采取扩大产品组合策略，实行多角化经营，可以拓展经营范围，扩大经营规模，降低风险，充分发挥企业资源，尤其是经济繁荣时期实行扩大产品组合策略，可以增加盈利机会，但是采取扩大产品组合策略需要大量投资，要慎重采用。

2. 缩减产品组合策略

缩减产品组合策略是指企业减少产品组合中产品线的数量或减少产品线中产品项目数量。一般来讲，在市场经济萎缩、原材料能源供应紧张或行业内有替代品出现、消费者需求爱好发生转变时，可以采取缩减产品组合策略，放弃那些获利少甚至亏损的产品线或产品项目，集中力量发展获利多、有发展潜力的产品线和产品项目，以增加企业盈利能力。

　　3. 产品线延伸策略

　　产品线延伸策略是指企业全部或部分地改变原有产品的市场定位，采取向上延伸、向下延伸和双向延伸三种形式。

　　（1）向上延伸策略

　　向上延伸策略是指在原有产品线中增加高档产品项目。

　　实行向上延伸策略的市场条件是：一是高档产品市场需求旺盛，产品畅销，利润高，市场发展潜力大；二是拥有进入高档产品市场的实力，想发展各档次产品俱全的完全产品线；三是企业有良好的信誉；四是具有反击竞争对手进攻的能力。

　　实行向上延伸策略的风险：一是高档产品市场竞争者进行反击并可能进入低档产品市场；二是未来消费者可能怀疑企业高档产品的质量水平；三是企业的销售代理商和经销商不一定有能力经营高档产品。

　　（2）向下延伸策略

　　向下延伸策略是在高档或中档产品线中增加中档或低档产品项目。

　　实行向下延伸策略的市场条件：一是高档产品销售增长缓慢，竞争激烈，企业需要开拓中低档产品市场，进行反击，增加盈利；二是利用高档产品的品牌效应吸引购买力水平低的消费者购买中低档产品，扩大销售量；三是填补市场空白，不让竞争者有隙可乘。

　　实行向下延伸策略的风险：一是容易损害高档产品的品牌形象，因此应采取新品牌推出中低档产品；二是经营高档产品的经销商或代理商因为利润少而不愿经营中低档产品；三是易激怒中低档生产企业向高档产品市场进攻。因此，使用向下延伸策略要谨慎，否则会影响企业形象和品牌效应。

　　（3）双向延伸策略

　　双向延伸策略是指在原来的中档产品线中同时增加高档产品项目和低档产品项目。

　　实行产品线延伸策略可以充分利用企业资源，开发多种产品满足消费者的不同档次需求，减少经营风险。但是产品线延伸要适度，因为随着产品线的延长，既造成产品成本增加，企业利润减少，也使消费者难以区分各种产品的独特优势，降低品牌忠诚度。

任务 2　产品生命周期策略

一、认识产品生命周期

微课：4-2

产品生命周期

　　产品生命周期营销是企业营销战略的一个重要方面。通过产品生命周期的分析，不仅可以帮助企业了解产品的发展趋势，适时开发新产品，而且还可以根据产品生命周期不同阶段的特点，制定相应的营销战略，使企业在不断变化的市场中处于有利的竞争地位。

　　市场营销学认为产品生命周期是指产品的市场寿命，即一种新产品从开始进入市场到被市场淘汰的整个过程。一般认为产品生命周期分为四个阶段：导入阶段、成长阶段、成熟阶段和衰退阶段。导入期产品销售量低且增长较慢，利润额多为负数。当销售量迅速增长，利润迅速上升时,产品就进入了成长期。销售量增长逐渐趋于稳定,利润增长趋于停滞时,说明产品已进入了成熟期。当销售量不断递减,利润也不断地下降时,产品就到了衰退期。如图 4 - 4 所示,这是典型的产品生命周期形态,是产品生命周期的全过程。但并不是所有的产品都完整地经历了这四个阶段,由于受各种因素的影响,产品生命周期还有其他一些形态。

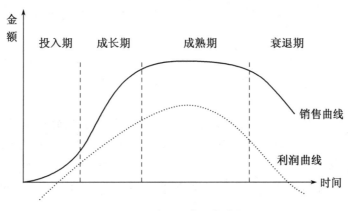

图 4 - 4　产品生命周期曲线

 情境案例

　　改进口味和包装设计,延长产品生命周期。通常饮料产品从上市到顶峰的生命周期约为 5 年,某公司利用自身的研发和营销优势,对上市多年的经典产品改进包装设计以迎合年轻消费者的审美,同时推出新口味满足多样化需求,增强新一代消费者认同感,保持品牌活力,延长产品生命周期。例如,2004 年上市的"尖叫"系列功能性饮料在 2017 年推出青芒和白桃两款新口味产品;2019 年,针对中高浓度果汁兴起的市场趋势,某公司将 2003 年推出的"农夫果园"30%果汁系列升级到 50%系列,推出两款六种果蔬汁,巩固中浓度果汁市场优势;2020 年公司拳头产品"茶 π"果汁茶推出杯装系列以适应日益兴起的街饮场景。目前"尖叫"和"茶 π"系列产品均为所属品类龙头,营收占比分别为 12%和 10%,产品生命周期远高于一般饮料产品,预计未来将继续保持稳定增长。

　　加速推新,切入细分新赛道,拓宽产品矩阵。某公司近年来依托高水平的研发能力和多样化的营销手段加速产品更迭,陆续切入咖啡、苏打水、植物酸奶等快速增长的软饮品类,同时探索上游种植业供应链,推出"17°"鲜橙、苹果和东北香米等产品,未来公司将针对市场的健康化、年轻化需求趋势,加速布局新品类。2018 年起,国内饮料市场小众品类崛起,其中兼具碳酸饮料的口感和饮用水的健康双重属性的气泡水、随街饮场景兴起的杯装果汁茶等品类表现亮眼,头部企业纷纷入局。2020 年 5 月,某公司推出 TOT 气泡饮,延续天然健康风格,将果汁茶口味与碳酸结合,在果味气泡饮中突显差异化优势。同年 9 月,公司又推出第二款果味茶饮料"冻冻茶",在传统瓶装果味茶的基础上加入茶冻,创新性打造"可以嚼着喝的果茶",通过新奇的口感吸引年轻消费者。通过不断创新和尝试,拓宽品类矩阵,公司加速占领细分市场,保持品牌活力。

知识补给

产品生命周期阶段的判定方法

产品生命周期很难准确地进行判断。在实践中，企业经常使用以下几种判断方法：

（1）经验判断法

经验判断法是根据企业有关人员的经验来进行判断的一种方法。在缺乏历史资料的情况下，一般依靠有关人员的经验和直觉对产品生命周期进行判断。

（2）类比法

类比法即参照以往的类似产品（具有可比性的、市场情况类似的产品）的生命周期变化的资料进行判定。如判断智能电视的生命周期，可将普通电视机的资料为依据，做对比分析。

（3）销售增长率法

销售增长率法即根据产品销售量在一定时间的增长率来划分产品生命周期的各阶段。

表4-2　销售增长率法

销售增长率（K）	所处阶段
K<10％且不稳定	导入期
K≥10％	成长期
−10％<K<10％	成熟期
K≤−10％	衰退期

（4）曲线判断法

曲线判断法即依据产品进入市场后的销量和利润的变化，做出产品销售量和利润变化的曲线，然后参照典型的产品生命周期曲线进行定性判断的方法。

（5）社会普及程度判断法

社会普及程度判断法即依据产品在社会中的普及程度进行判断的方法。

产品普及率＝社会拥有量/人口总数

若产品在社会中的普及程度小于15％，则产品处于投入期；若普及程度为15％—50％，则产品处于成长期；若普及程度为50％—80％，则产品处于成熟期；若普及程度为80％以上，则产品处于衰退期。

二、产品生命周期各阶段的特征

1. 导入期的特征

新产品投入市场，便进入了投入期。

（1）产品的生产技术尚未成熟，产品存在缺陷，在性能上还不完善，需要对其进行改进，不具备批量生产的条件，生产批量小，单位制造成本高。

（2）消费者对产品还不了解，大多数人不愿意改变以往的消费模式，只有少数具有求新心理的消费者购买产品,产品销售量低而且增长缓慢。

(3) 生产者为了打开市场,不得不投入大量的费用进行促销宣传和建立分销渠道,这些都增加了产品的单位成本。

(4) 由于销售量低且成本费用高,在投入期企业往往是微利、无利甚至亏损的。

(5) 产品刚刚进入市场,前途未卜,其他同类企业尚未进入,市场上基本没有竞争者或很少有竞争者。

2. 成长期的特征

当产品在投入期经受住了市场的考验,销售量迅速上升时,便进入了成长期。

(1) 经过改进,生产技术工艺已经成熟,产品已经基本定型,质量稳定。随着市场销量的扩大,开始形成大批量生产的条件。

(2) 消费者已经了解和接受了产品,市场局面已经打开,销售量快速增长。

(3) 大批量的生产使单位制造成本和单位促销费用大幅度下降,企业的利润率迅速提高。

(4) 由于产品利润高,市场前景看好,新的竞争者相继进入市场参与竞争,竞争局面逐步形成。

3. 成熟期的特征

经过成长期之后,产品销售量的增长在达到一定程度后逐步变缓并趋于停滞时,产品便进入了成熟期。

(1) 产品成为企业支柱,销量最大而且比较稳定。但由于竞争激烈,产品的特色逐渐消失,缺点开始暴露出来。

(2) 产品普及并日趋标准化,产量大且单位制造成本低。由于竞争的加剧,导致同类产品生产企业之间不得不增加投入,以改进产品质量、花色、规格、包装、服务,开展促销活动,拓展新的市场。

(3) 利润开始下滑。

(4) 竞争激烈,实力较弱的企业开始退出市场。

4. 衰退期的特征

随着科技的发展和消费习惯的改变等原因,产品的销售量和利润持续下降,此时产品进入了衰退期。

(1) 产品在市场上已经老化,市场上已经出现了更能满足消费者需求的新产品和替代品。消费者对老产品的兴趣已经转移,但仍有人购买。

(2) 没退出的企业逐步减少产量和附加服务,削减促销预算,维持最低水平的经营。

(3) 价格为主要竞争手段,利润低,多数企业无利可图。

(4) 大部分企业退出市场,竞争淡化。

产品生命周期各阶段的特点可归纳如表 4-3 所示:

表 4－3　产品生命周期各阶段的特点

特征	导入期	成长期	成熟期	衰退期
销售额	低	快速增长	缓慢增长	衰退
利润	易变动	顶峰	下降	低或无
消费者属性	创新使用者	大多数人	大多数人	落后者
竞争者	稀少	渐多	最多	渐少
营销策略重心	扩展市场	渗透市场	保持市场占有率	提高生产率
营销费用	高	高(但百分比下降)	下降	低
营销重点	产品知晓	品牌偏好	品牌忠诚度	选择性
分销方式	凑合式	密集式	密集式	选择性
价格	高	较低	最低	渐高
产品	基本	改进品	差异化	不变

【思考与讨论】　所有产品都必须经历产品生命周期的四个阶段吗？产品的市场寿命与产品使用寿命、技术寿命、品牌寿命是同一回事吗？

三、产品生命周期各阶段的策略

1. 投入期市场营销策略

新产品首次导入市场，销售成长处于缓慢发展状态。在这一阶段，企业一方面应尽量完善产品技术性能，尽快形成批量生产能力；另一方面应采取有效的营销组合策略，来缩短产品导入期。

投入期常用的策略：名牌效应策略，即借现有名牌产品提携和支持，利用原有品牌的形象与之一起出售，或利用原有广告宣传新产品；利用免费赠送、优惠价等手段诱导使用；对中间商采取寄售或进行优惠，减少其进货风险。

企业可以按主要营销变量，如价格、促销、分销渠道和产品质量等分别设计不同水平的营销组合，促使产品迅速进入成长期。企业将价格和促销活动作为战略侧重点，则导入期的营销战略可以有以下四种组合方式(如图 4－5 所示)。

促销费用

		高	低
价格	高	快速掠取	缓慢掠取
	低	快速渗透	缓慢渗透

图 4－5　导入阶段的市场营销战略

（1）快速掠取战略

这种战略采用高价格和高促销费用的方式，以求迅速扩大产品的销售量，并获得较高的市场占有率。采用该战略必须具备下列市场环境：大多数潜在的消费者还不了解这种产品；已经了解该产品的消费者则急于求购，并愿意按高价购买；企业面临着潜在的竞争威胁，需要尽快地建立顾客的品牌偏好。这一战略一旦成功，企业可较快地收回产品投资，获取较高的市场回报。

（2）缓慢掠取战略

这种战略就是以高价格、低促销费用的形式进行经营，获取尽可能高的市场占有率。采用该战略应具备下列市场环境：总体市场规模有限；市场上大多数消费者已熟悉该产品；购买者愿意支付高价；竞争者的加入有一定的困难，潜在的竞争威胁不大。

（3）快速渗透战略

这种战略是以低价格、高促销费用的方式推出产品，以求达到最快的市场渗透和最高的市场份额。采用该战略的市场环境为：市场容量大；消费者对产品不熟悉；大多数消费者对价格反应敏感；潜在竞争十分激烈，需抢先建立品牌偏好；产品成本会随产量的增加和生产经验的积累而下降。

（4）缓慢渗透战略

这种战略是以低价格、低促销费用的方式推出新产品。低价格可以使市场较快地接受该产品；而低促销费用又可以降低营销成本，使企业获取更多的早期利润。采用该战略的市场环境为：市场容量大；消费者熟悉这种产品；购买者对价格反应敏感；存在一些潜在的竞争者。

在选用上述战略时，企业应把产品市场寿命作为一个整体来加以考虑，而不应就某一阶段来选择营销战略；并且应努力保持产品生命周期各个阶段营销战略的连续性和一致性。

2. 成长期市场营销策略

针对成长阶段的特点，企业为了争取持续和较高的市场增长率，获取更大的市场份额和利润，可以采取以下几种战略：

（1）进入细分市场

通过市场细分，找到新的尚未满足的细分市场，根据需要组织生产，并迅速进入这一新的市场。

（2）不断提高产品质量，增加产品式样和特色

增加产品新的功能和花色品种，逐步形成本企业的产品特色，提高产品的竞争能力，以增强产品对消费者的吸引力。

（3）在适当的时机调价

企业应在适当的时机调整价格，以激发那些对价格较为敏感的潜在消费者产生购买动机并采取购买行动，从而扩大产品市场份额，增加产品的销售量。

（4）进入新的分销渠道

当产品进入成长阶段后，为了适应产品扩大销售的需要，企业应开拓市场，这就需要利用更多的中间商，利用原来不曾用过的分销渠道模式。如利用代理形式的渠道或直接性渠道。

（5）适时改变传播目标

企业的广告目标，应从介绍和传达产品信息和建立产品知名度转移到树立品牌形象、说服和诱导消费者偏好和购买产品上来。

3. 成熟期市场营销策略

产品进入成熟阶段以后,企业应将营销重点放在维持并尽量扩大市场份额,战胜竞争对手,并采取主动出击的策略,力争延长成长阶段。为此,对处于成熟阶段的产品应采取以下战略:

(1) 市场改良

市场改良战略不是要改变产品本身,而是要使产品的销量得以扩大。产品销量主要受品牌的使用人数和每个使用者的使用量影响。因此,要扩大产品的销量,应从以下两方面考虑:

一是扩大产品的使用人数,其做法为:

① 寻求并进入新的细分市场。企业通过对市场的进一步细分或对现有细分市场需求的分析,确定产品新的消费对象。

② 使市场上未使用过该产品的人接受并使用该产品。企业可以通过有针对性的措施,如将产品对这些消费者的适用性更好地向他们进行宣传。

③ 争取竞争对手的顾客。企业可以通过分析竞争对手的顾客,采用竞争者产品的主要想法,有针对性地向顾客介绍本企业的产品,具有相同于竞争对手的特点,从而使其在品牌转换中,成为本企业产品的购买者。

二是寻求能够刺激消费者增加产品使用率的方法。

① 增加产品的使用次数。如洁齿和去垢牙膏的生产者向顾客说明,要想达到洁齿和去垢的最佳效果,应在每餐饭后刷牙,这样就可以使原来只有早晚两次刷牙习惯的顾客,每天增加了一次使用。

② 增加每次的使用量。企业可以通过宣传,向顾客暗示产品的使用量,应比顾客所认为的使用量要大,只有这样,产品的效力才能更好地发挥出来。如橘汁饮料的生产厂商,向顾客暗示,橙汁应在餐前和餐后都饮用,才能既开胃又助消化。又如洗发水的生产厂商向顾客介绍,洗发水能够去头屑的关键,是每次洗发应该涂抹两次并冲洗干净。这样就增加了顾客对产品的使用量。但这种宣传一定要有科学依据,不能违背道德。

③ 企业应努力发现产品所具有的一些顾客不了解或不知道的新用途,通过介绍和宣传,使顾客增加产品的使用量。如小苏打的生产厂商就曾发现过,小苏打除了能够作为发酵食品的中和剂,还具有两个其他的用途:一个是可以用作高效除臭剂;另一个是可以用作对皮肤没有任何伤害的清洁剂。通过采用不同的包装,向顾客表明小苏打的不同用途,从而使小苏打的使用量成倍地增加。

(2) 产品改良

产品改良是通过产品的改变来满足顾客的不同需要,以扩大产品的销售量。从产品定义所包含的内容出发,产品改良可从以下几个方面着手进行:

① 质量改进。质量改进的目的是增加产品的功能特性。制造商可以通过"新颖和改进过的"产品来压倒竞争对手,使本企业的产品比竞争对手"更强""更大"或"更好"。但是,顾客并不一定接受"改进"的产品。因此,质量改进的关键是质量确有改进,而且买方相信质量被改进和有一定数量对质量要求较高的用户。

② 特点改进。特点改进的目的是增加产品的新特点,扩大产品的功能性、安全性和便利性。特点改进有许多优点:它可以为公司建立进步和领先地位的形象;它能赢得某些细分市场

的忠诚;它还能给企业带来免费的大众化宣传;它会给销售人员和分销商带来热情。当然,特点改进很容易被模仿,有可能会得不偿失。

③ 式样改进。式样改进的目的是增加对产品的美学诉求。如包装食品和家庭用品引进颜色和结构的变化,以及对包装式样的不断更新等。式样改进的优点是每家厂商都可以获得一个独特的市场个性。但是,式样竞争也会带来一些问题。一是难以预料是否有人和有哪些人会喜欢改进的新式样。二是式样改进意味着不再生产老式样,企业将冒失去某种喜爱老式样顾客的风险。

(3) 营销组合其他要素的改进

营销组合改进,是成熟期刺激销售的有效办法,一般可以从以下几个方面入手:

① 采用价格竞争手段。企业可以通过直接降低价格、加大价格的数量折扣、提供更多免费服务的项目等办法,以保持老顾客的数量或吸引新顾客。

② 向更多的分销网渗透或建立一些新的分销网。扩大产品的市场覆盖面,争取一些新顾客或保持原有的市场份额。

③ 有效地利用广告等宣传工具。在产品的成熟期,企业应检测原有广告的有效性,如果效果并不理想,就应重新进行广告的创意和设计。

④ 采取更加灵活的促销方式。积极开展促销活动,以保持既有的产品销量,甚至掀起新一轮的消费热潮。采用营销组合改进的主要问题是降价、改变广告宣传方式、进行分销渗透等方法,很容易被竞争对手模仿而加剧竞争,也可能会使销售费用增加而导致利润的损失。对此,企业必须事先做好充分的准备,以防不测。

4. 衰退期市场营销策略

产品进入衰退期以后,企业应视其经营实力和产品是否具有市场潜力,对老化的产品及时谨慎地做出放弃或保留的决策。简单的放弃或不顾实际的保留,都会使企业付出昂贵的代价。在衰退期,企业可以选择的营销战略有:

(1) 增加投资

进一步扩大经营规模,使企业在衰退的市场取得支配甚至垄断地位。这一战略比较适宜产品占市场份额最大的企业采用,因为可以抢占某些竞争对手所放弃的市场或争取其顾客。

(2) 维持原有的投资水平

维持原有的投资水平即在该行业前景未明确前,采取以静制动的对策。这一战略比较适宜于产品市场份额较大的企业,在产品仍具有一定的潜力或不能清楚地预见市场前景的情况下采用。

(3) 有选择地减少投资

有选择地减少投资即放弃某些销售额过小的细分市场,保持或扩大较具潜力的细分市场的规模。这一战略较适宜于市场份额中等的企业采用。

(4) 尽快收回投资

尽快回收投资即不考虑具体后果,快速从经营的业务或产品中收回资金。这一策略比较适于市场占有额较小的企业。

(5) 迅速放弃业务

迅速放弃业务即尽可能采用有利的方式,处理与该衰退产品有关的资产。企业可以采取完全放弃的形式，如把产品完全转移出去或立即停止生产，也可以采取逐步放弃的方式，使其占用的资源逐步转向其他产品。

任务 3　制定品牌策略

一、认知品牌

1. 品牌的概念

品牌来源于古挪威文字"brandr"，意思是"烙印"。品牌是指一种名称、术语、标记、符号或设计，或是它们的组合运用。其目的是借以辨认某个制造商、销售者或某群制造商、销售者的产品及服务，并使之与竞争对手的产品和服务区别开来。

品牌由两部分组成：一是品牌名称(Brand Name)，是指品牌中可以用语言称呼的部分，如格兰仕、春兰、乐百氏、耐克等；二是品牌标志(Brand Mark)，是指品牌中可以被识别但不能用言语称呼的部分，通常由符号、图案、色彩等构成。

2. 品牌与商标

品牌与商标都是企业的无形资产，都是用来识别不同生产经营者的不同种类、不同品质产品的商业名称及其标志，其目的都是为了使自己的产品区别于竞争者，帮助于消费者识别产品。

品牌与商标的不同之处在于，品牌是市场概念，品牌实质上是品牌使用者对顾客在产品特征、服务和利益等方面的承诺。品牌则无须办理注册登记；品牌或品牌的一部分在政府有关部门依法注册登记后，称为商标。商标是法律概念，经注册登记的商标有"®"标记，或"注册商标"的字样，它是已获得专用权并受法律保护的品牌，是品牌的一部分。

二、品牌的作用

品牌是企业给产品起的名字，反映着企业的经营理念、经营管理水平和发展方向等。一个好的品牌，对于树立品牌形象和企业形象具有重要的作用。

1. 品牌对营销者的重要作用

(1) 品牌有助于促进产品销售

品牌可建立稳定的顾客群，吸引那些具有品牌忠诚性的消费者，使企业销售额保持稳定。

(2) 品牌有利于保护品牌所有者的合法权益

品牌注册成为商标后，受法律保护，可以防止假冒伪劣产品的侵害。

(3) 品牌有助于扩大产品组合

一种产品再好，也会过时，而品牌可以覆盖企业的全部产品。消费者一旦偏爱某一品牌，就会喜欢该品牌下的其他产品线、产品项目，企业可以利用原品牌增加新的产品线或产品项目，使新产品能顺利地进入市场。

2. 品牌给消费者带来的益处

(1) 品牌有助于消费者购买产品

品牌代表着一定的产品属性，便于消费者辨认、识别所需要的产品，能简化消费者的购物过程,提高购物效率。

（2）品牌有利于维护消费者的利益

品牌实质是对消费者的承诺,是公众监督产品质量的重要手段,当购买者所购买的产品出现问题时,可凭品牌找到制造商。

3. 对整个社会的益处

（1）品牌有利于促进产品质量的不断提高

由于购买者往往是按品牌购货的,生产者要想使产品顺利地卖出去,就必须维护品牌的声誉,加强质量管理。这样就会使市场上的产品质量得到普遍提高。

（2）品牌有利于促使生产者在竞争中不断创新

企业要想使品牌经久不衰,就要不断地创新,生产出更多的新产品投入市场,满足消费者需要,获得竞争优势。

（3）品牌有利于维护良好的经济秩序

品牌注册为商标后,就拥有了专用权。这有利于保护企业间的公平竞争,维护市场运行秩序,从而促使整个社会经济健康发展。

（4）品牌有利于约束企业

有关部门可以按品牌对产品质量进行监督,追查责任,加强对企业不良行为的约束。

【思考与讨论】　你认为品牌价值体现在哪些方面?

三、品牌策略

微课:4-3

品牌策略

企业为了达到经营目标,使品牌在市场营销中更好地发挥作用,必须采取科学的品牌策略。品牌策略是企业产品策略的重要组成部分。

1. 品牌有无策略

品牌有无策略是企业品牌决策的第一个环节,即决定是否给产品建立品牌。

尽管品牌建立是市场发展的趋势,采用品牌对大部分产品来说可以起积极作用,但对于单个企业而言,是否要使用品牌还必须考虑产品的实际情况,因为建立、维持、保护品牌也要付出巨大成本,所以企业要对利弊认真地进行分析。

（1）无品牌策略

无品牌策略是指企业对产品不使用品牌。某些产品,如果使用品牌对识别产品、促进销售的积极意义很小,而要付出的成本(包括包装费、标签费、广告费、法律保护费等)很高,这种情况就可以不使用品牌。

在下列情况下,企业往往不使用品牌:

a. 品种规格相同,不会因制造商不同而形成差别的同质商品,如水泥、煤炭、木材、火柴等;

b. 消费者习惯上不考虑品牌而只认货购买的商品,如水果、蔬菜等;

c. 生产简单,没有一定的技术标准,难于形成一定特色的商品,如农具、钉子、蜡烛等;

d. 临时性或一次性生产的商品;

e. 数量少,尚未定型的试产、试销产品。

无品牌策略可以减少品牌设计费、制作费、注册费、宣传费等,有利于降低价格,吸引求廉者购买;可以避免品牌经营失败给企业带来的负面影响。

目前,越来越多的传统上不用品牌的食盐、大米、水果等产品纷纷品牌化,而许多传统上使用品牌的产品采用了无品牌策略,欧美的超级市场上有许多无品牌的日用消费品,由于节省了包装费、广告费等,无品牌产品比使用品牌的产品要便宜15%—30%,对消费者有很大的吸引力。

(2) 有品牌策略

有品牌策略是指企业为自己的产品规定品牌,并向政府有关主管部门注册登记的一切业务活动。大多数企业都采取有品牌策略。制造商决定给其产品规定品牌之后,下一步要决定品牌的归属。

2. 品牌归属决策

企业对品牌归属面临以下三种选择。

(1) 自有品牌

自有品牌又称制造商品牌、生产者品牌,是指制造商决定使用自己的品牌。绝大多数制造商都使用自己的品牌,虽然这样要花费一定的费用,但可以获得品牌所带来的全部利益,有利于企业的长期发展。早年索尼的晶体管收音机,如果使用了美国经销商的品牌,可能就没有今天的索尼了。

(2) 他人品牌

他人品牌包括中间商品牌和贴牌。

中间商品牌是指中间商所拥有、控制并独自使用在所经营的产品上的品牌。即制造商将其产品卖给中间商,中间商再用自己的品牌将产品卖出去。

中间商使用自己的品牌,可加强对价格和制造商的控制;可以把自己的品牌陈列在最醒目的位置;中间商往往能找到生产能力过剩的企业为其生产产品,可以降低生产成本和流通费用,从而取得较高的利润。

中间商使用自己的品牌,需要增加投资用于大批量的订货和储备存货,需要增加用于品牌宣传的广告费用,还需承担品牌不被顾客接受的风险等。

制造商是选择自有品牌还是中间商品牌,应根据品牌在市场上的声誉、费用开支和企业未来发展等因素综合考虑。如果企业实力强,则应采用自己的品牌;如果企业实力弱,无力开拓市场,或者本企业的商誉远不及中间商时,则应采用中间商品牌,使生产出来的产品能尽快地进入市场。

贴牌是指企业生产出产品,贴上别人的品牌,只赚取加工费。贴牌是一种经济行为,往往适用于企业初期。在产品的研发、制造和销售三个环节中,制造环节获得的利润最低,产品研发、销售环节获得的利润高。

(3) 混合品牌

混合品牌是指制造商品牌与他人品牌混合使用,即企业将自己的一部分产品用自己的品牌,另一部分产品用他人品牌。

3. 品牌统分策略

(1) 统一品牌

统一品牌是指企业的全部产品都使用同一个品牌。

统一品牌策略的优点是,便于公众识别和记忆,有利于树立统一的企业形象,显示企业的实力,壮大企业的声誉;用已经成功的品牌推出新产品,可以消除消费者的不信任感,使新产品能顺利进入市场;节省品牌的设计费用和宣传费用。

缺点是,如果某一种产品出现问题,就可能使其他种类产品受到牵连进而影响全部产品和整个企业的信誉;各种质量档次的产品难以区分,高档产品会受到低档产品的影响。

统一品牌策略的适用条件是,企业的各种产品应具有相同的质量水平,该品牌在市场上有较好的声誉。

（2）个别品牌

个别品牌是指企业对各种产品分别采用不同的品牌。

这种品牌策略的优点是,某种产品出现问题时,不会影响其他产品的声誉;便于消费者识别不同质量、档次的商品;可以满足不同消费者的需求,占领更多的市场,增强企业的竞争力。缺点是品牌设计费用和促销费用高;不便于树立统一的市场形象。

适用条件:同时生产两个或两个以上产品的企业;产品差异较大;原有品牌有负面影响。

（3）多品牌策略

多品牌策略是指企业同时为一种产品设计两种或两种以上互相竞争的品牌。这种策略由宝洁公司首创并获得得了成功。例如:宝洁公司为洗发水设计了飘柔、潘婷、海飞丝和沙宣四个品牌。上海一饮料厂将同一饮料分别使用两个不同的品牌,卖给成人的饮料称为"乐口福",卖给孩子的称为"阿华田"。

多品牌策略的优点是可以占领更大的货架空间,使竞争者的货架面积相应减小;某种产品出现问题时,不会影响其他产品的声誉;使企业内部的各种品牌直接产生竞争,有利于提高企业的工作效率,为提高总销售量创造条件;可以满足不同的细分市场的需要,占领更大的市场。缺点是品牌设计费用和促销费用高;不便于树立统一的市场形象。如果每一品牌都只能占有很小的市场份额,而且没有利润率很高的品牌,那么会造成企业资源的浪费。

（4）分类品牌

分类品牌是指企业在产品分类的基础上,对各类产品分别使用不同的品牌。

品牌分类策略兼收了统一品牌策略和个别品牌策略的优点。

【思考与讨论】珠海格力电器股份有限公司拥有格力、TOSOT、晶弘三大品牌。试分析一下其品牌策略。

4. 品牌延伸策略

品牌延伸策略是指企业利用已成功的品牌来推出新产品。新产品可以是原来品牌下的产品的改进品,也可以是一种全新的产品。企业用原有的成功的品牌将全新产品或改进新产品投入市场。海尔集团的海尔冰箱获得成功后,又用海尔这一品牌推出了冰柜、空调、洗衣机、热水器等产品。杭州娃哈哈集团在娃哈哈果奶成功后,又用娃哈哈品牌推出营养八宝粥、绿豆沙、矿泉水等产品。

由于市场竞争激烈,创立一个新品牌需要耗费大量的人财物力,而且成功率很低。运用品牌延伸策略可以节约品牌设计、促销所需的大量费用,而且能使新产品被消费者很快接受;能使企业更好地利用生产加工资源、销售网络资源、渠道终端资源、客户资源等,实现资源利用最大化；新产品的加入可以提升原品牌的形象，加强品牌的整体力量。

但是，如果新产品质量性能等不能令用户满意，就可能影响到该品牌下所有的产品。

采用品牌延伸策略需要具备以下条件：延伸的品牌必须具有较高的信誉，否则无法带动新产品的销售；新加入的产品必须与原品牌的核心价值相符合；新产品与原产品要有较强的相关性。

任务 4　制定包装策略

俗话说，"货卖一张皮"。随着市场经济的发展，包装作为一种强有力的营销手段，已经成为经济生活中的重要组成部分。

一、包装的含义与作用

1. 包装的含义

包装是指设计包装容器或包扎物，并对产品进行盛装或包扎的一系列活动。包装有两方面的含义：一是指为产品设计、制作包扎物和包装操作的活动过程；二是指包扎物。一般说来，产品包装包括商标或品牌、形状、图案、颜色、材料和产品标签等要素。

包装分为运输包装和销售包装两个类别。运输包装又称为外包装，是产品的最外层包装，是为了便于运输而做的包装。销售包装是指随着产品进入零售环节，直接与消费者接触的包装，主要用于美化和宣传产品，吸引消费者，方便消费者认识、选购、携带和使用产品。

2. 包装的作用

(1) 保护产品

保护产品是包装的最基本的作用。保护产品是指保护产品质量安全和产品数量，即在产品生产出来到达消费者手中直至被消费掉以前，保证产品的使用价值不受外在因素的影响，使产品不破损、不挥发、不散失、不变质、不被虫蛀鼠咬、不被污染等。如对液体产品、感光材料、易挥发的产品，往往采用密封包装；对玻璃制品、家用电器等，往往采用防震包装；许多灭菌后的食品直接装入塑料袋等容器后立即封口，能够保证卫生和营养。20 世纪 40 年代末，瑞典利乐公司推出了高温瞬时灭菌辅以无菌纸包装的新技术，使牛奶保鲜期由六、七天延长到六、七个月，被称为牛奶保鲜技术的第二次革命。除了砂、石、煤等受外界影响小的产品以外，绝大多数产品都需要包装。

(2) 便于储存和运输

产品从生产领域到消费领域，要经过装卸、运输和储存环节，经过合理包装的产品，便于进行搬运、码垛和检点，能节省流通时间及降低运输费用，便于管理。

(3) 便于携带和使用

产品有气态、液态、固态等物质形态，也可能带有棱角、刃口等不安全的特征，适当的包装可以起到便于携带、使用的作用。

(4) 促进销售

在市场中，首先映入消费者眼帘的不是产品实体而是包装，包装在一定程度上起着"无声推销员"的作用。

包装能改善产品外观，提高消费者的视觉兴趣，激发其购买欲望。跨国公司的调查结果显示,有63%的消费者是根据产品的包装和装潢做出购买决策的。而对于喜欢到超级市场采购的家庭主妇,由于精美的包装和装潢的吸引,其消费量往往超过她们原先预计45%。

包装能形成产品的差异,使消费者容易辨认。包装是消费者最先熟悉的部分,一种产品包装一般都有相对固定的色彩、图案,如大眼睛的海尔兄弟、黄色的柯达胶卷、红色的喜临门等。消费者通过包装,可以迅速辨认出产品的品牌和厂家,加速了购买产品的心理认识过程。因而,包装是创造产品印象的重要武器,是产品差异化的一个组成部分;包装物上都印有价格、产地、成分、重量、性能、规格型号、使用说明等,能使消费者了解产品。

如果包装图案能吸引住消费者,包装上的说明能抓住消费者的心理,解答消费者的疑问,就有可能使消费者产生购买动机。

（5）增加盈利

“佛要金装,人要衣装。”明珠再好也要有宝椟相配。包装增加盈利的作用体现在两个方面:一是包装本身带来产品价值的增加,二是好的包装能带来销售量的增加,从而增加盈利。美观的包装本身就是一件艺术品,引起人的注意,给人以美的享受,这种包装物本身就具有产品价值;好的包装能提高产品身价。消费者往往是借包装来推测产品价值的,他们愿意出更多钱去购买包装精美的产品。如绍兴黄酒,原来用普通的坛子包装,一公斤仅卖10元。后来经过文化包装后,在中国香港市场卖650港币,在日本卖1万日元。

【思考与讨论】　产品包装有“无声推销员”的作用,但包装越精美越好吗？为什么？

二、包装策略

包装策略是指企业在产品包装的形式、结构、方法、材料等方面所采取的对策。

微课:4-4

包装策略

1. 类似包装策略

类似包装策略是指企业将其所生产经营的各种不同产品,在包装上采用相同或相似的图案、形状、结构或色彩等,使消费者一看便知是同一家企业的产品。如索尼对其所生产的电视机、录像机、磁带等都采用了类似的包装。

类似包装策略可以节省包装设计的成本和宣传费用;有利于企业利用以前的声誉推出新产品,消除消费者对新产品的不信任感;壮大企业声势,树立企业整体形象。但如果企业产品质量相差太大,就会给优质产品带来不利的影响。

此策略适用于质量相当的产品。

2. 等级包装策略

等级包装策略是指按照价值、质量将产品分成若干等级,对不同等级的产品采用不同的包装,使包装质量与产品质量相匹配。比如对优质产品使用豪华包装,对普通产品使用简易包装。

情境案例

2002年,张裕向市场推出中档葡萄酒产品解百纳,5年后销量达到高峰,呈现一统终端市场的姿态。2007年,张裕把解百纳葡萄酒分为优选级、特选级、珍藏级和大师级四个等级,分别采用不同的包装。

等级包装策略的优点是便于消费者识别和选购产品；能满足不同层次消费者的需要；各等级的产品之间不会有负面的牵连。缺点是包装设计成本高。

它适用于产品相关性不大，产品档次、质量比较悬殊的企业。

3. 组合包装策略

组合包装策略是指把使用时相互关联的若干种产品放在同一个包装容器中，同时出售。比如旅行盒、针线包、五金工具包等。这种策略的优点是可以同时出售多种产品，节省交易时间和销售服务，增加销售量；将新老产品放在一个包装内，可顺利地卖出新产品；同时满足同一消费者的多种需要；方便消费者购买、使用、携带和保管。此策略主要适用于小商品，而且要注意不能把毫不相干的产品组合在一起，以免影响销售。

4. 附赠品包装策略

附赠品包装策略是指在包装物内附赠给购买者一定的物品或奖券，以吸引消费者购买。如在儿童用品的包装中，附赠一个玩具；在化妆品包装内放入一张奖券；在名酒的包装容器内附赠一只精巧的酒杯。

5. 更新包装策略

更新包装策略是指对原产品包装进行改进或更换。此策略能树立产品的新形象，给消费者带来新鲜感。适用条件是消费者对原产品包装的印象不好而影响了销售；企业与竞争对手的产品质量相近，而包装却次于对手。

名牌产品不宜采用此策略。

6. 再使用包装策略

再使用包装策略是指在原包装物内的产品使用消耗完后，空包装物还可以另作它用。罐头瓶可以当茶杯用，装咖啡的瓶子可以用来装茶叶或装糖，装衣服的包装袋可以用作手提袋等。再使用包装策略的优点是可以利用消费者一物多用的心理，吸引他们购买产品；同时，空包装物上印有品牌、产品介绍说明等内容，能起到延伸宣传的作用，消费者在使用包装的物过程中，会经常接触这些宣传。由于包装物本身就是一件产品，因而采用此策略的成本较高。

任务 5　新产品开发

产品的市场生命周期理论揭示了产品更新换代是市场发展变化的一种必然结果，随着消费者需求的变化、科技的发展和竞争的加剧，企业要想在市场上生存与发展，就必须不断地开发出新的产品以满足新的市场需求。

一、新产品的概念

市场营销学中的新产品概念是指只要整体产品概念中的任何一部分发生了变化，并为顾客带来新的利益，该产品就成为新产品。

按创新程度的不同，可将新产品分为四种类型。

1. 全新产品

全新产品又称为原创产品或绝对新产品，它是指在原理、结构、性能和材料等方面有重大突破,具有独创性、先进性、适用性的新发明的产品。如 1926 年出现的冰箱、1946 年的第一代电子计算机、1959 年的集成电路、1938 年的尼龙,都是前所未有的产品,它们以崭新的姿态出现在世界上。全新产品往往是科学原理的重大发现、产品结构的重大变革、应用技术的重大突破、生产材料的重大创新,它对人类生产方式、生活方式、社会发展有深远的影响。

开发全新产品一般需耗费大量的时间与人、财、物力,多数企业难以承受,而且成功率很低。但一旦开发成功,便开辟了一个新市场,企业可在较长的时间内处于领先地位,拥有垄断优势。据调查,在新产品中,全新产品一般只占 10% 左右。

2. 换代新产品

换代新产品又称为革新新产品、部分新产品和相对新产品,它是指在原有产品基础上,部分采用新技术、新工艺、新材料,使产品在性能上有显著提高的新产品。即在产品的基本原理不变的情况下,利用新技术、新材料、新元件,对原产品进行重大革新,显著地提高原产品的性能。如 1946 年的第一代电子计算机,重量 30 吨,用了 18 000 只真空管,占篮球场那么大的面积。后来由于晶体管、集成电路、大规模集成电路技术不断地应用于计算机的改造,于是出现了第二、三、四代计算机,后一代与前一代相比,在性能上都有了显著提高。又如洗衣机从单缸洗衣机发展到双缸洗衣机和全自动洗衣机;电视机从黑白电视机发展到彩色电视机和智能电视机,后者都属于换代新产品。

换代新产品的开发难度小于全新产品,而且市场普及快,成功率较高。

3. 改进新产品

改进新产品是指对原有产品的结构、材料、花色品种等做一定改进而形成的新产品。改进新产品不同于换代新产品,它不是由于科技进步而导致的,与原产品相比,在性能上没有显著提高,它属于原产品派生出来的产品。如将洁齿牙膏改进为药物牙膏;食品改进为保健食品;将收音机、录音机组合称收录机;将铅笔改进为自动铅笔,等等。

改进新产品与原产品差别不大,进入市场后易被消费者接受。但由于这种改进很简单,容易被竞争者效仿,因而各企业之间竞争激烈。

4. 仿制新产品

仿制新产品是指通过对国际或国内市场已出现的产品进行引进、模仿而生产出来的新产品。如服装市场竞争激烈,竞争者模仿很快。法国巴黎最新时装发布会上的款式,不到一星期就可以在东京或北京买到大致相同款式的时装。

仿制新产品灵活性强,见效快。如果企业缺乏开发新产品的能力,但能快速地接受市场信息,快速地研究仿制竞争者的产品,就能大幅度地减少产品开发的时间和成本,降低促销费用,就可以利用被仿制产品的市场占有率的优势来抢占部分市场份额,或利用价格优势挤进该市场。

二、新产品开发的方法

企业开发新产品一般有三种方法:自行研制、技术引进、自行研制与技术引进相结合。

1. 自行研制

自行研制是一种独创性的研制,它是指企业根据市场情况和消费者的要求,针对现有产品存在的问题,采用新原理、新技术、新材料等,研制出全新产品或换代新产品。

自行研制投资大,风险也大。一般适用于技术力量雄厚、科研能力较强的企业。

2. 技术引进

技术引进是指企业通过引进国内外先进技术、购买专利等方式来开发新产品。技术引进是新产品开发常用的一种方式。

技术引进可以节省企业的科研经费和技术力量;在引进技术的基础上,更快地提高企业的技术水平,赢得时间,尽快缩短与竞争企业之间的技术差距。例如,合成尼龙生产技术是美国杜邦公司花费耗资 2500 万美元,用了 11 年的时间研制出来的,日本花 700 万美元购买了这项专利,仅用两年的时间就投入了生产。

3. 自行研制与技术引进相结合

自行研制与技术引进相结合是指在对引进技术充分消化和吸收的基础上,进行改进或创新。它比单纯引进技术更为有利,既能借鉴他人的先进技术,节省研发费用,又能发挥自己的独创性。

三、新产品开发的程序

新产品开发是一项艰巨而复杂的工作,需要投入大量的人、财、物,还要冒很大的风险。所以,必须建立一套科学的开发程序,使新产品开发工作能有效地进行。一个完整的新产品开发过程要经历 8 个阶段:构思产生、构思筛选、产品概念的形成和测试、初拟营销规划、商业分析、产品研制、市场试销、商业化。

1. 构思产生

新产品构思是新产品的孕育阶段,是指为满足某种市场需求而提出的产品设想。成功的新产品首先来自一个创造性的构思。

(1)构思来源

企业内部人员。包括高层管理者、研究开发人员、市场营销人员、制造部门及其他部门人员。企业内部人员从不同的侧面与本企业的产品有着直接的接触,能提出与本企业情况相符合的、有价值的产品构思。

顾客。顾客是产品的最终使用者,最清楚产品的优点和缺点。实践证明,顾客意见基础上构思出来的新产品,成功率很高。所以,企业要做好顾客调查,按顾客需求改进产品,从中受益。

竞争者。企业可以研究竞争者的广告资料和产品,或者通过中间商、销售人员了解竞争者的销售状况和顾客反映,从中获得启发,产生构思。

经销商。经销商直接从事购销活动,熟悉市场行情,了解顾客需求,能为企业提供有价值的信息。

其他。企业还可以从科研机构、高等院校、市场营销调研公司、学术会议、展销会等方面获得新产品构思。

(2)构思方法

产品属性列举法。先列出某一现行产品的主要属性,然后尝试探索、改进每一属性,从而得到新构思。

强行关系法。先列出若干不同的产品,然后把某一产品与其他一个或一些产品强行结合起来,由此产生新的构思。如办公设备制造商打算设计一个新型经理办公桌,他列出相关物体:办公桌、书橱、时钟、电视机、电脑和复印机,用这些产品构思出一个完全电子化的组合办公桌。

形态分析法。先找出一个问题的各个重要因素,然后分析各种因素之间的相互关系,重新组合,产生构思。

问题分析法。是指向消费者进行调查,了解他们在使用某种产品时出现的问题,然后对这些意见进行整理,把它们转化为新的产品构思。

头脑风暴法。是指选择专长各异的人员进行座谈,不做任何限制,也不批评任何人提出的意见。通过这种方法,使与会人员都能够放下思想包袱,畅所欲言,从而获得从常规渠道或常规方法中得不到的意见,从中寻找和发现有价值的构思。

2. 构思筛选

构思筛选是指对前一阶段所获得的大量新产品构思加以分析和评估,从众多的构思中,保留少数几个有吸引力的、切实可行的构思。

3. 产品概念的形成和测试

(1) 产品概念的形成

产品构思是企业从自己的角度考虑的能够向市场提供的可能产品,它只是为新产品开发指明了方向。如奶粉的构思可能是"生产一种粉状牛奶制品"。

产品概念是企业从消费者的角度对产品构思进行的详尽描述。即将新产品构思具体化,描述出产品的名称、性能、具体用途、形状、价格、提供给消费者的利益等,让消费者能轻而易举地识别出新产品的特征。产品概念的形成来源于针对新产品构思问题的回答,一般通过对以下三个问题的回答,可形成不同的新产品概念。即谁使用该产品?该产品提供的主要利益是什么?该产品适用于什么场合?

(2) 产品概念的测试

产品概念的测试是指将一个精心描述的产品概念交给目标顾客去评价,以了解潜在顾客的反应,为优选产品概念提供依据。

4. 初拟营销规划

选定产品概念后,要制定将该产品引入市场的初步规划。该规划是粗线条的,在以后的开发阶段中还会不断得到完善。

5. 商业分析

企业拟定初步营销规划后,还要详细分析这一新产品开发方案的可行性。商业分析实际上是经济效益分析,即对新产品未来的销售额、成本和利润给予充分的估计,判断它是否能达到企业开发新产品的目标。企业首先要调查同类产品销售的历史资料,掌握历史上最高销量和最低销量,结合目标市场的实际状况,推算出新产品的销售额。然后,由研发部门、生产部门、营销部门和财务部门等进一步估算产品预期成本和盈利情况。如果预计产品的销量、成本、利润能达到目标,就进入新产品研制阶段。

6. 产品研制

产品研制是指企业的研发部门或技术工艺部门,将通过商业分析后的产品概念试制成为产品模型或产品样本,同时进行包装的研制和品牌的设计。

在此以前，新产品只是一段语言描述、一张图纸或一个粗糙的模型，经新产品研制后变成了产品实体或模型。

对试制出来的模型必须进行严格的性能测试和消费者测试。性能测试在实验室和现场条件下进行，以确保新产品的有效性、可靠性与安全性。消费者测试是通过各种方式了解消费者对新产品的意见。

如果企业对产品测试的结果感到满意，就进入市场试销阶段。

7. 市场试销

市场试销是指把研制出来的新产品投放到有代表性的范围有限的市场内进行销售，观察在现实的市场环境条件下新产品的市场反应。如果试销市场呈现高试用率和高再购率，就表明该产品受欢迎，可以继续生产；如果市场呈现高试用率和低再购率，就表明消费者不喜欢该产品，必须重新设计或放弃；如果市场呈现低试用率和高再购率，就表明该产品很有前途，需要加强促销工作；如果试用率和再购率都很低，就表明该产品没有前途。

新产品的市场试销获得成功之后，企业就要将其大批量地投放市场。

8. 商业化

商业化是指企业将试销成功的新产品全面推向市场。在这一阶段，企业高层管理者必须做好下述四项决策。

（1）上市时机

上市时机指企业决定在什么时间将新产品投放到市场上。如果新产品是季节性产品，应选择在旺季上市，以尽快引起消费者的注意。如果新产品是用来替代老产品的，就应等到本企业老产品的存货被处理掉时再将这种新产品投放市场，以免影响老产品的销量。如果竞争者也将推出新产品，企业可以抢先入市，建立起品牌偏好；也可以与竞争者同时进入市场，与对手共同承担市场开发费用和风险；还可以延后进入市场，以节省促销费用，降低风险。

（2）上市地点

上市地点指企业决定在什么地方（某一地区、某些地区、全国市场或国际市场）推出新产品。选择市场时要考察这样几个方面：市场潜力、投放成本、竞争情况、企业在该地区的声誉、该地区调查资料的质量、对其他地区的影响力等。

直接把新产品投放到全国市场上的企业不多。大多数企业都是先在主要地区的市场推出产品，站稳这一市场后再扩大到其他地区。大企业一般是先占领某一地区（华北、东北等），然后推向全国，再推向国际市场。小企业一般是先在某一中心城市销售，然后再拓展到地区和全国。

（3）目标市场

目标市场是指可能率先购买或早期购买新产品的顾客群。企业希望通过这个顾客群来带动一般顾客，用最少的费用迅速扩大新产品的市场份额。

（4）营销组合导入策略

企业要为新产品入市制定出相应的营销策略，有计划地开展市场营销活动。企业要选择一个最合适的时间、最适宜的地点，以最恰当的方式将产品销售给最需要的顾客。如当年法国白兰地通过给艾森豪威尔总统送生日礼物，配合以促销组合策略，成功地进入了美国市场。

情境案例

2021年12月31日晚8时,小米12系列首发开售。5分钟,销售额达18亿元。

小米12系列是小米推出的第三代高端旗舰手机,也是小米首次尝试推出的双尺寸机型,小米12和小米12 Pro一大一小、双高端同发。与上代产品相比,小米12 Pro拥有更大的屏幕,而长度、厚度和重量都在进一步瘦身。相较于小米12 Pro,小米12在长度和宽度上分别缩减了0.8 mm和4.7 mm,成了安卓系统中第一个"满血"小尺寸旗舰机。在小米12之前,小尺寸高端机市场几乎被iPhone一家垄断。如何在尺寸限制下提升性能、优化散热、延长续航?攻克旗舰机尺寸瓶颈的过程,不啻一场技术驱动的"空间争夺战"。

对此,小米总裁也在发布会上表示:"在小尺寸下,要想完整保留高端旗舰机的配置和体验,是一件很难的事情。做小尺寸旗舰,需要的不仅仅是实力,不仅仅是投入,更要有挑战苹果手机的决心和勇气。"

除了外观的优化升级,小米12系列也满载了小米最新的高端科技,无论是性能调教、影像、续航等硬科技,还是隐私保护、系统优化等软实力,小米12系列都有新的突破。

此次小米12系列采用了新一代骁龙8旗舰处理器,跑分突破100万分。面对性能怪兽,小米化身驯龙高手,通过对内存、显示屏、通信模组等关键器件的重新导入、适配、调优,叠加小米的动态性能释放技术,使得小米12 Pro在满帧率下运行30分钟王者荣耀,最高温度仅43.5℃。

近年来,拍照性能已成为许多用户在选择手机时的主要考量因素。在影像实力方面,小米12系列实现了"一流相机组件＋一流AI算力＋重构算法调教"的融合创新。小米手机产品经理魏思琪表示,为了解决手机相机普遍存在的拍照快门反应慢、抓拍模糊等痛点,小米影像团队花了两年时间重写影像架构,带来全新"小米影像大脑",实现全场景拍照提速。

"启动快、拍照快、连拍快,拍夜景也快,可以说小米12是迄今拍照最快、成像最稳的小米手机。"小米12首次加入自研"CyberFocus万物追焦"技术,这项技术源自仿生四足机器人CyberDog的人体视觉追踪技术,无论被追踪的对象如何运动,镜头都能做到焦点持续锁定,堪称新一代拍娃、拍宠物的运动抓拍神器。

电池续航是所有智能产品运行的基础,但120W快充与大容量电池无法兼容的难题长期困扰着很多手机厂商。小米12 Pro首发了自研的"澎湃芯片P1"充电管理芯片,突破了这个技术屏障,填补了行业120W单电芯的技术空白。结合电芯结构和电池材料优化,小米12系列实现了最快18分钟即可充满,而且相比同体积双电芯增加了约400 mAh的能量。目前,小米已经成为市场上第一家拥有自研百瓦快充芯片的手机厂商。

小米12系列所实现的种种突破,离不开小米研发团队持之以恒的自主创新,其背后是小米对于自主科研不懈的坚持与追求。

小米MIX4的前置摄像头采用了屏下技术。这要求摄像头位置的屏幕电路,有一个小点,必须是透明的。

"0.2平方厘米,你能想象吗?为此我们消耗了多少精力和时间,还有天文数字的投入。"小米某工程师回忆道,整整两年,一直在不停地失败。

最初,小米对这个项目的预算经费是1亿元(人民币)。然而,科研之路上除了大量投资是确定的,其他从来都不具有确定性。一个亿,很快就花完了,也没出来什么成绩,小米又投入了1个亿。

"失败是有意义的,因为它告诉你成功不在这,还得再往前走走。"小米相信,把所有的弯路都走遍,才能让梦想笔直向前。也正是因此,在小米的自主研发路上,以亿为单位的投入几乎每周都在新增。

2021年,小米在研发领域累计投入了约130亿元,年复合增长率已连续多年超过30%。而此前多年里,小米还通过百万美元技术大奖、青年工程师激励计划、技术专家与新十年创业者计划,聚集全球尖端的技术人才。在核心技术创新上,小米逐渐摸索出了自己的模式路径:它有着技术为本的长期战略耐心,同时还有风险可控下的极度激进。

小米12系列发布会上,总裁宣布,未来五年小米将再投入1000亿元研发经费,用于核心技术的突破创新,这超过了小米过去11年的利润总和。

自主科研创新的基因在小米成长的过程中不断生根发芽,终于开花并产出了果实。

2014年,小米在成立的第三年就已经开始自研制芯。据公开资料显示,2014年10月,小米和联芯成立了一家全资子公司,名为松果电子;2015年7月,松果电子完成芯片硬件设计,第一次流片;2017年,小米正式公布成果,第一代手机芯片"澎湃芯片S1"出世,成为继苹果、三星、华为后第四家拥有自主研发手机芯片技术的手机厂商。

然而在接下来的几年里,澎湃芯片似乎消失在了大众的视野中。直到2020年的8月,小米在回应"小米是否还在坚持造芯"的质疑之时表示:小米的"造芯计划"遇到了巨大困难,但是小米的"造芯"计划依旧在继续。

2021年是小米芯片重点发力的一年,在春季新品发布会上,小米向外界发布了自研的图像处理芯片"澎湃芯片C1/P1",而在此次小米12系列发布会上,小米12系列搭载了自研的充电芯片"澎湃芯片C1/P1",都是小米自研制芯的新成果。

在SoC、影像、充电等领域,小米5年自研三款芯片,快速实现在多个芯片细分领域的体系化能力搭建。2021年12月7日,小米在上海成立上海玄戒技术有限公司,主攻半导体科技、芯片设计等业务,标志着小米芯片业务开启了新阶段。

据了解,截至目前,小米已经搭建了技术创新的三级火箭体系:在手机核心领域死磕技术创新、领先体验,其中在充电、电池上已全面领先,显示创新上领先行业一年,影像领域打造一流创新能力,自研芯片探索不止;在"手机×AIoT"领域构筑生态新连接,MIUI 13互联互通、连接万物,UWB技术重构设备之间的连接,智能眼镜探索版重构人与信息之间连接;在"新物种"领域布局前沿科技,发布了一款全球领先的量产仿生四足生机器人CyberDog。

课后练习

一、单项选择题

1. 产品组合的长度是指企业所拥有的(　　　)的数量。
   A. 产品品种　　　　B. 产品项目　　　　C. 产品品牌　　　　D. 产品线
2. 企业经营产品线的条数称为产品组合的(　　　)。

　　　A. 长度　　　　　　B. 宽度　　　　　　C. 深度　　　　　D. 密度

3. 企业经营产品项目的总数称为产品组合的(　　　)。

　　　A. 长度　　　　　　B. 宽度　　　　　　C. 深度　　　　　D. 密度

4. 企业推出新产品时采用高价格高促销的策略为(　　　)。

　　　A. 慢速渗透　　　　B. 快速渗透　　　　C. 慢速取脂　　　D. 快速取脂

5. 人们购买制冷用空调主要是为了在夏天获得凉爽空气,这属于空调产品整体概念中的
(　　　)。

　　　A. 核心产品　　　　B. 形式产品　　　　C. 附加产品　　　D. 期望产品

6. 产品说明书、保证、安装、维修、送货、技术培训等是产品整体概念中的(　　　)。

　　　A. 核心产品　　　　B. 形式产品　　　　C. 附加产品　　　D. 直接产品

7. 企业产品线中所包含的产品项目的总数叫作产品组合的(　　　)。

　　　A. 宽度　　　　　　B. 长度　　　　　　C. 深度　　　　　D. 关联度

8. 产品改良、市场改良和营销组合改良等决策适用于产品生命周期的(　　　)。

　　　A. 投入期　　　　　B. 成长期　　　　　C. 成熟期　　　　D. 衰退期

9. 在产品生命周期的(　　　),企业应积极主动地扩大分销渠道,为日后产品的销售奠定
良好网络基础。

　　　A. 投入期　　　　　B. 成熟期　　　　　C. 衰退期　　　　D. 成长期

10. 若企业各个产品系列之间在生产技术、分销渠道及顾客等方面具有一致性,则称产品
组合(　　　)。

　　　A. 比较深　　　　　B. 比较宽　　　　　C. 很广　　　　　D. 关联性强

11. 如果某产品的生产和销售正处于市场成长期,其营销重点应该是(　　　)。

　　　A. 延长产品寿命,巩固市场占有率　　　B. 努力开拓市场,提高市场占有率

　　　C. 加大推销力度,获取最大限度利润　　　D. 加大推销力度,增进顾客对产品的了解

12. 向顾客提供基本效用和利益是产品整体概念中的(　　　)。

　　　A. 有形产品　　　　B. 附加产品　　　　C. 核心产品　　　D. 期望产品

13. 企业的全部产品都使用同一个品牌的策略是(　　　)。

　　　A. 个别品牌策略　　　　　　　　　　　B. 统一品牌策略

　　　C. 分类品牌策略　　　　　　　　　　　D. 自有品牌策略

14. 某种产品出现问题时,不会影响其他产品的声誉,这是(　　　)的优点。

　　　A. 个别品牌策略　　　　　　　　　　　B. 统一品牌策略

　　　C. 复合品牌策略　　　　　　　　　　　D. 自有品牌策略

15. 商品包装的基本作用是(　　　)。

　　　A. 保护商品　　　　　　　　　　　　　B. 便于携带和使用

　　　C. 增加盈利　　　　　　　　　　　　　D. 促进销售

16. 把使用时相互关联的若干种产品放在同一个包装容器中,同时出售的包装策略是(　　　)。

　　　A. 等级包装　　　　B. 类似包装　　　　C. 组合包装　　　D. 附赠品包装

二、多项选择题

1. 现代营销观认为,满足消费者需求的产品包括以下内容(　　　)。

　　　A. 优质产品　　B. 核心产品　　C. 物美价廉　　D. 形式产品　　E. 附加产品

2. 整体产品包括(　　　)。

　　　A. 核心产品　　B. 形式产品　　C. 附加产品　　D. 潜在产品　　E. 包装产品

3. 按消费者购买习惯不同产品可分为分(　　　)。

　　　A. 选购品　　　B. 特殊品　　　C. 耐用品　　　D. 便利品　　　E. 非渴求品

4. 产品线延伸有以下几种做法(　　　)。

　　　A. 相向延伸　　B. 向上延伸　　C. 向下延伸　　D. 双向延伸　　E. 向内延伸

5. 企业产品组合的要素是(　　　)。

　　　A. 广度　　　　B. 高度　　　　C. 深度　　　　D. 关联度　　　E. 长度

6. 企业在产品投入期采取慢渗透策略的条件是(　　　)。

　　　A. 消费者对价格很敏感　　　　B. 产品已广为人知　　　　C. 竞争者容易进入

　　　D. 市场规模小但容量大　　　　E. 企业促销能力薄弱

7. 企业在调整和优化产品组合时,依据情况不同,可选择以下策略(　　　)。

　　　A. 扩大产品组合　　　　　　B. 产品组合国际化　　　　C. 缩减产品组合

　　　D. 产品延伸　　　　　　　　E. 产品大类现代化

8. 企业在产品投入期,采用快速取脂策略的条件是(　　　)。

　　　A. 产品鲜为人知　　　　　　B. 市场规模和容量都较小

　　　C. 消费者对价格不敏感　　　D. 企业欲树立产品高质高价的形象

　　　E. 竞争者容易进入该市场

9. 从企业营销角度新产品包括(　　　)。

　　　A. 全新产品　　　　　　　　B. 换代新产品　　　　　　C. 改进新产品

　　　D. 仿制新产品　　　　　　　E. 品牌新产品

10. 产品寿命周期成熟期产品改进策略包括(　　　)。

　　　A. 质量改进　　　　　　　　B. 特点改进　　　　　　　C. 价格改进

　　　D. 服务改进　　　　　　　　E. 式样改进

11. 品牌由(　　　)两部分构成。

　　　A. 品牌名称　　　　　　　　B. 可注册商标　　　　　　C. 品牌标志

　　　D. 不可注册商标　　　　　　E. 品牌化

12. 新产品构思的来源有(　　　)。

　　　A. 企业内部人员　　　　　　B. 顾客　　　　　　　　　C. 竞争者

　　　D. 经销商　　　　　　　　　E. 科研机构

三、判断题

1. 整体产品包含三个层次,其中最基本的层次是形式产品。　　　　　　　　(　　)

2. 消费者在购买商品时只能从实体产品中得到利益。　　　　　　　　　　　(　　)

3. 运用产品包装来保护产品,便于储运是现代营销的重要手段。　　　　　　(　　)

4. 只讲产品组合深度,不讲产品组合宽度的商店是烟杂店。　　　　　　　　(　　)

5. 比亚迪生产了"秦"系列汽车后,又推出了"汉"系列汽车,这是向上延伸策略。(　　)

6. 产品生命周期就是产品使用寿命周期。　　　　　　　　　　　　　　　　(　　)

7. 在产品投入期,采用"快速掠夺"策略是为了薄利多销,便于企业长期占领市场。

(　　)

8. 在产品生命成熟期,企业应该采用产品改良、市场改良和营销组合改良的策略。

(　　)

9. 第一台上市的彩电是全新产品。 (　　)

10. 新产品开发的关键是市场调查。 (　　)

四、思考题

1. 产品组合的要素有哪些?

2. 简述产品生命周期各阶段的特征及营销策略。

3. 新产品的开发程序有哪些? 每个步骤对企业开发新产品有什么意义?

4. 什么是品牌? 品牌决策包括哪些内容?

5. 包装有哪些作用? 常见的包装策略有哪些? 产品的包装越精美越好吗?

五、案例分析题

华龙面的产品组合及品牌策略

2003 年,在中国大陆市场上,位于河北省邢台市隆尧县的华龙集团以超过 60 亿包的方便面产销量排在方便面行业第二位,仅次于康师傅。同时与"康师傅""统一"形成了三足鼎立的市场格局。"华龙"真正地由一个地方方便面品牌转变为全国性品牌。

作为一个地方性品牌,华龙方便面为什么能够在"康师傅"和"统一"这两个巨头面前取得全国产销量第二的成绩,从而成为中国国内方便面行业又一股强大的势力呢?

从市场角度而言,华龙的成功与它的市场定位、通路策略、产品策略、品牌战略、广告策略等都不无关系,而其中产品策略中的产品市场定位和产品组合的作用更是厥功至伟。下面我们就来分析华龙是如何运用产品组合策略的。

1. 发展初期的产品市场定位:针对农村市场的高中低产品组合

在 20 世纪 90 年代初期,大的方便面厂家将其目标市场大多定位于中国的城市市场。如"康师傅"和"统一"的销售主要依靠城市市场的消费来实现。而广大的农村市场,则仅仅属于一些质量不稳定、无品牌可言的地方小型方便面生产厂家,并且销量极小。中国的农村方便面市场仍然蕴藏巨大的市场潜力。

1994 年,华龙在创业之初便把产品准确定位在 8 亿农民和 3 亿工薪阶层的消费群上。同时,华龙依托当地优质的小麦和廉价的劳动力资源,将一袋方便面的零售价定在 0.6 元以下,比一般名牌低 0.8 元左右,售价低廉。

2000 年以前,主推的大众面如"108""甲一麦""华龙小仔";中档面有"小康家庭""大众三代";高档面有"红红红""煮着吃"。

凭借正确的目标市场定位策略,华龙一下在北方广大的农村打开市场。

2002 年,从销量上看,华龙地市级以上经销商(含地市级)销售量只占总销售量的 27%,县城乡镇占 73%,农村市场支撑了华龙的发展。

2. 发展中期的区域产品策略:针对不同区域市场高中低的产品组合

作为一个后起挑战者,华龙推行区域营销策略。它创建了一条研究区域市场、了解区域文化、推行区域营销、运作区域品牌、创作区域广告的思路,在当地市场不断获得消费者的青睐。

从 2001 年开始,华龙推行区域品牌战略,针对不同地域的消费者推出不同口味和不同品牌的系列新品(见表 4-4)。

表 4-4　华龙针对不同市场采取的区域产品策略

地域	主推产品	广告诉求	系列	规格	价位	定位
河南	六丁目	演绎"不贵"	六目丁 六目丁 108 六目丁 120 超级六目丁	红烧牛肉、麻辣牛肉等 14 种规格	低价位	目前市场上最低价位、最实惠产品
山东	金华龙	"实在"	金华龙	红烧牛肉、麻辣牛肉等 12 种规格	低价位	低档面
			金华龙 108		中价位	中档面
			金华龙 120		高价位	高档面
东北	东三福	"咱东北人的福面"	东三福	红烧牛肉面等 6 种口味 3 种规格	高价位	高档面
			东三福 120		中价位	中档面
			东三福 130		低价位	低档面
	可劲造	"大家都来可劲造,你说香不香"	可劲造	红烧牛肉面等 3 种口味 3 种规格	高价位	高档面
全国	今麦郎	有弹性的方便面,向康师傅、统一等强势品牌挑战	煮弹面 泡弹面 碗面	红烧牛肉等 4 种口味、16 种规格	高价位	高档面系列、以城市消费者为主

另外,华龙还有如下系列产品:

- 定位在小康家庭的最高档产品"小康 130"系列;
- 面饼为圆形的"以圆面"系列;
- 适合少年儿童的干脆面系列;
- 为感谢消费者推出的"甲一麦"系列;
- 为尊重少数民族推出的"清真"系列;
- 回报农民兄弟的"农家兄弟"系列;
- 适合中老年人的"煮着吃"系列。

以上系列产品都有三个以上的口味和 6 种以上的规格。

3. 华龙方便面组合策略分析

华龙目前拥有方便面、调味品、饼业、面粉、彩页、纸品六大产品线,也就是其产品组合的宽度为 6。方便面是华龙的主要产品线,在这里,我们也主要研究方便面的产品组合。

(1)华龙的方便面产品组合非常丰富,其产品线的长度、深度和密度都达到了比较合理的水平。它共有 17 种产品系列,十几种产品口味,上百种产品规格。其合理的产品组合,使企业充分利用了现有资源,发掘现有生产潜力,更广泛地满足了市场的各种需求,占有了更宽的市场面。华龙丰富的产品组合有力地推动了其产品的销售,有力地提升了华龙在方便面行业的地位。

（2）华龙面在产品组合上的成功经验：根据企业不同的发展阶段，适时地推出适合市场的产品。

① 在发展初期将目标市场定位于河北省及周边几个省的农村市场。华龙非常清楚，由于农村市场本身受经济发展水平的制约，不可能接受高价位的产品，所以华龙一开始就推出适合农村市场的"大众面"系列，该系列产品由于其超低的价位，一下子为华龙打开了进入农村市场的门槛，随后"大众面"系列红遍大江南北，抢占了大部分低端市场。

② 在企业发展几年后，华龙积聚了更大的资本和更足的市场经验，又推出了面向全国其他市场的"大众面"的中高档系列：如中档的"小康家庭""大众三代"，高档的"红红红"等。华龙由此打开了北方农村市场。1999年，华龙产值达到9亿元人民币。

这是华龙根据市场发展需要和企业自身状况而推出的又一阶段性产品策略，同样取得了成功。

③ 从2000年开始，华龙的发展更为迅速，它也开始逐渐丰富自己的产品系列，面向全国不同市场又开发出了十几个产品品种，几十种产品规格。2001年，华龙的销售额猛增到19亿元。这个时候，华龙主要抢占的仍然是中低档面市场。

④ 2002年起，华龙开始走高档面路线，开发出第一个高档面品牌——"今麦郎"。华龙开始大力开发城市市场中的中高价位市场，此举在如北京、上海等大城市大获成功。

问题：

1. 请分析华龙面的产品组合。

2. 请分析华龙面的品牌策略。

六、职业技能训练题

1. 任选身边的某种产品进行层次结构分析，指出该产品中哪部分是属于核心产品、哪部分是属于形式产品、哪部分是属于附加产品，并说明对自己有何启迪。

2. 调查并比较小米和格力的产品组合和品牌策略。

3. 对大润发的巧克力包装进行调查，分析存在的问题并提出改进意见。

项目五　制定和调整产品价格

知识目标：理解影响产品定价的主要因素；掌握常用的产品定价方法；熟悉常用的产品定价策略及其优缺点。

技能目标：能够在不同时期、不同情况下灵活运用各种产品定价策略；能够当环境、营销条件、营销目标发生变化时，提出相应的调整产品价格的措施。

 导入案例

我们在日常生活经常看到很多和价格有关的现象，比如说：

(1) 泰国的大米在中国要比中国的大米贵很多倍。

(2) 黄金周期间家电企业一次又一次地爆发价格大战。

(3) 相同的商品在不同地区销售价格会相差很多。

(4) 使用手机要交月租费。

(5) 很多商场喜欢在节假日搞促销活动。

(6) 景区内的很多服务会在节假日涨价。

【营销启示】　这些发生在我们身边的例子都与价格策略有关。不同环境条件下，企业要分析选择不同价格策略依据，即进行价格制定与调整的依据。

企业产品的价格是影响市场需求和购买行为的主要因素之一，直接关系到企业的收益。企业的产品的价格策略运用得当，会促进产品的销售，提高市场占有率，增加企业的竞争力。反之，则会制约企业的生存和发展。

任务 1　分析价格影响因素制定定价目标

一、分析影响定价的因素

(一) 定价的理论依据

产品定价的基本依据是价值规律理论，即产品的价值由社会必要劳动时间决定，产品实行等价交换。一般来说，价值是价格的基础，价格是价值的货币表现，价值应等同于价格。但在实际市场交换中，单个商品的价格与价值很少趋于一致，价格与价值总是相互背离的，而这种背离又总是以价值为中心，进行上下波动的。从较长时期和总的趋势来看，这种背离不会太久，由于价格总是围绕价值上下波动，所以产品的总价格仍与总价值相等。因此，企业在制定和调整价格时应以产品的价值为基础，使价格大体上符合价值，而不能背离太远，这样才符合价值规律的要求。

商品价格的高低,主要由商品中包含的价值量的大小决定。但从市场营销的角度看,商品的价格除了受价值量的影响之外,还要受其他诸多因素的影响。

(二)影响定价的主要因素

微课:5-1

影响定价的
主要因素

1. 影响定价的内部因素

企业在制定价格时,首先要考虑其基本依据——内部因素,即企业自身的经营条件。它具体包括企业的实力,企业的经营政策,产品成本水平和产品自身的特性等四个方面。

(1)企业的实力

企业价格策略的运用必须以强大的实力作为后盾。当企业准备在市场上与对手展开直接价格竞争时,谁的资金雄厚、技术力量强、装备新,谁就能在较长的时期内保持低于对手的价格,从而在竞争中处于优势。反之,则会遭到失败。所以对于实力不足的企业,决不能轻易卷入价格大战,以免投机不成,反而葬送了自己的前途。

(2)企业的经营政策

企业的整体经营政策是产品定价的一个重要依据。因为它大致决定了企业的服务对象、目标市场、营销战略以及定价目标。企业在制定经营政策的过程中要注意保持其面向市场的各项政策之间的协调性、一致性,以理顺企业内外各方面的关系,创造良好的企业形象。

(3)产品成本水平

产品在生产与流通过程中耗费的一定数量的物化劳动和活劳动之和构成产品成本,它是定价的最低界限。企业定价只有在补偿生产经营耗费的基础上尚有一定利润,才能保证其生产经营活动顺利进行。换言之,企业定价必须首先保证总成本费用得到补偿,这就要求价格不能低于平均成本费用。但由于平均成本费用是由平均固定成本费用和平均变动成本费用两部分组成,而固定成本费用不随产量变化而变化,所以企业的盈亏分界点就只能是在价格补偿平均变动成本费用之后的累积余额等于全部固定成本费用之时。从长期来看,产品价格如果低于平均成本,企业将难以生存。就短期而言,产品价格必须高于平均变动成本,即获得边际利润。否则,亏损将随着生产经营产品数量的增加而增多。

(4)产品自身的特性

不同的产品能满足不同层次的市场需求,产品自身的特性将直接影响到企业价格策略的选择。它一般包括:

① 产品满足的需求层次。产品满足消费者需求的不同,使消费者对各类产品注重的因素会有所不同,其需求价格弹性也往往存在较大差别。

② 产品的质量。产品的质量是影响产品定价的重要内在因素,一般可分为三类:按质论价、物美价廉、质次价高。

③ 产品生命周期的不同阶段。在产品生命周期的不同阶段,成本和销量差异很大,这就要求企业针对产品所处的不同阶段,制定不同价格。如导入期价格、成长期价格、成熟期价格和衰退期价格等。

2. 影响产品定价的外部因素

企业在价格决策中，除了考虑内部因素，还需要充分考虑外部因素的制约，即市场竞争因素、需求因素、心理因素和政府政策因素等四个方面。

（1）市场竞争因素

根据市场竞争程度的不同，我们可以把市场分为完全竞争、完全垄断、垄断竞争和寡头竞争四种类型。不同的类型决定着企业定价策略的不同。

 知识补给

市场竞争类型与价格策略

① 完全竞争。指没有任何垄断因素的市场状况。其主要特征是：同种产品有许多生产者，各个企业的产品没有差别，且产量在销售总量中所占比重很小，没有企业能够垄断市场和控制价格。在这种情况下，企业定价活动几乎发挥不了作用，只能接受市场竞争中形成的价格。而要获取较多的利润，也只能通过提高劳动生产率，节约成本费用，使本企业的成本低于同行业的平均成本。事实上，这种完全竞争的市场状态并不存在。很多商品只是接近于完全竞争状态。例如一些生产简便，供应来源便捷的日用小商品等。对于这类商品，任何企业都不可能通过加强营销措施来提高价格，提高价格只会造成销售困难。

② 完全垄断。又称纯粹垄断市场或独占市场。指一种产品完全由一家或少数几家企业所控制的市场状况。其主要特征是：企业没有竞争对手，独家或少数几家企业联合控制市场价格。通常主要通过市场供给量来调节市场价格。完全垄断一般只能在特定的条件下才能形成，比如拥有资源垄断、专卖、专利产品的企业，像通讯、电力、自来水等，方可处于垄断地位。从理论上讲垄断企业完全有定价的自由。但实际上，独占企业提高产品价格总量引起消费者的抵制和政府的干预。同时对市场的完全垄断会使企业缺乏降低成本的外在压力，导致销售价格较高及生产效率低下，社会资源配置不佳。

③ 垄断竞争。指既有垄断又有竞争的市场状况。垄断竞争介于完全竞争和完全垄断之间，属于一种不完全竞争，是现代市场经济中普遍存在的典型竞争形式。其主要特征是：同类产品在市场上有较多的生产者，市场竞争激烈，由于产品存在着差异性，使少数拥有某些优势的企业可以创造一种独特的市场地位，影响并控制一定的市场价格。在垄断竞争的市场中，由于竞争者众多，所以企业较少受竞争者市场营销战略的影响。

④ 寡头竞争。寡头竞争是竞争和垄断的混合物，也是一种不完全竞争。它是指某种产品的绝大部分由少数几家企业垄断的市场状况。其主要特征是：少数企业共同占有大部分的市场份额，并控制和影响市场价格，个别企业难以单独改变价格。在寡头竞争条件下，商品的价格主要由寡头们通过协议或默契决定。这种价格一旦决定，会保持较长时期不变，一般不会出现某个寡头升降价，其他寡头随之升降价的现象，但各个寡头在广告宣传、促销方面竞争较激烈。在现实经济中，寡头竞争比完全垄断更为普遍。如西方国家的汽车业、飞机制造业、钢铁业等都是寡头竞争。

（2）需求因素

决定价格下限的是成本,决定价格上限的是产品的市场需求,需求是影响企业定价最主要的因素。经济学上把商品的需求量对该商品价格变动反应的敏感程度称之为需求价格弹性。影响需求价格弹性的因素主要有以下几种。(1)商品与生活关系的密切程度。凡是与生活关系密切的商品,需求的价格弹性就小;反之,则弹性大。(2)商品本身的独特性和知名度。越是独具特色和知名度高的产品,需求的价格弹性越小;反之,弹性越大。(3)替代品和竞争品的种类及效果。凡替代品和竞争产品少并且效果也不好的产品,价格弹性小;反之,则弹性大。不同产品的需求价格弹性不同,因而企业在定价时对需求价格弹性大的商品可用降价来刺激需求;对需求价格弹性小的商品,当市场需求强劲时,则可适当提高价格以增加收益。

（3）心理因素

消费者的心理行为是企业制定价格时最不易考察的一个因素,同时又是企业定价时必须考虑的一个重要因素。通常消费者在选购商品时,总是根据某种商品能为自己提供效用的大小来判定该商品的价格,他们对商品一般都有客观的估价。若企业定价高于消费者的心理估价,则很难被消费者所接受;反之,则易引起消费者的误解及拒绝。随着消费心理的日趋复杂,心理因素对企业定价的影响越来越大。

（4）政府政策因素

随着价值规律、供求规律和竞争规律的自发作用,市场经济在发展过程中会产生某些无法自我完善的弊端。为此,政府就需要通过运用经济、法律、行政的手段对市场进行宏观调控,有时甚至需要直接对市场价格进行宽严程度不同的管制。政府为发展市场经济制定的一系列政策、法规,既有监督性的,也有保护性的,还有限制性的。它们在经济活动中制约着市场价格的形成,是各类企业定价的重要依据。因此,企业在经营过程中应密切注意货币政策、贸易政策、法律和行政调控体系等对市场流通和价格的影响,尽可能地规避政策风险。

【思考与讨论】　除上述因素外,你认为还有哪些因素会影响产品定价?

二、定价目标

定价目标是指企业在对其生产或经营的产品制定价格时有意识地要求达到的目的。它是企业选择定价方法和制定价格策略的依据。企业的定价目标既要服从于营销总目标,又要与其他营销目标相协调。一般来说,企业的定价目标主要有以下几种:

1. 追求利润最大化

以最大利润为目标,指的是企业希望获取最大限度的销售利润或投资收益。最大利润目标并不必然导致高价。当一个企业的产品在市场上处于某种绝对优势时,如有专卖权或垄断等,固然可以实行高价策略以获得超额利润,但随着市场竞争的加剧,企业要想在长期内拥有过高价格,必然会遭到来自多方面的抵制,价格也会随之回落到合理的水平。最大利润有长期和短期之分,有远见的经营者,都着眼于追求企业长期利润的最大化,但也有一些中小企业和商业企业经常以短期最大利润为目标。此外,为了获取整个企业的最大利润,企业也可以有意识地将一些易引起人们兴趣的产品的价格降低,借以带动其他产品的销售。例如美国吉列公司曾以低价甚至是赔钱的价格销售其刀架,目的是吸引更多顾客购买其互补品剃须刀片,以便从大量销售剃须刀片中获取更多的利润。

【思考与讨论】 利润最大化目标是否意味着企业产品价格定得越高越好。

2. 保持或扩大市场占有率

市场占有率是企业经营状况和产品竞争能力的综合反映,关系到企业的兴衰。价格的高低对于市场占有率的高低有很大影响。一般地说,为了保持或扩大市场占有率,许多企业经常采用价格手段,制定出对潜在消费者有吸引力的较低价格,以开拓销路。销路越好即销售规模越大,则意味着市场占有率越高;市场占有率越高,则盈利能力越强;盈利能力越强意味着企业的市场地位越高,竞争实力越强,企业才能进一步发展壮大。

3. 应付或防止市场竞争

这种定价目标是指企业通过服从竞争的需要来制定价格。一般说,企业对竞争者的行为都十分敏感,尤其是价格的状况更甚。在市场竞争日趋激烈的环境中,企业在定价前应仔细分析竞争对手的产品和价格情况,然后有意识地通过自己的定价目标去对付竞争对手。即一方面对竞争者挑起的价格竞争进行反击,另一方面也可通过价格设置一道看不见的进入壁垒,以预防潜在的竞争者。在这里要说明的是后一种情形。在生产某种产品的技术水平和成本水平一定的情况下,企业制定高价意味着在短期内企业能获取较高利润,可能会吸引大量竞争者的进入,而制定低价,企业在短期内的获利水平可能是有限的,但也降低了本行业对潜在进入者的吸引力,即降低了企业在未来可能面临的压力。

4. 树立和改善企业形象

良好的企业形象是企业的无形资产和宝贵财富,它同样也体现在定价决策中。通常为了取得良好的企业形象,企业在定价中需要考虑三个方面的因素。(1)本企业的价格水平能否被目标消费者所接受,是否同他们期望的价格水平相接近,是否有利于企业整体策略的有效实施。(2)本企业产品的价格是否使人感到质价相称,独具特色。(3)本企业定价是否符合国家宏观经济发展目标,是否严格遵从了社会和职业道德规范。

任务 2 选择定价方法

定价方法是企业为实现其定价目标所采取的价格制定方式。不同的企业、不同的产品、不同的时期,企业定价考虑的因素重点有所不同,因而定价方法的选择也就不同。但在价格决策中,企业所面临的价格水平主要影响因素——成本费用、市场需求、市场竞争是客观存在的,因此,各种定价方法可归纳为成本导向、需求导向、竞争导向三大类。

一、成本导向定价

所谓成本导向定价法,就是指企业以提供产品过程中发生的成本为定价基础的定价方法。按照定价成本的性质不同,又可分为以下几种。

1. 成本加成定价法

成本加成定价法是应用最普遍的一种方法,是以单位产品成本加上固定的百分率,即为该

微课:5-2

成本导向定价法

商品的出售价格。其计算公式为：

$$单位产品价格＝单位产品成本×(1＋加成率)$$

加成率即预期利润与产品总成本的百分比。

例 5-1　某电子企业生产一部小型录放机的平均变动成本为 75 元,固定成本为 65 元,利润加成率为 40％,则这一小型录放机的售价是多少?

$$
\begin{aligned}
销售价格 &＝单位成本×(1＋加成率) \\
&＝(75＋65)×(1＋40\%) \\
&＝196(元)
\end{aligned}
$$

这种方法的优点是:① 简单易行,大大简化了企业定价程序;② 若多家企业成本和加成接近,则会避免按需求定价所引起的激烈竞争;③ 企业以本求利,消费者会认为公平合理。缺点是:按照习惯比例加成定价,忽视了竞争状况与需求的弹性,难以确保企业实现利润最大化。这种定价方法应用面广,不仅生产企业、中间商长期使用,其他行业、科研部门等也常采用。

 情境案例

此前,我国长期以来采用成本加成 5％ 的军品定价方式,限制了整机厂的利润空间,也不利于激励主机厂提高生产效率、降低产品成本。

2011 年 4 月,经国务院、中央军委批准,国家发改委、财政部、解放军原总装备部联合颁发《关于进一步推进军品价格工作改革的指导意见》,拉开了军品定价改革的序幕。至 2019 年 3 月,航空工业官网报道,就装备价格业务工作开展了培训,"宣贯定价议价新规则",根据有关报道新定价机制或已于 2019 年正式落地实施。

改革前,装备价格＝定价成本 * (1＋5％);改革后,根据《装备购置目标价格论证、过程成本监控和激励约束定价工作指南(试行)》的描述:装备价格＝定价成本＋目标成本 * 5％＋激励(约束)利润;激励(约束)利润由定价成本较之目标成本的节约(超支)情况确定,差额由主机厂和军方按照一定比例承担。

在新定价机制下,当定价成本降低,由于激励(约束)利润的存在,销售利润率会显著上升。这为主机厂提高生产效率、降低生产成本提供了强大动力、打开了盈利上升空间。后续量产过程中在定价机制的激励下有望不断降低成本、提高企业盈利能力。

2. 目标利润定价法

利用盈亏平衡分析原理来进行定价的一种方法,也叫盈亏平衡定价法。其原理是:企业在一定的销售量条件下,当价格在某一水平时,产品成本费用正好为销售收入所补偿,利润为零;如果价格低于这一水平,则企业亏损,如果价格高于这一水平则企业盈利。这一价格水平称为保本价格。公式如下:

$$保本销售价格×销售量＝固定成本＋(单位产品变动成本×销售量)$$

$$P×Q＝F＋(v×Q)$$

$$P＝(F＋v×Q)/Q$$

式中,P:保本销售价格;

      Q:销售量;

      F:固定成本;

      v:单位产品变动成本。

利用保本价格公式,可以推出企业确定目标利润时产品价格计算公式为:

$$单位产品价格=(固定成本+变动成本+目标利润)/销售量$$

$$P_0=(F+v\times Q+TP)/Q$$

式中,P_0:获得目标利润的价格;

      TP:预期目标利润。

与成本加成定价法相比较,盈亏平衡法重视企业对总成本的补偿和盈利,考虑到了预期销售量及目标利润。但也有与成本加成类似的缺点,即为了确定总成本而预测销售量时,并未明确在什么价格上的销售量。因此,企业应该考虑不同的价格,并估计各种价格下盈亏平衡的产量、可能的需求量和利润。企业在考虑价格与销售量的关系上,还要考虑价格需求弹性以及竞争者的价格。

3. 边际贡献定价法

边际贡献定价法指在变动成本的基础上,加上预期边际贡献来计算价格的定价方法,所以也称变动成本定价法。边际贡献是指销售收入减去变动成本的余额,其计算公式为:

$$单位产品边际贡献=单位产品价格-单位变动成本$$

例 5-2 某钢管椅生产企业每年固定成本为 10 万元,当年由于市场变化,按原价格出售找不到新客户,而且一时也无法生产其他产品。这时如有一批客户定购 10 000 把椅子,最高报价为 50 元一把。如果每把椅子的变动成本为 42 元,按上述损益平衡法可知,企业至少要以 $100\ 000/10\ 000+42=52$ 元的价格出售才正好保本,按 50 元销售将损失 $2\times10\ 000=20\ 000$ 元。但企业如果不生产,10 万元固定成本的损失不可避免。如果生产,看起来损失了 2 万元,实际上是补偿了 10 万元固定成本中的 8 万元,比不生产少赔 8 万元。因此,在这种情况下加工比不加工更好。

利用边际贡献法有利于维护买卖双方良好的关系,扩大产品销售,提高竞争能力。它通常适用于以下两种情况:一是企业产品滞销积压时以变动成本为基础定价,有利于提高企业竞争力;二是当企业生产两种以上的产品时,可根据各种产品贡献的大小安排企业的产品线,易于实现产品的最佳组合。

二、需求导向定价法

需求导向定价法是基于消费者对产品的感知价值和市场需求强度来定价的方法。是在预计市场能够容纳目标产销量的需求价格限度内,确定消费者价格、经营者价格和生产者价格的一种方法。这种定价法具体可分为以下几种:

微课:5-3

需求导向定价法

1. 可销价格倒推法

可销价格倒推法是通过价格预测,先确定市场可销零售价,再据此向后推算批发价、出厂价的一种方法。

（1）计算方法

出厂价＝市场可销零售价－批零差价－进销差价＝市场可销零售价/[1＋批零差价率×(1－进销差价率)]

例5-3　某产品单位生产成本17元，产品税率15%，该类商品进销差价率为10%，批零差价率为15%，据预测，市场可销零售价为27.6元，以此类推：

批发价＝27.6元/(1+15%)＝24元

出厂价＝24元×(1－10%)＝21.6元

生产税金＝21.6元×15%＝3.24元

生产利润＝21.6元－17元－3.24元＝1.36元

（2）可销价格的测定

采用可销价格倒推法的关键在于正确测定市场的可销价格，否则，定价会偏高或偏低，影响企业的市场营销能力。所谓市场可销价格一般应满足以下两个条件：与消费对象的支付能力大体相适应；与同类产品的现行市场价格水平大体相适应。

 知识补给

测定市场可销价格的基本方法

① 主观评估法。由企业内部管理人员以市场上畅销的同类产品的价格为依据，通过比质比价，结合考虑市场供求趋势，对产品的市场可销价格进行评估确定。

② 客观评估法。由企业外部有关人士对产品的性能、效用、寿命等方面进行评议、鉴定和估价。

③ 试销评估法。以一种或几种不同价格在不同区域或消费对象进行实地销售，并采用上门征询、问卷调查、举行座谈会等形式，全面征求消费者的意见，最后综合分析，确定市场可销价格。可销价格倒推法有强化企业的市场导向意识和提高企业竞争能力等优点。

2. 理解价值定价法

所谓理解价值定价法，是根据消费者对商品价值的理解程度来决定商品价格的一种方法。其关键在于企业对消费者理解的商品"价值"有正确的估计。如果估计过高，定价超过了消费者的价值判断，消费者就会拒绝购买；如果估价过低，定价低于消费者的价值判断，消费者又会不屑购买；只有当产品定价同消费者的价值判断大体一致时，消费者才会乐于购买。采用理解值定价法时，企业并非完全处于被动地位，而是可以在充分了解消费者对商品理解值的基础上，尽可能地采用多种手段去影响消费者对商品价值的理解。如有计划地搞好产品的市场定位，在质量、服务、包装、广告等因素上下功夫，从而进一步提高价格决策的主动性。

3. 需求差别定价法

需求差别定价法指同一质量、功能、规格的商品，可以根据消费者需求的不同而采用不同的价格。即价格差别并非取决于成本的多少，而是取决于消费者需求的差异。这种定价法主要有以下几种形式：

① 以不同消费者为基础的差别定价，如工业用水、民用水按两种价格收费。

②　以不同产品式样为基础的差别定价，如同等质量的产品，式样新的可定高价，式样旧的可定低价。

③　以不同地理位置为基础的判别定价，如可口可乐易拉罐饮料在星级饭店的售价就比街边杂货店的售价高。

④　以不同时间为基础的差别定价，如长途话费在不同时间可以制定不同的价格。

采用需求差别定价法应具备一定的条件：

①　市场要能细分，且细分市场的需求差异较为明显。

②　高价市场中不能有低价竞争者。

③　价格差异适度，不会引起消费者的反感。

三、竞争导向定价法

竞争导向定价法指以市场上竞争对手的价格为依据，随市场竞争状况的变化来确定和调整价格的定价法。这种方法具有在价格上排斥对手，扩大市场占有率的优点。一般可分为以下几种形式：

1. 随行就市定价法

随行就市定价法指与本行业同类产品的价格水平保持一致的定价方法。适用随行就市定价法的产品，一般需求弹性小、供求基本平衡、市场竞争较充分，且市场上已经形成了一种行业价格，企业轻易不会偏离这个通行价格，除非它有很强的竞争力和营销策略。采用这种方法的优点是：可以避免挑起价格战，与同行业和平共处，减少市场风险。同时可以补偿平均成本，获得适度利润，易为消费者所接受。因此，这是一种较为流行的保守定价法，尤其为中小企业所普遍采用。

2. 竞争价格定价法

竞争价格定价法指根据本企业产品的实际情况及与对手的产品差异状况来确定价格的方法。这是一种主动竞争的定价法。一般为实力雄厚、产品独具特色的企业所采用。

它通常将企业估算价格与市场上竞争者的价格进行比较，分为高于竞争者定价、等于竞争者定价、低于竞争者定价三个价格层次：①　高于竞争者定价。在本企业产品存在明显优势，产品需求弹性较小时采用。②　等于竞争者定价。在市场竞争激烈，产品不存在差异情况下采用。③　低于竞争者定价。在具备较强的资金实力，能应付竞相降价的后果且需求弹性较大时采用。

3. 密封投标定价法

密封投标定价法适用于一些工程建设项目或一些商品的采购。一般是将工程项目或所要采购商品的具体情况发出公告，即公开招标。有意于这笔生意的企业，在规定时间内填写标书，即卖方竞争投标，密封递交给招标企业，称为投标。招标者到期当众开标，选择最有利于招标方的投标者中标，并与中标者签约。

一般情况下，招标方总是选择最经济实惠的、最有利于己方的投标方成交。而投标方总是希望以较高的价格投中，获得较好的收益。但是报价越高，投中的可能性越小。那么企业怎样确定投标价格呢？

第一，分析计算本企业经营投标项目的边际成本，列出不同价格条件下的企业获利水平。

第二,分析竞争对手的实力及可能报价。确定本企业的几种方案的中标机会。如果企业知道参加竞标的单位,则可根据其过去的投标记录和研究人员的判断,列出对手的投标出价的可能情况,进行比较分析,再制定自己的方案。如果不知道参加竞标本单位,就只能完全凭经验列出每一投标价格下可能中标的概率,作为企业出价的依据。

第三,计算期望利润值。就是将不同价格条件下企业能得到的利润同中标可能性(中标概率)相乘得到期望利润值,企业投标价格,应该根据最高期望利润来确定。

例 5 - 4 某企业要参与者一项工程的投标。其报价情况如表 5 - 1 所示。

表 5 - 1 投标报价情况分析表 单位:万元

投标方案	企业报价	可得利润	中标概率%	期望利润
1	300	80	90	72
2	400	150	60	90
3	500	200	30	60
4	600	280	5	14

由表 5 - 1 可以看出,第二号方案为企业投标方案。企业在制定投标方案时,对竞争者报价、中标概率、企业利润的估计分析是一项比较复杂的工作,需要认真对待,以尽量获得可靠数据,提高投标成功率。

【思考与讨论】 以上三种定价方法,你认为哪种定价方法更适应现今市场环境? 谈谈具体理由。

任务 3　制定价格策略

定价策略与定价方法密切相关,定价方法侧重于确定产品的基本价格,而定价策略则侧重于根据市场具体情况,运用价格手段去实现企业定价目标。一定意义上说,定价策略是定价方法的灵活、艺术性的运用。由于企业生产经营的产品和所处市场状况等条件的不同,企业的定价策略应有所区别。

一、新产品定价策略

新产品关系着企业的前途和发展方向,它的定价策略对于新产品能否及时打开销路,占领市场,最终获取目标利润有很大的关系。新产品的定价策略一般有以下几种。

1. 撇脂定价策略

撇脂定价策略指在新产品上市之初,将价格定得很高,尽可能在短期内赚取高额利润。这种策略如同从鲜奶中撇取奶油一样,所以叫撇脂定价策略。这是一种短期内追求最大利润的高价策略。运用它时必须具备以下条件:① 产品的质量、形象必须与高价相符,且有足够的消费者能接受这种高价并愿意购买。② 产品必须有特色,竞争者在短期内不易打入市场。

采用这种定价策略的优点是:高价格高利润,能迅速补偿研究与开发费用,便于企业筹集资金,并掌握调价主动权。缺点是:定价较高会限制需求,销路不易扩大;高价原则会诱发竞争,企业压力大;企业新产品的高价高利时期也较短。撇脂定价策略一般适用于仿制可能性较小,生命周期较短且高价仍有需求的产品。

 情境案例

一轮高端高价家电新品的大潮,正在中国家电市场喷涌而出。

2018 年 7 月中旬到 8 月,国内各大白色家电品牌密集发布新品,并快速上市,与往年多在老产品上微创新而在定价上畏首畏尾格外不同,2018 年不少行业龙头品牌的新品发力高端,不论是产品外观、品质,还是差异创新、专利技术上都有不同程度的颠覆式升级,定价动辄 2 万元、3 万元。

例如,卡萨帝就是中国原创科技和自主品牌处于全球家电市场高峰的一个缩影,其新近上市的冰箱和洗衣机定价比往年又上一个台阶,一个是 F＋自由嵌入式冰箱定价最低 19 999 元,高端版的首发价则高达 32 999 元;另一个则是纤见系列洗衣机,拥有物联识别功能高端款定价为 35 999 元。

在厨电领域,方太也从未偏离高端高价值的主线,近两年的高端转型轨迹更加坚定和清晰。方太水槽洗碗机即将出一款新品 Q7,定价将在 2 万左右。目前,洗碗机在中国市场的普遍售价在 3 000—5 000 元,2 000 元上下的产品不在少数。即使外资大牌的洗碗机定价最高也鲜见万元以上,方太水槽洗碗机的价格可以说是定出新高度。

高端必然是高价,没有高价的高端只能是"唱高调"。这一轮家电产业升级洪流之中,不同寻常之处在于,中国品牌的地位扶摇直上,迈出价格对自己的束缚,让卖高价不再是外资品牌的专属,由本土品牌主导的家电高价时代提前到来。

其实卖高价不是为了让普通消费者高不可攀,转向高端正是中国家电品牌产业升级无法绕开的一条路径。在外部消费升级和内部产业革命的双重推动下,越来越多的中国家电品牌聚焦高端、定位高价,标志着中国品牌真正开始主导市场竞争,拿回了被强势外资品牌所控制的定价权,真正让中国企业由小变大、由富变强。

对中国家电企业来说,敢于卖高价首要的条件是产品要过硬,也就是说产品的科技含量、产品品质能够赢得消费者的信任才敢定高价。这不仅是考验单款产品,更是考察整个高端产业链的输出能力、创新能力。如卡萨帝的家电、方太的厨电,之所以处在行业最高端,背后除了产品,还有高价值的服务。

高端一定是高价,但是高价不一定是高端。家电企业不能为了追求高端,而陷入片面追求高价的误区,关键之处是高端产品要具有中低端无法比拟的价值区隔,否则就是伪高端,单纯高价或者片面唱高调很难经得起市场考验。

当前,中国家电企业的高端化转型已经走到了深水区,一些龙头品牌高端化阶段性成果已经显现。但是中国家电业多数企业在全球范围内高端扩张并未打破外资品牌的封锁,想要真正逆转,必须更多的中国家电品牌抱团,摆脱低质低价的自我内斗惯性。

通过在核心技术创新、制造产业链上下功夫,群狼式合力围攻家电产业最高端,才能让中国品牌有底气和实力分享品牌在世界的超额溢价。可以预见,做到这一点,只是时间问题!

2. 市场渗透定价策略

这是一种低价策略,新产品上市之初,将价格定得较低,利用价廉物美迅速占领市场,取得较高市场占有率,以获得较大利润。适用条件是:① 潜在市场较大,需求弹性较大,低价可增加销售。② 企业新产品的生产和销售成本随销量的增加而减少。

这种定价策略的优点是:① 低价能迅速打开新产品的销路,便于企业提高市场占有率。② 低价获利可阻止竞争者进入,便于企业长期占领市场。缺点是:投资的回收期长,价格变动余地小,难以应付在短期内突发的竞争或需求的较大变化。

 情境案例

1997 年,吉利集团以民营企业的身份跨入了汽车制造行业。1999 年,吉利在宁波投资建设了宁波美日汽车制造有限公司,生产吉利、美日家庭轿车。2001 年 4 月,吉利与豪情两家公司成立浙江吉利汽车工业股份有限公司。2001 年的中国汽车市场,一方面市场继续发育,另一方面受到中国加入 WTO 的影响,车型频出,产销量快速上升,价格逐渐下降。

吉利在刚生产汽车的时候,第一次定价就是全国最低,后来还在降价。吉利车价格只卖 3 万至 6 万元,有的车型价格甚至低于国内同类车的一半,定位低端经济型轿车。在低端轿车市场中,吉利利用其生产成本低的优势,获得了市场发展的空间。

吉利汽车采取了"最低价"的市场渗透定价策略,实现了以最快速度抢得市场份额的目的,成功进入了轿车市场,成为我国轿车行业的知名民族品牌。

3. 温和定价策略

这是一种中价策略,在新产品上市之初,将价格定在高价和低价之间,力求使买卖双方均感满意。由于撇脂定价策略定价较高,易引起消费者的不满及市场竞争,有一定风险;市场渗透定价策略又定价过低,虽对消费者有利,但企业在新产品上市之初,收入甚微,投资回收期长。而温和定价策略既可避免撇脂定价策略因高价而具有的高风险,又可避免市场渗透定价策略因低价带来的企业生产经营困难。因而既能使企业获取适当的平均利润,又能兼顾消费者的利益。此法的缺点是,比较保守,不适于需求复杂多变或竞争激烈的市场环境。

4. 仿制品定价策略

新产品中有一类仿制品,是企业合法模仿国内外市场某种畅销产品而制造的新产品。这类产品定价的关键在于如何进行市场定位,特别是仿制品的定位应尽量与市场上原有创新者的定位保持一定的价格差。如目前中外合资企业生产的仿制品普遍采用优质中价、中质低价、低质廉价的降档定价策略。

(二) 产品组合定价策略

产品组合是指一个企业新生产经营的全部产品大类和产品项目的组合。产品组合定价策略的主要形式有以下几种。

1. 产品线定价策略

产品线内的不同产品,根据不同的质量和档次,结合消费者的不同需求和竞争者的产品情况,来确定不同的价格。即对同一产品线中不同产品之间的价格步幅作出决策。

采用这种方法定价，需注意的是：产品线中不同产品的价格差要适应消费者的心理需求，价差过大，会诱导消费者趋向于某一种低价产品；价差过小，会使消费者无法确定选购目标。如：某服装店将三种男衬衫分别定为260元、95元、30元三种价格，消费者自然会把这三种价格的衬衫分为高、中、低三个档次进行选购。即使这三种价格都有变化，消费者仍会按自己的习惯去购买某一档次的衬衫。

2. 任选品定价策略

任选品定价策略指在提供主要产品的同时，还附带提供选购产品或附件与之搭配。选购品的定价应与主要产品的定价相匹配。选购品有时成为招徕消费者的廉价品，有时又成为企业高价的获利项目。如美国的汽车制造商往往提供不带任何选购品的车型，以低价吸引消费者，然后在展厅内展示带有很多选购品的汽车，让消费者选购。

3. 连带产品定价策略

连带产品定价策略指有连带互补关系，必须配套使用的产品。两种相关产品同时生产的企业，一般将主体产品定低价以吸引消费者购买，而将附属产品定高价，以获取长期利益。如吉列公司的剃须刀架定价很低，因为它在销售高价吉列刀片上赚回利润。

4. 副产品定价策略

企业在生产过程中，经常产生副产品，如酿酒厂的酒糟，榨油厂的油渣。这些副产品的处理，需要花费一定的费用。如果能将其直接变卖，将会对主产品的价格产生非常有利的影响。也有助于企业在迫于竞争压力时制定较低价格。

5. 产品群定价策略

为了促销，企业常将几种产品组合在一起，进行捆绑降价销售。如：图书经销商将整套书籍一起销售，价格就要比单独购买低得多。采用这种策略，价格的优惠程度必须有足够的吸引力，且要注意防止易引起消费者反感的硬性搭配。

三、产品生命周期不同阶段价格策略

微课：5-4

产品生命周期
定价策略

这是一种根据产品在生命周期不同阶段的不同特点，而采用不同定价方法的策略。

1. 导入期定价策略

这个时期是新产品进入市场的初级阶段。其特点是：产品初次上市，制造成本高，促销费用大，而销售数量少。针对这些特点，企业可采取以下三种策略。

① 高价策略。即高价投入新产品，售价大大高于成本，力求短期内补偿全部成本，并迅速获利。一般适用于市场寿命周期较短的时尚产品，如：服装、化妆品等。

② 低价策略。即低价投放新产品，使产品在市场上广泛渗透，从而提高市场份额，然后再随市场份额的提高调整价格，实现盈利目标。一般适用于有代用品的中高档消费品。

③ 中价策略。即价格水平适中，同时兼顾厂商、中间商及消费者利益，使各方面满意。一般适用于生活必需品和重要的生产资料。它的总原则是努力取得市场占有率。

2. 成长期定价策略

成长期是商品在市场上打开销路的阶段。新产品进入成长期以后销售量迅速增加，成本不断下降，质量逐步提高，市场竞争者较少。成长期总体营销策略上往往采取以"好"为主的方针,需要一定的投入,其重点是建立消费者的价值满意度。针对以上特点,定价策略应根据投入期定价策略做相应调整。可根据需求情况和消费者对产品的满意,进行市场细分后来确定价格,即以顾客需求导向定价方法;也可根据产品与其他企业差异度来进行差别定价;还可以根据先前的低价策略,继续致力于成本领先策略,定低价格阻止竞争者加入或保持领先优势;投入期的高价策略可根据情况适当降价,也可阻止竞争者加入,并保持优势。

3. 成熟期定价策略

成熟期是产品在市场上普及并达到饱和程度的阶段。这个阶段的特点是:销售量趋于平缓,企业利润稳定,市场竞争更为剧烈。企业必须根据市场条件的变化实行竞争价格。如:从产品的广度和深度上拓展市场、向消费者提供新的利益和服务,改革营销组合手段等。它的总原则是确保产品的市场占有率。

4. 衰退期定价策略

衰退期是产品在市场上逐渐被淘汰的阶段。其特点是:商品销售量急剧下降,替代品出现,消费者兴趣转移,同行业竞相降价销售,企业利润降到最低。针对其特点,可采取的策略有如下两种。

① 驱逐价格。对需求弹性较大的商品可以其边际成本为限定价,以驱逐竞争者,抢占其市场份额,延长本企业产品市场寿命,将抽出的资金用于研制和生产新产品。

② 维持价格。对一般生活必需品和重要的生产资料,继续保持成熟期价格或小幅降价。因这类商品销量相对稳定,利润变化不大,降价潜力较小,实行维护价格尚能保持一定销量。其总的原则是力争维持局面,使新老产品顺利交替,尽量减少企业损失。

四、心理定价策略

心理定价策略是指企业根据消费者的心理特点,迎合消费者的某些心理需求而采取的一种定价策略。具体讲有以下几种形式。

1. 尾数定价策略

尾数定价策略指在商品定价时,取尾数,而不取整数的定价策略。一般说,价格较低的产品采取零头结尾,常用的尾数为 9 和 8,给消费者以便宜感,同时因标价精确给人以信赖感而易于扩大销售。此策略适用于日常消费品等价格低廉的商品。如:一家餐厅将它的汉堡类食品统一标价为 9.8 元,这比标价 10 元要受欢迎。消费者心里会认为 9.8 元只是几元钱,比整数 10 元要便宜许多。

2. 整数定价策略

与尾数定价策略相反,这种策略指企业有意将产品价格定为整数,以显示产品具有一定质量。这种方法易使消费者产生"一分钱一分货""高价是好货"的感觉,从而提升商品形象。它一般多用于价格较贵的耐用品或礼品以及消费者不太了解的产品。

3. 声望定价策略

声望定价策略指利用消费者仰慕名牌商品或名店的声望所产生的某种心理来制定商品的价格。一般把价格定成高价。因为消费者往往以价格判断质量,认为价高质必优。像一些质量不易鉴别的商品,如:首饰、化妆品等宜于采用此法。

4. 招徕定价策略

招徕定价策略指企业利用部分顾客求廉的心理,特意将某几种产品的价格定得较低,以吸引顾客、扩大销售。虽然几种低价品不赚钱,但由于低价品带动了其他产品的销售,使得企业的整体效益得以提升。如:某酒店推出的每日一个"特价菜"。

5. 分档定价策略

分档定价策略指在定价时,把同类商品比较简单地分为几档,每档定一个价格,以简化交易手续,节省消费者时间。这种定价法适用于纺织业、水果业、蔬菜业等行业。采用这种定价法,档次划分要适度,级差不可太大也不可太小,否则起不到应有的分档效果。

6. 习惯定价策略

习惯定价策略指按照消费者的需求习惯和价格习惯定价的技巧。一些消费者经常购买、使用的日用品,已在消费者心中形成一种习惯性的价格标准。这类商品价格不易轻易变动,以免引起消费者不满。在必须变价时,宁可调整商品的内容、包装、容量,也尽可能不要采用直接调高价格的办法。日常消费品一般都适用这种定价策略。

五、折扣与折让定价策略

折扣与折让定价策略指企业根据产品的销售对象、成交数量、交货时间、付款条件等因素的不同,给予不同价格折扣的一种定价决策。其实质是减价策略。这是一种舍少得多,鼓励消费者购买,提高市场占有率的有效手段。其主要策略有以下几种:

1. 现金折扣

现金折扣指对按约定日期付款的消费者给予一定比例的折扣。典型的例子是"2/10,n/30",即 10 天内付款的消费者可享受 2% 的优惠,30 天内付款的消费者全价照付。其折扣率的高低,一般由买方付款期间利率的多少、付款期限的长短和经营风险的大小来决定。这一折扣率必须提供给所有符合规定条件的消费者。此法在许多行业已成习惯,其目的是鼓励消费者提前偿还欠款,加速资金周转,减少坏账损失。

2. 数量折扣

数量折扣指根据购买数量的多少,分别给予不同的折扣。购买数量越多,折扣越大。典型的例子是"购货 100 个单位以下的单价是 10 元,100 个单位以上单价是 9 元"。这种折扣必须提供给所有消费者,但不能超过销售商大批量销售所节省的成本。数量折扣的实质是将大量购买时所节约费用的一部分返还给购买者,其关键在于合理确定给予折扣的起点、档次及每个档次的折扣率。它一般分为累计折扣和非累计折扣。数量折扣的目的是鼓励消费者大量购买或集中购买企业产品,以期与本企业建立长期商业关系。

3. 交易折扣

交易折扣指企业根据交易对象在产品流通中的不同地位、功能和承担的职责给予不同的价格折扣。交易折扣的多少,随行业与产品的不同而有所区别;同一行业和同种商品,则要依据中间商在工作中承担风险的大小而定。通常的做法是,先定好零售价,然后再按一定的倒扣率,依次制定各种批发价及出厂价。在实际工作中,也可逆向操作。

4. 季节折扣

季节折扣指经营季节性商品的企业,对销售淡季来采购的买主,给予折扣优惠。实行季节折扣,有利于鼓励消费者提前购买,减轻企业仓储压力,调整淡旺季间的销售不均衡。它主要适用于具有明显淡旺季的行业和商品。

5. 复合折扣

复合折扣是企业在市场销售中,因竞争加剧而采用多种折扣并行的方法。如:在销售淡季可同时使用现金折扣、交易折扣,以较低价格鼓励消费者购买。

6. 价格折让

价格折让指从目录表价格降价的一种策略。它主要有以下两种形式。① 促销折让。指生产企业为了鼓励中间商开展各种促销活动,而给予某种程度的价格减让。如刊登地方性广告、布置专门的橱窗等。② 以旧换新折让。指消费者购买新货时将旧货交回企业,企业给予一定价格优惠的方法。如"双喜"牌压力锅的以旧换新策略。

> **【思考与讨论】** 付费会员商店(如山姆会员店)在不少地方兴起,试分析其定价机制。

六、地理定价策略

指与地理位置有关的制定价格的策略。这种策略在外贸业务中运用较普遍,其具体形式如下。

1. 产地交货价

产地交货价指在产地某种运输工具上交货定价,卖方承担货品装上运输工具之前的所有费用,交货后一切费用及风险则由买方承担,类似于国际贸易中的离岸价格(FOB)。产地交货价一般适用于生产企业、批发和零售业。其优点是简化卖主的定价工作,缺点是削弱了卖方在较远市场的竞争力。

2. 目的地交货价

目的地交货价指在买主所在地交货的价格。它相当于国际贸易中的到岸价(CIF)。目的地交货价实际上就是生产者的全部生产成本,相当于批发商业通用的"送货制价格"。使用这种策略时,是卖主出于竞争需要或为了使消费者更满意而由自己负担货物到达目的地之前的运输、保险和搬运等费用。

3. 运费补贴价

运费补贴价指对距离遥远的买主,卖方适当给予其价格补贴的一种定价策略,其实质是运费折让。由于企业产品向跨地区市场渗透,导致市场范围扩大、费用增加、产品价格提升,这迫使买方只能弃远求近购买产品。为了争夺远距离的潜在消费者,企业必须通过采取运费补贴价格来扩大市场销售区域。运费补贴策略一般适用于较大的商品,如:钢铁制品。

4. 统一运货价

统一运货价指不分买方路途的远近,一律实行统一价格,统一送货,一切运输、保险费用也都由卖方承担的定价策略。这种策略如同邮政部门的邮票价格,平信无论寄到全国各处,均付同等邮资,所以又称"邮票定价法"。它一般适用于运费在全部成本中所占比重较小的产品。其优点是:扩大了卖主的竞争区域;统一价格的使用,易于赢得消费者的好感;大大简化了计价工作。

5. 分区运送价

分区运送价指在既定地区内向所有买主收取包括运费在内的同一价格,卖主支付实际运费,价格中的运费是该区平均运费。依据距离远近,不同的地区,价格不同。各地区间价格虽然不同,但同一地区内所有的客户都支付同一价格。它适用于交货费用在价格中所占比重大的大体积产品。优点是定价简便,大体合理。缺点是同一区域内也有顾客远近的问题,区域价格分界线两侧的顾客所付的费用不同。

6. 基点定价

企业指定一个城市作为基点,按基点到顾客所在地的运费加上产地价格来制定价格,而不管货物是从哪个城市运出的。基点选择一般是重要的生产点或重要交通枢纽所在地。这种定价策略适用于:产品笨重,运费占成本比例较大的产品;市场范围大,购买者分布广;产品需求弹性大。其优点是有利于产品扩展到远方市场。缺点是对邻近地区购买者不利。

任务 4　价格调整策略

企业价格制定以后不是一层不变的,在激烈的市场竞争中,企业的内外部环境发生变化时企业产品价格也应随之而作出调整。企业调整价格一般有两种情况:一是主动调价;二是由于竞争压力调价。企业价格变动的方向可以是降价,也可以是提高价格。

一、企业调价的原因

1. 企业降价原因

① 生产能力过剩,其他手段无法打开销路。

② 市场竞争加剧,迫使降价。

③ 企业有成本优势降价可以扩大销售。

④ 经济不景气,需求下降,降价刺激需求。

⑤ 行业性衰退或产品进入衰退期。

 情境案例

进入 2022 年 7 月,喊了两年的"芯片荒"似乎突然不"荒"了。继台积电遭砍单后,此前紧俏的 L9369-TR 等进口芯片不仅价格从三千多元跌到几百元,而且供应充足,随时发货。国内芯片市场为什么会有 180 度的大转变?市场数据显示,到 2022 年 7 月,发光芯片价格同比下降约 20% 至 30%,驱动芯片下降约 40%,全球模拟 IC 龙头德州仪器(TI)部分芯片价格更是跌掉八成。来自各个渠道的消息也反映出,很多芯片的供应一改之前的紧缺局面,基本都能随时发货。价格下跌的同时,整个行业市值也在不断下探。台积电、荷兰阿斯麦、意法半导体、英飞凌、英伟达等都在近期悉数降价,幅度均超过 4%。"芯片荒"的缓解首先与全球经济低迷、终端需求萎靡有关。2022 年一季度,全球智能手机出货量同比下降了 11%,国内更是同比下滑 29.2%。2022 年 6 月,国内手机出货量约为 2 566.4 万部,同比下降 10.4%。而全球笔记本电脑总出货量在一季度同比下降了 7%,四月笔记本面板出货量更是创下疫情以来新低。

另一更深层的原因是芯片的国产化率在不断提升,外资企业开始打"价格战"。

以 2019 年为分界点,国内大多数芯片企业摆脱亏损或盈亏平衡状态,开始稳步向上,至 2021 年营收和扣非净利润呈现爆发性增长。

2021 年全球半导体市值前 100 榜单中,中国大陆企业有近 40 家;全球排名前 10 的芯片代工厂,中国企业占据 3 席。

2022 年前四个月中国芯片的进口量减少 240 亿。

2022 年全球收入增长最快的 20 家芯片公司,有 19 家来自中国。而去年同期这个数字只有 8 家。前三名国芯科技涨幅高达 338%、寒武纪涨幅 144%、创耀科技涨幅达 136%,均超过 100%。

5G 射频等一批不同类型的芯片在国内实现量产。资本市场上,芯片行业更是一片火热。

2018 年至今,国内超过 100 家半导体公司上市。

2020、2021 两年间,国内芯片半导体产业年均融资事件超过 300 起,额度超 2 000 亿元。今年上半年芯片投融资交易 318 起,金额接近 800 亿元。

数据表明,国内相关行业被国外"卡脖子"的现象正在得到缓解。一直在芯片问题上受限制的华为也宣布新机将使用自主研发的芯片。

随着中国芯片产能飞速增长,越来越多种类、型号的芯片实现量产,外资企业不得不放下身段,以价格战应对来自中国本土企业的激烈竞争。三极体、驱动芯片、模拟芯片、微控制器(MCU)、DRAM 等七类芯片价格一直在下探。

除了前文提到的 L9369-TR,ST 意法半导体旗下的 STM32F103C8T6 芯片的售价也从此前的 200 元下调至目前的 21.5 元。

也就是说,部分芯片价格的下跌,实际上是国内量产后的价值回归。长远来看,国内广阔的下游市场将为芯片产业提供有力支撑,另一方面随着国产替代一步步深入,整个市场会趋于理性。芯片价高、难求的局面也会彻底改变。

2. 企业提价原因

① 成本上涨迫使提价。

② 供不应求,提价抑制部分需求。

③ 为补偿产品改进的费用。

④ 为了竞争需要,将产品价格的提高到同类产品之上,以树立形象。

【思考与讨论】 举例谈谈企业主动进行价格调整可能的情形。

二、企业调价策略

1. 企业降价策略

① 直接降价。

② 保持价格不变,采取增加免费项目;改进产品性能和质量;增加折扣种类;提高折扣率及馈赠礼品等策略实现产品降价。

2. 提价策略

① 直接提高基本价格。

② 在不提高基本价格的情况下采取下列策略：减少免费服务项目或增加收费项目；减少价格折扣；压缩产品分量；使用便宜的材料和配件；减少或改变产品的功能以降低成本；使用低廉的包装材料或推销大容量包装产品，降低包装相对成本。

三、市场对调价的反应

1. 消费者的反应

（1）顾客对企业降价可能产生的反应：

① 该产品质量有问题，卖不出去了；

② 该产品已经老化，将要被新产品替代；

③ 可能还要降价，等等再买；

④ 企业可能经营不下去了，要转行，将来的售后服务没有保证。

（2）顾客对提价的反应：

① 该产品质量好；

② 厂家想多赚钱；

③ 该产品供不应求，再不买就买不到了。

2. 竞争者的反应

竞争者对本企业调价可能的理解：

① 该企业想和我们争夺市场；

② 该企业想促使全行业降低来刺激需求；

③ 该企业经营不善，想改变销售不畅的状况；

④ 该企业可能推出新产品。

四、企业对付竞争者的调价的策略

1. 了解与竞争者调价有关的问题

企业采取行动之前，必须弄清下列问题：

① 竞争者为何调价，是想充分利用其过剩的生产能力，提高市场占有份额，还是想促使其他企业一起调价；

② 竞争者调价是暂时行为还是长期行为；

③ 其他竞争者会做何反应；

④ 竞争者调价对本企业有何影响；

⑤ 如果本企业对竞争者的调价作出某种反应后，则竞争者及其他竞争者又有何反应。

2. 应付竞争者调价的策略

（1）应付竞争者提价的策略

一般的策略是：如果认为对本行业（企业）是有利的，则跟随提价；否则就维持价格不变，以迫使对手最终恢复原价。

（2）应付竞争者降价的策略

① 维持原价，一般认为本企业市场份额不会失去太多，而采用此价格策略；

② 维持原价同时采取一些非价格竞争措施，以提高顾客对本企业产品的理解价值；

③ 跟随降价；

④ 提价并提高产品质量，树立本企业的产品高品质的形象，以增强其竞争力；

⑤ 增加廉价产品项目进行反击，如果有可能丧失的细分市场对价格很敏感，则可以采取本策略。

课后练习

一、单项选择题

1. 下列商品需求价格弹性高的是（ ）。

    A. 生活必需品   B. 具有独特性的产品

    C. 替代品多的产品   D. 知名度高的产品

2. 理解价值定价法是（ ）定价方法。

    A. 成本加成   B. 需求导向   C. 竞争导向   D. 利润导向

3. 同一质量、功能、规格的商品，可以根据消费者需求的不同而采用不同的价格，这是（ ）定价方法。

    A. 成本加成定价法   B. 需求差异定价法

    C. 目标利润定价法   D. 竞争价格定价法

4. 中国服装设计师李艳萍设计的女士服装以典雅、高贵享誉中外，在国际市场上，一件"李艳萍"牌中式旗袍售价高达一千美元，这种定价策略属于（ ）。

    A. 声望定价   B. 基点定价   C. 招徕定价   D. 需求导向定价

5. 在完全竞争情况下，企业只能采取（ ）定价法。

    A. 成本加成   B. 随行就市   C. 拍卖   D. 边际成本

6. 企业把创新产品的价格定得较低，以吸引大量顾客，提高市场占有率，这种定价策略叫作（ ）。

    A. 撇脂定价   B. 渗透定价   C. 目标定价   D. 加成定价

7. 在新产品上市之初，将价格定在高价和低价之间，力求使买卖双方均感满意的定价策略叫（ ）。

    A. 撇脂定价   B. 渗透定价   C. 温和定价   D. 仿制品定价

8. 饮用水厂向广大消费者免费赠送饮水机以扩大桶装饮用水的销售量是实施（ ）略。

    A. 招徕定价   B. 连带产品定价   C. 产品群定价   D. 任选产品定价

9. 按照顾客一次购买总量或订购量而给予折扣的方法是（ ）。

    A. 现金折扣   B. 累计折扣   C. 非累计折扣   D. 数量折扣

10. 企业选定一些中心城市统一定价，再按最近城市距顾客距离收取运费为（ ）。

    A. 统一交货定价   B. 分区定价   C. 基点定价   D. 部分运费免收定价

11. 电信公司规定每日 21:00 至 24:00 拨打国内长途电话按半价收费。这种定价策略属于（ ）。

    A. 成本加成策略   B. 差别定价策略

    C. 心理定价策略   D. 组合定价策略

12. 居民用电价格与工业用电价格不同，是差别定价的（　　）差异。

　　A. 地理不同　　　B. 消费者不同　　　C. 式样不同　　　D. 时间不同

二、多项选择题

1. 撇脂定价策略的优点是有利于（　　）。

　　A. 阻止竞争者加入　　　　　　　　B. 取得丰厚的利润

　　C. 迅速打开销路　　　　　　　　　D. 维护和提高产品质量和信誉

　　E. 取得价格调整的主动权

2. 心理定价策略主要有（　　）。

　　A. 尾数定价　　　　　　B. 廉价　　　　　　　C. 整数定价

　　D. 声望定价　　　　　　E. 招徕定价

3. 产品组合定价策略主要有（　　）。

　　A. 产品线定价　　　　　B. 连带产品定价　　　C. 产品群定价

　　D. 新产品定价　　　　　E. 任选产品定价

4. 针对消费者的折扣让价策略有（　　）。

　　A. 现金折扣　　　　　　B. 交易折扣　　　　　C. 季节折扣

　　D. 数量折扣　　　　　　E. 实物折扣

5. 企业根据市场环境对原有产品价格调整的策略有（　　）。

　　A. 主动降价　　　　　　B. 主动提价　　　　　C. 被动降价

　　D. 被动提价　　　　　　E. 稳定价格

6. 对付竞争者的调价，企业采取行动之前，必须弄清下列问题包括（　　）。

　　A. 为什么调价　　　　　　　　　　B. 调价是短期还是长期行为

　　C. 其他竞争者是如何反应　　　　　D. 调价对本企业的影响是什么

　　E. 本企业采取行动后，其他企业及竞争者如何反应

7. 应对竞争者降价的策略有（　　）。

　　A. 跟随降价　　　　　　　　　　　B. 维持原价

　　C. 主动提价　　　　　　　　　　　D. 增加廉价产品项目反击

　　E. 采取非价格竞争措施

三、判断题

1. 当采取认知定价法时，如果企业过高地估计认知价值，便会定出偏低的价格。（　　）

2. 某种洗衣粉，顾客一次购买 10 袋以下每袋价格为 4 元，若一次购买 10 袋以上，则每袋价格为 3.6 元，这就是现金折扣，目的是鼓励顾客大量购买。（　　）

3. 随行就市定价法适用于同质产品。（　　）

4. 如果某种产品提价 2%，销售量仅降低 1%，则其需求的价格弹性系数为 2。（　　）

5. 产品差异化使购买者对价格差异的存在不甚敏感。因此，在异质产品市场上企业有较大的自由度决定其价格。（　　）

6. 产品的需求弹性与产品本身的独特性和知名度密切相关，越是独具特色和知名度高的产品，需求弹性越小，反之，则需求弹性越大。（　　）

7. 尾数定价的目的是使人感觉质量可靠。（　　）

8. 产品形式差别定价是指企业对不同型号或形式的产品制定不同的价格,但它们的价格与成本费用之比却相同。(   )

9. 在产品组合定价策略中,根据补充产品定价原理,制造商经常为主要产品制定较低的价格,而对附属产品制定较高的价格。   (   )

10. 提价会引起消费者、经销商和企业推销人员的不满,因此提价不仅不会使企业的利润增加,反而导致利润的下降。   (   )

四、思考题

1. 影响企业定价因素有哪些内容?

2. 什么是成本导向定价法? 包括哪些具体方法?

3. 什么是需求导向定价? 包括哪些方法?

4. 什么是竞争导向定价法? 包括哪些方法?

5. 企业可采用的定价策略有哪些方面?

6. 企业为什么要调整价格? 竞争对手调整价格后本企业应如何应对?

五、案例分析题

案例一 国航的价格策略

中国民航成立国航俱乐部,经常乘坐国航和香港航班的旅客,可申请加入国航俱乐部,在成为会员后,其每一次空中旅行,国航自动为其累计里程,当达到一定数额时,可直接换取国航免费升舱或免费机票奖励,可转让机票。此措施的推出,吸引了很多乘客坐国航航班。

问题:

1. 本案例体现了国航公司采取的什么营销策略?

2. 航空运输常通常采用什么价格策略?

3. 你认为铁路旅客运输企业可以采取哪些价格策略,举例说明?

案例二 珠宝店珠宝首饰的定价

某珠宝店专门经营由印第安人手工制成的珠宝首饰。几个月前,珠宝店进了一批由珍珠质宝石和白银制成的手镯、耳环和项链。该宝石同商店以往销售的绿松石宝石不同,它的颜色更鲜艳,价格也更低。很多消费者还不了解它,对他们来说,珍珠质宝石是一种新的品种。该店副经理十分欣赏这些造型独特、款式新颖的珠宝,她认为这个新品种将会引起顾客的兴趣,形成购买热潮。她以合理的价格购进了这批首饰,为了让顾客感觉物超所值,她在考虑进货成本和平均利润的基础上,为这些商品定了合理的价格。

一个月过去了,商品的销售情况令人失望。副经理决定尝试运用她本人在大学里学到的几种营销策略。比如,把这些珠宝装入玻璃展示箱,摆放在店铺入口醒目的地方。但是,陈列位置的变化并没有使销售情况好转。副经理认为应该同销售职员好好谈谈了。在一周一次的见面会上,她向销售职员详细地介绍了这批珠宝的特性,下发了书面材料,以便销售职员能更详尽更准确地将信息传递给顾客。同时要求销售职员花更多的精力来推销这个产品系列。不幸的是,这个方法也失败了。副经理准备另外选购商品了。在去外地采购前,她决定减少珍珠质宝石产品的商品库存,在向下属发出把该系列商品半价出售的指令后,就匆忙起程了。

一周后,副经理从外地回来,她欣喜地发现该系列的所有珠宝已经销售一空。她对助手说："看来，顾客不接受珍珠质宝石的成本，下次采购新的宝石品种一定要慎之又慎。"助手却告诉她，珠宝并没有降价销售，相反，珠宝店老板要求将这批珠宝以两倍的价格销售，结果销售情况十分火爆。"为什么要对滞销的商品提价呢？"副经理很不理解。

问题：

1. 副经理和珠宝店老板在对宝石定价时分别采用了什么定价策略？

2. 为什么珠宝店老板的定价策略取得了成功？它成功的前提是什么？

3. 珠宝店老板今后还可以采用哪些定价策略？

六、职业技能训练题

1. 收集一种商品比如手机、香烟的价格资料，讨论定价方面的特点。

2. 调查某种产品价格写一份分析报告。要求：分析其成本、需求和竞争，在其基础上分析其定价方法及运用的定价策略。

项目六　建立和管理产品分销渠道

知识目标:掌握渠道的类型、模式;掌握企业建设分销渠道的影响因素;掌握对渠道成员进行激励的方法。

技能目标:能够针对不同的企业和产品设计合适的分销渠道;能够对分销渠道的选择、评估、优化提出相应的方案;能够对渠道冲突提出解决方案,能够对渠道进行修正与改进。

导入案例

产品＋渠道,晨光成就一代文具领军企业

在中国文具市场有一家企业做到了一年业绩 60 多亿,可谓业绩惊人,这就是晨光文具。

1. 注重产品力打造

(1)注重研发、设计。虽说文具是个小产品,但是要做好也是要下功夫的,晨光文具对产品的研发、设计极为注重。仅 2015 年,晨光全年开发新品 1 907 款,重点开发品类包括笔芯、儿童美术产品、办公产品、纸品等。

(2)更新速度快。学生喜新厌旧的消费心理更为明显,晨光推陈出新、更换包装的速度极快,满足了学生"求新"的消费特点,高频推出新产品,形成持续性消费,而学生中一旦产品有特色,还能形成潮流型消费,在学生群体中,更是有持续收集晨光文具的消费者。

(3)品牌延伸、品类丰富。如今的晨光除了笔芯以外,对相关产品进行了品牌延伸,提供了一站式消费,例如荧光笔,橡皮,订书机,尺子,笔记本,小剪刀,便签,笔筒,笔袋,修正带,修正液等。

2. 渠道为王

晨光在渠道运作上,符合众多快消行业大佬的风格,注重渠道网络体系的构建,充分发挥渠道为王的特点。

(1)庞大的终端网络,近 7 万家零售终端。截至 2015 年 12 月 31 日,晨光公司在全国拥有 30 家一级(省级)合作伙伴、近 1 200 家二、三级合作伙伴,超过 6.8 万家零售终端(54 779 家标准样板店、8 464 家高级样板店以及 5 345 家加盟店)。此外,公司在泰国和越南拥有 1 800 多家零售终端。

(2)渠道品牌化、构建品牌影响力。品牌传播的方式中,有两种主要方式,一种是媒体传播,另一种是渠道传播,通过渠道形象进行传播。晨光采用的方式——渠道中端的 VI 形象建设,统一为经销商代理商更换门头,全国 7 万左右的终端,就是 7 万多个活的品牌广告。

3. 厂商深度协同合作

经过长达 10 年的耕耘,晨光和自己的渠道代理商形成了深度协同合作的关系。2004 年开始,晨光创始人之一陈总下决心规范渠道。在此之前的两三年间,他一直把扩大生产规模作为重头戏来抓,当时的渠道属于完全开放性的,代理商都是多品牌经营,甚至都有卖100家以上产品的省级代理。

最初规范渠道时,晨光先做一年的宣传工作,向大家传达晨光做专属渠道的思想。起步阶段,很多经销商认为晨光的做法等于砍了自己的财路,不愿意合作。"实力最强的经销商能谈拢最好。但我们当时也不一定选择实力最强和最大的,而是选择跟晨光思想、认知度、价值观一致,沟通效率高的来合作。"晨光通过自己的运营能力改变了经销商的看法,并逐渐形成了稳固的合作关系。

晨光的经销商被称为"伙伴或者战略伙伴",在晨光创始人之一陈总看来,厂商跟代理商原本是一种非常脆弱的买卖关系,但当双方思想高度保持一致时,这种关系就不一样了。"我们的合作伙伴可以忍受前期的亏损甚至没钱赚,他付出以后可以暂时不要回报,但是你的客户不可以。"

4. 加强渠道管控

渠道管控一直以来都是难题,也是众多企业的一个难题。晨光创始人之一陈总曾自豪地说:"晨光的省级分销商没有一例串货案例,一例都不会有!"这种成功管控能力一方面是基于晨光经过多年打造、越来越强的品牌力,另一方面是依靠晨光极强的运作能力。晨光的创始人陈总本人就是从销售到经销商、全国总代一路走来的,经销商遇到的很多问题,他都很清楚,与经销商进行沟通、对他们指导,都能精准到位。

同时,晨光也打造了一支高效的管理团队,在渠道管理上,晨光采用的"层层投资、层层分享",与其他快消品领域动辄几千上万名销售员、业务员不同,晨光只在总部投入60人。

【营销启示】 企业经营成功必须条件是要解决"产品力的打造,即卖什么",同时要解决"品牌形象建设,渠道网络体系的建设、管控等,即怎么卖"的问题。谁能成功解决了"卖什么、怎么卖"两个重要问题,并超越对手做到领先,谁就很容易成为行业王者。

渠道策略是企业营销策略的重要内容,是满足消费者需求的重要保证。谁拥有渠道,谁能使顾客在最方便的地点、时间快捷地购买到产品,谁就取得了市场竞争的主动权,有时甚至成为企业制胜的关键。

任务 1　认识分销渠道

微课:6-1

分销渠道的
概念及类型

一、分销渠道的含义与特征

1. 分销渠道的含义

分销渠道:是指产品(服务)从生产领域进入消费领域的过程中,由提供产品或服务有关的一系列相互联系的机构所组成的通道。它是促使产品(服务)能顺利地经由市场交换过程,转移给消费者(用户)消费使用的一整套相互依存的组织。渠道的成员包括:生产商、中间商、服务性企业和用户。

2. 分销渠道的特征

（1）分销渠道反映某产品（服务）价值实现全过程所经由的整个通道。其起点是制造商，终点是最终消费者或工业用户。

（2）分销渠道是一群相互依存的组织和个人。

（3）分销渠道的实体是购销环节。商品在分销渠道中通过一次或多次购销活动转移所有权或使用权，流向消费者或工业用户。购销次数的多少，说明了分销渠道的层次和参与者的多少，表明了分销渠道的长短。值得一提的是代理商并未与被代理商发生购销关系，没有取得商品的所有权，仅仅是帮助被代理商销售而已。分销渠道的长短决定于比较利益的大小。

（4）分销渠道是一个多功能系统。它不仅要发挥调研、购销、融资、储运等多种职能，在适宜的地点，以适宜的价格、质量、数量提供产品和服务，满足目标市场需求，而且要通过分销渠道各个成员的共同努力，开拓市场，刺激需求，同时还要面对系统之外的竞争，自我调节与创新。

分销渠道是通过生产形式效用、所有权效用和时间地点效用为最终消费者创造价值的协调运作网络系统。

二、分销渠道的类型

1. 直接渠道和间接渠道

按照商品在交易过程中有无中间商介入将商品的分销渠道划分为直接渠道和间接渠道。

直接渠道是指制造商不通过中间商环节，采用产销一体化的经营方式，直接将产品销售给消费者。直接渠道是工业品分销的主要类型。大约有80％的生产资料是通过直接分销渠道销售的，例如，大型设备、专用工具及技术复杂需要提供专门服务的产品，都采用直接分销，消费品中有部分也采用直接分销的类型，如鲜活食品等。直接销售渠道有利于制造商掌握和控制市场需求与发展状况，获得对分销渠道的控制权。由于去掉了商品流转的中间环节，可以降低商品在流通过程中的损耗；采用直接渠道分销，也有利于制造商开展销售活动，直接促进销售。但是，采用直接渠道会使制造商花费很多的人力、财力和物力，从而使费用增加，特别是市场相对分散时，情况就更是如此。

间接销售渠道则是指生产企业通过中间商环节把产品传送到消费者手中。间接分销渠道是消费品分销的主要类型，大约有95％的消费品是通过间接分销渠道销售的，因为消费者的购买大多属于分散、零星、小批量的购买。大多数的制造商缺乏直接销售的财力和经验，而采用间接渠道，能够发挥中间商在广泛提供产品和进入目标市场的最高效率，使制造商获得高于自身销售所得的利润。

2. 长渠道和短渠道

按照商品经过的流通环节的多少来划分，将商品的分销渠道划分为长渠道和短渠道。显然，没有中间环节的直接渠道最短，反之，中间层次或环节越多，渠道越长。现实营销实践中按渠道长度的不同，又将分销渠道分为四种基本类型。

（1）零级渠道。是指制造商把商品直接销售给最终消费者或用户，是直接式的渠道模式，也是最简单和最短的分销渠道。

（2）一级渠道。是指制造商和消费者之间，只有一个流通环节，这在消费品市场是零售商,在工业品市场通常是代理商或经纪人。在消费品市场,许多生产耐用品和选购品的企业都采用这种模式。

（3）二级渠道。是指制造商和消费者之间通过两个流通环节,这在消费品市场是批发商和零售商,在工业品市场则可能是代理商和工业经销商。

（4）三级渠道。三级渠道包含三个中间商组织。在大批发商和零售商之间,还有一个二级批发商,该批发商从大批发商处进货,再卖给无法从大批发商处进货的零售商。

可见,零级渠道最短,三级渠道最长。更高层次的分销渠道比较少见,渠道层数越高,渠道越长,对制造商来说,也越难控制。

【思考与讨论】 现在电商直播不断发展,消费者的购物方式发生了极大的变化,你认为,较长的分销渠道还有没有存在的必要性?

3. 宽渠道和窄渠道

分销渠道也可按其宽度进行划分。分销渠道的宽度,是指渠道的每个层次中使用的同种类型中间商数目的多少。如果某种商品(如日用小商品)的制造商通过许多批发商和零售商将其商品推销到广大地区,那么这种分销渠道就较宽;相反,如果某种产品(工业设备)的制造商,只通过几个专业批发商推销其商品,那么这种分销渠道就较窄。

4. 传统分销渠道和新型营销系统

分销渠道如果按一条渠道中渠道成员相互联系的紧密程度划分,可以分为传统分销渠道和新型渠道系统。传统分销渠道是由生产企业、批发企业和零售企业构成的、关系松弛的销售网络。各个成员(企业)之间彼此独立,相互间的联系通过买卖条件维持,他们都各自考虑自己的利益。这样不仅使整体缺乏强有力的领导而且常受到内部之间的相互牵制,从而影响了销售。新型渠道系统则是渠道成员采取一体化经营和联合经营而形成的分销渠道。现实中,大公司为控制、占领市场,实现集中与垄断,常采取一体化经营和联合经营的方式,而广大的中小批发商、零售商为了在激烈的竞争中求得生存和发展,也往往走联合发展的道路。

 情境案例

"出道即巅峰"这句话用来形容坦克品牌再合适不过。早在2021年的三月末,坦克品牌正式脱离WEY品牌成为长城汽车旗下第五大子品牌。从最开始"坦克300"开启预定20天订单破万,再接着"火到停产",坦克品牌一直热度不减,坦克品牌在新势力造车潮流之中脱颖而出。基于"潮玩越野SUV"品牌定位和"以用户为中心"的核心理念,坦克品牌探索出了直营渠道3.0模式。在全新的直营销售渠道模式下,厂商将扮演"销售"的角色服务直面消费用户。

历年来,国内汽车消费市场对于传统的4S模式发展已然趋于成熟,而坦克品牌所探索的直营渠道3.0模式是什么?

坦克品牌所探索的直营渠道3.0模式是基于成熟4S店经销商模式的基础上,厂商由渠道管理者转变为服务参与者,打通了品牌端与终端的融通。用互联网电商的话术来说,在直营渠道3.0模式下,厂商在销售渠道上从To B端转向了To C端,直面用户消费市场。

对于厂商而言,品牌端与终端之间的融通,使得用户厂商能够更好地为用户贯穿产品、服务、生活方式等各个层面的全程体验。在品牌店的硬件和软件的标准上提供一致性的品牌体验。也能够更加"直接"地倾听来自用户的声音以及对于产品的反馈。

对于消费用户而言,传统4S店经销模式受限于竞争层面的因素,存在着消费体验层面上的差异化以及信息断层的弊端。而在直营渠道3.0模式的"一致性"服务体系下,用户将得到终端体验价值的提升。

对于用户和厂商而言,让用户获得高品质体验,合作伙伴通过服务体验创造价值,品牌得到用户认同,真正实现品牌、用户和终端的利益共同体。

全球售价直营体验中心的诞生意味着坦克品牌打通了全新的渠道,通过线上线下数字化打通,线上全域流量和线下品牌经销商市场的结合,实现了线上线下的销售模式闭环。从线上的App购车、金融服务、车友交流再到线下的养车售后服务休闲娱乐活动等体验,用户将能够更加直接地参与其中。

直营渠道3.0的创新不仅于此。坦克品牌还将通过创新赋能渠道新发展,带来更加全面的用户服务体验。

一是坦克创新渠道的数字展厅,将构建既映射、又独立于现实的产品体验,通过AR、VR技术应用,实现展厅实时在线,拓展1对1的语音与视频交互。其实买车也并非一定要到店试乘试驾,全新的数字化交互体验也能够带来"身临其境"的购车体验。

二是在未来,坦克品牌将以直营体验中心为原点,以全国为范围向周边城市辐射更多的交付中心、体验中心、售后服务店等多元化的坦克品牌店,到2023年实现1—5线城市的全网络铺设。与此同时,"生而全球"的坦克品牌未来将通过销售渠道的不断创新征战欧洲、大洋洲、中东等海外市场,实现中国汽车品牌向上发展的宏图。

三是基于时代的变化和消费层面的不断升级,传统销售不再是人车生活的单一方式。坦克在未来还将逐步拓展旗下车型产品和品牌用户的交互体验模式,将在分时租赁、共享出行等新商业模式上开展创新尝试,力求带给坦克粉丝更多元化的出行服务选择。

至此,坦克品牌在如今传统固化的销售模式下勇于创新。通过数字化赋能,品牌、用户和终端共创生态体验,实现品牌与用户多场景沉浸式交互,为用户提供不止于车的专属服务体验。这也体现出坦克品牌除产品之外与其他新势力造车品牌在销售模式、服务体系上的差异化。

三、分销渠道模式

1. 消费品的分销渠道模式

消费品也叫生活资料商品,其分销渠道模式有以下五种基本形式,如图6-1所示。

(1) 生产者→消费者

这是生活资料产品分销渠道中最简单、最短的渠道。其特点是由生产者直接把商品销售给最终消费者而不经过任何中间环节,推销任务由企业自己的推销员担任,有利于树立企业形象和商品的促销。企业可以通过邮寄销售、送货上门、来料加工、电话销售、设立自己的商品销售门店等形式,把商品直接供应给最终消费者,使商品以最快的速度和最低的价格到达消费者手中。一般来说生产大型高级耐用消费品或传统食品、保鲜期较短的食品的企业适合采用这种渠道。

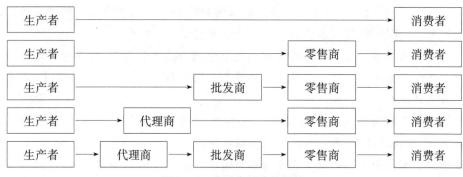

图6-1　生活资料分销模式

(2) 生产者→零售商→消费者

这种渠道的特点是在生产者与消费者之间只有零售商一个环节,发挥了零售商分散、接触顾客较多,对市场需求变化反应较快的特点,简化了生产者的推销手续,有利于扩大销售范围,加快销售速度,减少商品损耗。适用于保管期短的农副产品、鲜活易腐商品、技术性能较高的耐用品、大型耐用消费品、易碎商品等。

(3) 生产者→批发商→零售商→消费者

这种渠道是生产者把商品转卖给批发商,再由批发商批发给零售商,最后又由零售商卖给最终消费者,充分发挥中间商的专业作用。有利于生产者批量销售商品,缩短生产周期,加快资金周转;有利于零售商多批次、小批量、多品种购进商品,保证零售商品花色品种齐全,吸引消费者。这种分销渠道环节较多、较长,商品到达消费者手中所需时间相对较长。这在商品经济相对发达的条件下是一种常用的分销渠道,生产企业特别是小型生产企业普遍采用,另外产品零星、分散、人力不足的企业也适合采用这种分销渠道模式。

(4) 生产者→代理商→零售商→消费者

这种分销渠道与上一种渠道不同的是代理商替代了批发商。代理商比批发商更熟悉其代理商品的知识,能非常专业地向顾客介绍商品的性能、规格、质量、特点等,有利于商品促销,加上代理商不拥有商品的所有权,代理商与生产者的经济利益容易统一。

(5) 生产者→代理商→批发商→零售商→消费者

这种分销渠道环节最多,渠道最长,商品到达消费者手中所需的时间最长,支付的流通费用最多,面对消费者的价格也最高,一般不宜采用。

2. 生产资料商品的分销模式

生产资料商品的分销渠道模式一般有四种基本形式,如图6-2所示。

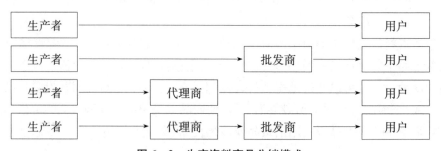

图6-2　生产资料商品分销模式

（1）生产者→用户

商品不经过任何中间商,由生产者直接向用户推销商品,这种形式是环节最少、流通费用最低的分销渠道。一般适用于商品价值高和技术性较强的生产资料。

（2）生产者→批发商→用户

这种分销渠道模式比前一种形式多了一个批发商中间环节,可以减轻生产企业销售商品的负担,生产企业可以集中精力搞好生产,充分发挥批发商的作用,加快商品流通速度。适用于销售有季节性、周期性、连带性以及用户分散的商品。

（3）生产者→代理商→用户

生产者将其商品通过代理商这一中间环节转卖给用户。其特点是比用批发商转卖商品能减少费用,降低价格;有利于销售特种技术性能的生产资料,有利于商品促销工作的开展。代理商对商品不拥有所有权,而是以生产者"代理人"的身份出现,向生产者收取"佣金",在经济利益上与生产者是一致的。另外,代理商对所经营的商品质量、规格、性能等方面较为熟悉,因此,生产者如果没有推销机构或对市场情况不熟,或商品有特种技术性能,一般都采用这种分销渠道。

（4）生产者→代理商→批发商→用户

这是生产资料分销渠道中环节最多、最长、最复杂的分销渠道。对一些用户分散的商品,需要分散存货,销售批量小,生产者无力自己推销,又急于销售的商品,往往采取这种渠道。

对于生产资料来说,由于品种、规格、型号复杂,有的商品技术性强,需要成套供应,而且生产资料往往需要由生产者提供技术指导、安装调试、人员培训等服务。因而,生产资料分销渠道的最大特点是产需直接见面。

四、分析影响分销渠道的因素

微课:6-2

影响分销渠道
选择的因素

（一）顾客需求

同大多数的营销决策一样,中间商的选择也要始于顾客。主要了解企业所选择的目标顾客群要购买什么商品,习惯在什么时间、什么地点购买,如何买,以及他们希望中间商提供的购买服务水平,时间、空间、便利条件等,做到心中有数。在做这些调查的同时,制造商应当意识到虽然消费者可能喜欢企业能提供最快的送货服务、最多的商品种类,但这可能是企业所难以做到的或根本就是不现实的。此外,企业还必须在满足顾客的服务需求的可行性与成本之间进行平衡,看顾客能否接受由于增加服务所提高的价格等。

（二）产品特征

1. 产品的重量、体积

考虑到运输存储的条件和费用,较轻、较小的产品,一般用较长、较宽渠道;笨重及体积大的产品如大型机械设备、建筑用材料,多用较短渠道。

2. 产品的物理化学性质

易损、易腐产品,应尽量避免多次转手、反复搬运,尽可能迅速地把产品出售给消费者,故多用较短渠道，如牛奶、水果、蔬菜等。

3. 产品单价高低

一般而言，价格昂贵的产品，多用较短、较窄的渠道分销；较便宜的一些产品，销售渠道则较长、较宽。

4. 产品的标准化程度

标准化程度高、通用性强的产品，渠道可长可宽；非标准化的专用性产品，渠道宜短宜窄，一般由企业营销人员直接销售。

5. 产品技术的复杂程度

产品技术越复杂，使用时间越长，对有关销售服务尤其是售后服务的要求则越高，而中间商缺乏必要的知识，一般多用较短渠道。

6. 是否耐用品

耐用品多用较短渠道，非耐用品多用较长渠道。

7. 是否新产品

新产品上市，多用较短渠道。一是销售渠道尚未畅通，企业缺乏选择的自主权；二是短渠道也有利于企业强劲促销。若是已经打开销路的产品，可以考虑用较长的渠道。

8. 式样与款式

花色款式多变、时尚程度较高的产品，如新奇玩具、时装、家具等，为避免过时，应尽可能缩短分配路线。

（三）市场因素

1. 市场区域的范围大小

市场区域宽广，宜用较宽、较长渠道；地理范围较小的市场，可用较短、较窄渠道。

2. 顾客的集中程度

顾客较为集中，可用较短、较窄渠道；顾客分散，需要更多地发挥中间商的作用，多用长而宽的渠道。

3. 竞争状况

通常，企业使用与竞争者品牌相同或类似的渠道，如食品企业。竞争特别激烈时，则应寻求有独到之处的销售渠道。例如，竞争者普遍使用较短、较窄渠道分销产品时，企业一反常规使用较长、较宽渠道。

4. 消费者购买习惯

顾客每次购买量少而购买次数频繁的产品，应采用较长渠道，顾客每次购买数量大而购买次数少的产品，应采用较短渠道。

（四）企业自身因素

1. 企业的规模和实力

规模大、资金力量雄厚的企业，选择余地较大。可建立自己的销售队伍，可对渠道的控制程度要求高些，建立短渠道，也可根据实际情况建立长渠道；而规模小、资金力量不强的企业，往往须依靠中间商为企业提供销售服务。

2. 企业的声誉和市场地位

对生产企业或经营企业来说,声誉越高,越容易取得与中间商的广泛合作,选择中间商的余地就越大;相反的,声誉不高或没有地位的企业,中间商不大乐意合作,选择的余地就比较小。

3. 企业的经营管理能力

管理能力较低的企业,需要物色可靠、信誉好的中间商提供服务,多用较长渠道;有能力控制销售渠道的企业,可选择较短渠道,不必太依赖中间商。

4. 控制渠道的要求

凡企业在营销中需要对渠道时刻控制的,不宜采取长渠道、宽渠道结构;反之,如果企业不希望控制渠道,则可选择长渠道。

（五）环境因素

1. 经济环境

当经济不景气时,制造商总是希望以最经济的方式将其产品运到市场,他们力求使用较短的渠道,放弃可能增加货物最终价格的服务。

2. 政府有关立法及政策规定

专卖制度、反垄断法、进出口规定、税法等政策法令都会影响企业对分销渠道的选择。如烟酒实行专卖制度后,企业就应当依法选择指定的分销渠道进行销售;又如在出台限制企业进行多层传销的有关规定后,企业就不能选择多层传销这种分销渠道。

任务 2　设计分销渠道方案

一、设计分销渠道

分销渠道的设计就是建立以前从未存在过的分销渠道或者对已经存在的分销渠道进行变更完善的营销活动。分销渠道的设计是整个渠道决策的核心,渠道设计首先是对影响渠道建设的因素进行深入分析,然后拟订出可供选择的分销渠道方案。每个分销渠道方案一般都涉及以下三个方面的内容:一是分销渠道的基本模式;二是每一分销层次所使用的中间商的类型和数目;三是渠道成员主要是指生产者与中间商彼此的权利和义务。

1. 确定渠道长度

制造商在设计分销渠道模式时,首先要根据渠道成员满足消费者需求的功能及以上各种因素,决定采取什么类型的分销渠道:是采取直接销售,由生产企业的营销人员上门推销,设自销门店,通过产销一体化的直销方式,还是通过中间商间接销售;若采用中间商分销,还应进一步决策应选用什么类型和规模的中间商,是采用单层的短渠道分销,还是多层的长渠道分销。制造商应根据自身实际、产品情况、市场条件等制约因素,全面权衡利弊,加以正确选择。确定渠道模式时,制造商既可沿用本行业其他企业采用的分销渠道,也可探求更多创新的分销渠道模式。

2. 确定渠道宽度

渠道宽度的确定是指企业确定每一层次所用中间商的数目。一般有三种策略可供选择:

(1) 密集性分销

密集性分销是指制造商对经销商不加任何选择,经销网点越多越好力求使商品能广泛地和消费者接触,在方便消费者购买的同时,也推动了产品迅速、广泛地占领市场。这种策略适用于日用消费品或生产资料中普遍使用的标准件、小工具等的销售。

(2) 独家分销

独家分销是指制造商在某一地区仅选择一家中间商推销其产品。通常双方协商签订独家经销合同,规定经销商不得经营竞争者的产品。通常适用于高档服装、电器、汽车以及一些名牌商品的销售,或适用于使用方法复杂、需要较多销售服务的商品。这种策略有利于制造商对中间商的控制,调动其经营积极性,占领市场。但是,独家分销使得销售渠道过于狭小,在抓住一部分消费者的同时,也往往使企业失去更多的市场,而且采用这种策略风险较大,由于产销双方依赖性太强,一旦中间商经营失误,往往会使制造商蒙受巨大损失。

(3) 选择性分销

选择性分销是指制造商在某一地区仅仅通过少数几个精心挑选的、最合适的中间商推销其产品。选择性分销适用于消费品中的选购品,也适用于所有产品。一方面,它比独家分销面广,有利于企业扩大市场,展开竞争;另一方面,它又比密集性分销节省费用,对分销渠道的控制也比较容易。有不少企业开始先采用密集性分销,以后再根据需要淘汰一些不理想的中间商,实行选择性分销,以提高效率,降低费用,为企业赢得更多的利润。

3. 确定渠道成员彼此的权利和义务

制造商需要与渠道的每个成员达成协议,明确各渠道成员的权利和义务。制造商应为中间商制定价格目录和折扣明细表,提供供货保证、质量保证、退换货保证,明确应执行的特定服务。中间商应向制造商提供市场信息和各种业务资料,保证实行价格策略,达到服务标准等。尤其是对采取特许经营和独家分销渠道的成员更应明确其权利与义务。具体内容包括:

(1) 价格政策

为了鼓励中间商进货,或者为了保证企业出售足够数量的商品,企业可制定一张价格表,对于不同类型的中间商给予不同的回扣;或者对于不同的进货数量,给予不同的折扣。但企业必须十分慎重,因为中间商对于商品价格以及各种回扣、折扣非常敏感。

(2) 交易条件

对于提前付款或按时付款的中间商,根据其付款时间可给予不同的折扣,这样做可鼓励中间商,同时对于企业的生产经营也十分有利。企业就次品处理或价格调整向中间商做出某些保证,也可鼓励中间商放手进货,解除中间商的后顾之忧。

(3) 中间商的地区权利

企业对于中间商的地区权利应予以明确。企业可能在许多地区有特许代理人,特别是在临近地或同一地区有多少特许代理人,有多大的特许权,中间商对此十分关注。因为中间商总希望将自己销售地区所有交易都归于自己。同时,企业在邻近地区或同一地区特许代理人的多少以及企业对特许代理人特许权的允诺,均会影响中间商推销产品的积极性。因此,企业对此一定要注意,要相应地给予中间商一定的地区权利。

（4）双方应提供的特定服务内容

特定服务内容具体包括广告宣传、资金帮助和人员培训等。为慎重起见，对于双方应提供的特定服务内容可用契约形式固定下来。契约固定的服务内容应使中间商尽可能满意，让其觉得有利可图，愿意花费精力推销企业的产品。

二、分销渠道方案的评估

当生产者明确了产品进入目标市场所依赖的主要分销渠道后，还需要对其进行评估，然后依据评估结果决定能够满足企业长期目标的最佳渠道方案。生产者应从以下三个方面对分销渠道进行评估：

1. 经济性标准的评估

经济标准主要是比较每个分销渠道方案可能达到的销售额及成本水平。首先，比较由本企业推销人员直接销售与使用中间商分销哪种方式的销售额更高。其次，比较由本企业直接销售所花费的费用成本与使用中间商分销所花费的费用成本。企业通过对以上两方面情况的对比权衡，从中选出最佳的分销渠道模式。一般说来，利用中间商分销的成本较企业自销的低。但是通过中间商销售的成本增长快，当销售额达到一定水平后，利用中间商销售的成本将越来越高，因为中间商按一定比例索取较大佣金，而企业自己的销售人员只享受固定工资或部分佣金。因此，规模小的企业或大企业在销售量小的地区，利用中间商销售成本低，利润高，较为合算，在销售额增长到一定水平之后，再实行自销比较划算。

2. 可控性标准的评估

一般来说，采用中间商分销可控性小，企业直接销售可控性大，分销渠道长，控制难度大，分销渠道短，控制难度小。企业如果选择与大的中间商合作，由于中间商是以追求利润最大化为目标的独立商业公司，生产企业一般无力左右其销售行为或影响其进货。如果选择与中、小型中间商合作，企业就比较容易控制，因为中、小型中间商对企业的依赖性强，愿意接受企业的要求与指导，一般会按双方的协议行事。所以，生产企业应根据自身实力和对渠道的控制要求，选择适宜的渠道成员。

3. 适应性标准的评估

如果生产企业同所选中间商的合约时间比较长，在此期间，其他销售方法（如企业直接销售）更有效，但生产企业又不能随便解除合同，这样企业选择分销渠道便缺乏灵活性。因此，生产企业必须考虑选择策略的灵活性，如果所选中间商的信誉好、经验能力强，就签订长期合约，如果所选中间商的信誉度低、经验能力一般，就不要签订长期合约。另外，对所确定的渠道模式能否根据市场营销环境和竞争对手策略的变化做适应性调整也应充分考虑。

三、选择渠道成员

（一）中间商的概念、作用及类型

中间商是指在生产者和消费者（用户）之间从事商品流通业务活动，促使买卖行为发生和实现的经济组织和个人。一般意义上中间商具有以下作用：

（1）沟通生产者和消费者。中间商介于生产者和消费者之间，一头连接着生产者，一头连接着最终消费者,组成了一定的分销渠道。可以把消费者的需求信息传递给生产者,同时可以把生产者的产品信息传递给消费者,因而起着沟通作用。

(2) 减少交易次数,降低成本。假设有 n 个生产商 m 个消费者,在没有中间商的情况下,交易次数为 $n×m$,有中间商的情况下交易次数为 $n+m$。

(3) 行使产品集中、平衡和分散的职能。集中,就是将分散于各地制造商的产品汇集成比较大的批量,发挥蓄水池的作用。平衡,就是中间商可以调节产需双方在品种、数量、质量、空间、等方面的矛盾,起平衡供求的作用。分散,就是根据市场需求,将集中起来的成批大量的产品分解成小批量,扩散到各地区、各部门和各商店中去,以方便消费者或用户购买。

(4) 代替生产者行使市场营销职能。中间商可以代替生产者执行所有的市场营销职能。如调查、广告、实体分配、销售服务等。

中间商包括代理商、批发商、零售商、经纪人、制造商自设销售部门等多种商业经营形式。但不同类型的中间商在商品流转过程中所起的作用及基本职能不同。

1. 代理商

代理商对所代理销售的商品不拥有所有权,只是受被代理人的委托,在一定的区域范围内,以被代理人的名义代理其开展商务活动。代理商大多经营批发销售业务,但在整个批发销售量中所占的比重不大。因为企业利用代理商销售产品,大多是在自己的推销能力不能达到的地区,或是在销售批发商不愿收购自己的产品,或是在无法找到合适销售对象的情况下,制造商才选择代理商销售的方式。代理商开展业务是在被代理人的委托下进行的,它不是独立的经销商,不承担商品销售的市场风险,主要功能就是为买卖双方牵线搭桥,促进交易,获得销售佣金,它和制造商的关系是委托关系。多见于食品、不动产、保险和证券行业。代理商在指定的销售区域内一般只能销售其代理的商品,而不能再销售其他有竞争性的商品。但仍可经营或再代理与其代理的制造商没有竞争关系的其他相关商品。

2. 批发商

批发商是为进一步转售、生产、加工或其他商业用途而出售商品的中间商。批发商服务的对象都是非最终消费者的组织或个人;批发商的业务特点是成批购进和成批售出,业务量比较大;批发商一般都主要集中在工业、商业、金融业、交通运输业较发达的大城市,以及地方性的经济中心(中小城市),其数量比零售商少,其分布也远不及零售商那样广,但批发业务往往比零售业务量大,覆盖的地区也比零售商广。批发商具有集散商品、分装编配,储运商品、信息咨询;稳定物价、资金融通;承担市场风险的功能作用。

3. 零售商

零售商是指将商品和服务直接销售给最终消费者的中间商,处于商品流通的最终阶段。任何从事这种销售业务的组织,无论是生产者、批发商和零售商,都有可能开展零售业务。但是,零售商是主要从事零售业务的组织或个人。所谓主要,是指零售商的收入或利益主要来自零售业务。零售商是生产者与消费者或批发商与消费者之间的中间环节,是距离消费者或用户最近的市场营销中介机构,是商品流通的最终环节。零售商的主要任务是为最终消费者服务,它们不仅将购入的产品拆零出售,还为顾客提供多种服务,创造营销活动需要提供的品种、时间、数量、地点和所有权效益。零售商数量庞大,分布广泛,商店类型繁多,向来是竞争比较激烈的行业。

常见的零售商形式

1. 商店零售商

① 专用品商店。专用品商店是专业化程度较高的商店,专门经营一类商品或一类商品中的某种特定商品,产品线虽然较窄,但品种、规格齐全,便于消费者充分挑选。常见的服装店、体育用品店、鞋店、药店和书店都属于专用品商店。

② 百货公司。百货公司是零售商业的重要组成部分,一般设立在城市中心,规模较大,经营的商品类别多样,规格齐全,许多大百货公司经营的商品都在几十万种以上,同时以经营优质、高档时髦的商品为主,并向顾客提供优良的设施和服务。在管理上,百货公司实行依产品线分布,组织与管理每个商品都有相对的独立性。百货公司是零售商业中最早出现的一种形式。但随着城市中心交通的日益拥挤和居住条件的恶化,郊区购物中心的兴起,百货公司正逐步失去其往日魅力。为求生存,百货公司采取了许多革新措施,如连锁经营、电视电话购物、增加廉价商品销售等。

③ 超级市场。超级市场的出现,被誉为商业零售业的第二次革命。超级市场一般规模较大,产品种类多,价格较低,大多数商品的售货方式都采用自选,十分方便,颇受顾客欢迎。

④ 方便商店。方便商店是一种设在居民区附近的小型商店,主要销售日用百货、副食品、报纸杂志等便利品,经营的品种不多,营业时间长,有的甚至全天 24 小时营业,能为顾客提供种种便利,因此价格虽然较高,仍成为人们生活中不可缺少的一种购买方式。方便商店在日本最为普遍,近年来在我国也取得迅速发展。

⑤ 廉价商店。廉价商店也称折扣商店,它的突出特点是以比一般商店明显低的价格销售商品,这对那些愿意以低价购买商品的消费者来说有很大的吸引力。商店主要销售全国性品牌,因此价格低廉并不说明商品的质量低下。为了维持其廉价销售,折扣商店采用自助式售货,店址也选在租金低的地区,将营业费用控制在总费用的 12%—18%。

⑥ 仓储商店。仓储商店是一种不重形式、价格低廉、服务有限的零售方式。仓储商店出售的商品,大多是顾客需要选择的大型笨重的家用电器、家具等,商店设在租金比较低廉的地段,室内装修简单,仓库和商店合一。顾客选中商品,付清货款,即可以取货,自行运走。由于仓储商店营业费用较低,因此价格比一般商店要便宜 10%—20%。

⑦ 样品销售商店。这种商店是通过展出商品目录和样品进行销售的。主要经营毛利高、周转快的品牌商品,如电动工具、摄影器材、箱包等。商店定期发行彩色目录,除商品的实物照片外,还标明每种商品的价格及折扣率,顾客可以根据目录册电话购物,商店送货上门,也可以到商店看样付款取货。这是一种比较新颖的零售方式。

2. 无店铺零售商

虽然大多数的商品和服务是由商店销售的,但是无店铺零售却比店铺零售发展得更快。

(1) 直复营销。直复营销是不通过门市,而是使用邮购、电话、电视和网络等手段进行的零售活动。① 邮购是指经营者通过信件广告的方式将商品目录或册子直接邮寄到潜在消费者家中,或备有目录随时供消费者索取,以吸引顾客来购买商品的零售方式。② 电话销售是企业的营销人员利用电话向顾客进行推销和征订购货。③ 电视销售是通过在电视插播广告或一套完整的节目来介绍产品,顾客可以拨打免费电话订购其宣传的产品。④ 网络销售则是通过互联网进行的商品销售。顾客通过网络将所需商品的信息输送给零售商,在货款结算后,零售商将商品邮寄或直接送货上门。

直复营销使消费者即使在家中也能购物,而且不受时间限制,方便快捷,不失为一种具有广阔发展前景的零售方式。

(2) 直接推销。即制造商不通过中间商的直接销售,起源于走街串巷的传统贩卖方式。上门直接推销将会被网络直销所取代。

(3) 购物服务公司。购物服务公司是一种专门为特定顾客如学校、医院、工会、政府机关等大型机构的雇员提供服务的无店铺零售业。这些单位可以成为某个购物服务组织的会员,这个组织与许多零售商订有契约,该组织的成员购货时均可享受优惠价格。

(4) 自动售货。使用硬币的自动售货机是二战后出现的一种零售方式,被称为零售业的第三次革命。自动售货机向顾客提供 24 小时售货、自我服务和无须搬运商品等便利条件,具有灵活方便、清洁卫生的优点。由于要经常给相当分散的机器补充存货、机器常遭损坏、失窃率高等原因,自动售货的成本很高,因此商品的售价要比一般水平高 15%—20%。

3. 管理系统不同的其他零售组织

(1) 连锁商店。20 世纪零售业最主要的发展就是连锁商店。连锁商店是指由一家大型商店控制的,许多家经营相同或相似业务的分店共同形成的商业销售网。其主要特征是:总店集中采购,分店联购分销。

(2) 特许经营。也称合同连锁、契约连锁。它是特许专卖授权企业(制造商、批发商或服务企业)与接受者之间,通过契约建立的一种组织。特许专卖权所有者通常都是些享有盛誉的著名企业,接受者则为独立的零售商。授权企业把自己开发的商品、服务和商标、专利,以营业合同的形式,授予规定区域的加盟店以统一销售、统一模式。加盟店则须交纳一定的营业权使用费,承担规定的义务,经营管理要求高度统一化、标准化。特许专卖方式对双方都带来利益,大型企业不用自己开设很多零售店就可以大量销售自己的产品和劳务,而专卖店可以用小本钱做大生意。

(3) 协同营业百货商店。有些国家的生产企业自己不经营零售业务,而在适当地点建造高层建筑或宽阔市场,专供小零售商租用,各个零售协同营业,起到了百货公司的作用,但各小零售商在组织上并没有关系。这种协同营业商店品种齐全、各有特色、服务热情,资金虽少,也颇受消费者欢迎。近年来我国不少大城市也出现了这种类似的百货商店。

(4) 消费合作社。是一种为顾客自己所有的零售商店。目的是减少商业经营环节不必要的加价,从而以较低的消费价格供应社团成员所需的日用品。消费合作社不以营利为目的,但要求保持收支平衡或略有结余,它同时还兼有保护消费者利益,抵制不法或不合理商业行为的功能。

除以上各种零售组织外,还有生产企业设立的自销门市部、各种形式的联营商店、旧货商店、小商小贩等零售组织。

4. 经纪人

经纪人是一种特殊的代理商,他们并不卷入商品交易实务,而只是为买卖双方牵线搭桥,促成他们之间的交易。买卖双方生意成交后,由委托方付给佣金。所以,经纪人既不经手商品,也不经手财务,不承担任何风险。某些经纪人不仅为卖方代理业务,介绍买主,有时也为买方代理业务,寻找合适的卖主。

5. 制造商自设销售部门

制造商自设销售部门的所有权和经营权都属于制造商,包括设置在各地的分销机构和销售办事处。分销机构承担着征集单、储存和送货等多种业务。销售办事处则主要是征集和传递订单。此外,制造商还可在展销会和批发市场上长年租赁展台、场地,设立批发窗口。

（二）中间商的选择与确定

对于任何一个企业来讲,进行分销渠道的设计建设,首先要考虑的是,是否需要中间商,如果不需要,则为直接销售;如果需要,则为间接销售。一种商品的分销是否需要中间商,或需要几个层次的中间商,主要取决于产品特性、市场条件以及企业的实力状况。如果企业决定通过中间商分销产品,就要进一步确定所用中间商的类型:是批发商还是零售商? 什么样的批发商和零售商? 用不用代理商? 具体选择哪一些中间商?

1. 选择中间商应考虑的因素

（1）中间商的市场覆盖面

市场覆盖范围是企业选择中间商最关键的因素。首先,企业要考虑中间商的市场覆盖面是否与企业的目标市场一致。如北京的某企业打算在西南地区开辟市场,所选中间商的经营地域就必须包括这一范围。其次,中间商的销售对象是不是企业所希望的潜在顾客,这是最基本的条件,因为生产企业都希望所选的中间商能打入自己选定的目标市场,并最终说服消费者购买自己的产品。

（2）中间商的经验、知识与能力

中间商是否具有经销某种产品必需的专门经验、市场知识、营销技术和专业设施。如经销计算机、照相机等高技术产品,要求中间商必须具备计算机和照相机方面的专业技术人才;一些中间商在销售食品方面极富经验,另一些在经营化妆品方面历史悠久;有些产品需要人员推销,还有些产品需要独具魅力的现场演示。总之,不同中间商以往的经营范围和经营方式不同,能够胜任的职能也不同,企业必须根据自己的目标对中间商完成某项产品营销的能力进行全面评价,在此基础上,选择最适宜的中间商。

（3）中间商的信誉与合作意愿

在目前市场规则尚不完善的情况下,中间商的信誉显得极为重要。中间商的信誉直接影响企业的回款情况,一旦中间商中途有变,企业就会欲进无力,欲退不能,不得不放弃已经开发起来的市场。而重新开发市场,往往需要付出成倍的代价。另外,中间商的合作意愿不同,产生的市场效应也不同。企业在选择中间商时,一定要选择那些能够与企业精诚合作,求真务实,利益相同,能积极主动为企业推销产品的中间商。

（4）中间商的产品组合与财务状况

对于中间商的产品组合,一般认为如果其经销的产品与自己的产品是竞争产品,应避免选择该中间商；如果其产品组合有空当或者自己产品的竞争优势非常明显，就可选择该中间商。但这需要区域市场经理及部下进行细致、翔实的市场考察。另外，生产企业应倾向于选择资金雄厚、财务状况良好的中间商作为自己的中间商，因为这样的中间商不仅能够保证及时付款，而且还能在资金上为企业提供必要的帮助。

（5）中间商的目标与要求

有些中间商希望企业能为产品大量做广告或开展其他促销活动，扩大市场的潜在需求，使中间商更易于销售；还有些中间商希望供求双方建立长期稳定的业务关系，企业能为自己随时提供补充货源的服务，并在产品紧俏时也能保证供货；当然，也有些中间商并不希望与某一家企业维持过于密切的关系。制造商在做出选择时，对这些应有全面的了解。

【思考与讨论】 选择中间商除考虑中间商的自身因素外，还应考虑哪些因素？

（三）选择中间商的方法

选择中间商的方法很多，这里重点介绍企业常用的一种方法——综合评分法。综合评分法就是对拟选择作为合作伙伴的每一个中间商，就其从事商品分销的能力和条件进行打分评价。首先，根据反应中间商营销实力的各个因素对销售渠道功能建设的重要程度差异，分别给予一定的权重，然后，计算每个中间商的加权总分，并按分数的高低选择中间商。这种方法适应于一个较小范围地区的市场，为了建立精选的渠道网络而选择比较理想的分销商。

例如，某企业决定在某地区采用一级销售渠道模式（即厂家决定把自己的产品先售给零售商，再由零售商销售给消费者）。经实地考察，初步选出3家比较合适的零售商。企业希望最终选定的零售商应具有理想的市场覆盖范围、良好的声誉、较好的区位优势，较强的促销能力，并且愿意与生产厂商积极协作，主动进行信息沟通，财务状况良好。各零售商在这些方面中某些方面都有一定优势，但没有哪一个零售商在各方面均名列前茅。因此，企业决定采用综合评分法对这三个零售商进行评价选优。具体评价结果如表6-1所示。

表6-1　零售商的综合评价与选择

主要评价因素	权重	零售商1		零售商2		零售商3	
		打分	加权分	打分	加权分	打分	加权分
市场覆盖范围	0.20	75	15	70	14	90	18
信誉与声望	0.10	70	7	80	8	80	8
销售经验	0.10	85	8.5	90	8.5	90	9
合作意愿	0.15	80	12	80	12	70	10.5
产品组合情况	0.10	90	9	85	8.5	80	8
财务状况	0.10	80	8	70	7	75	7.5
区位优势	0.10	65	6.5	70	7	80	8
促销能力	0.15	80	12	85	12.75	80	12
总得分	1.00	625	72	630	77.75	645	81

从表 6-1 可以看出,通过打分计算,综合各方面因素,加权总分最高的是第三零售商,因此,企业应优先考虑选择它作为其当地的分销商。

 情境案例

2009 年安踏体育购入 FILA 品牌在中国的商标使用权和专营权,2012 年针对 FILA 业务展开全直营渠道改革,立足于品牌自身高端运动时尚品牌的定位,直营渠道在确保 FILA 终端产品相对批发分销渠道较高售价的同时,提升 FILA 品牌形象管理、门店质量形象、终端售价折扣控制等运营效率。

全直营渠道贴合 FILA 高端运动时尚品牌定位,通过直营渠道赋能 FILA 品牌,保证终端销售价格、折扣水平;另外,全直营渠道也带来的营业费用率的上涨,影响了 FILA 品牌的终端盈利能力:FILA 品牌毛利率可以维持在 70%,相比之下安踏品牌毛利率仅为 42% 左右,但是 FILA 在 2019 年末营业利润率与主品牌安踏保持同一水平,均维持在 25% 左右。

2020 年 9 月安踏决定开启 DTC 升级,目标是 2025 年占比营收升至 70%,短期增收 20 亿至 30 亿。安踏品牌在全国 11 个省市地区用以裁撤替换传统中间分销商渠道,打通线下"人、货、场",纳入渠道升级范围的线下门店数量达到约 3 500 家,其中 60% 的门店将会由集团直营管理,40% 有加盟商按照安踏品牌运营标准运营。DTC 经营模式,提升了渠道运营管理效率并有效提升费控能力:通过标准化统一决策,有效提高商品周转效率及存货管理能力,通过高效衔接数字化智能运营技术,从终端零售价和费控能力提升两方面带动安踏品牌产品毛利率的提升,并为公司未来集团业绩发掘新增长点。

DTC 定义为"直面消费者渠道",强调渠道去中间化,加强品牌产品端与目标客群之间的交流融合,并最终达到品牌产品融入客群日常生活场景的目标,DTC 渠道主要包含以下三个维度:① 渠道直连客群去中间化,提升公司渠道控制力;② 精准品牌数据管理,智能大数据处理分析助力品牌产品实时调整更新;③ 高效对接消费生活场景,实现品牌融入消费者客群日常生活。

DTC 渠道模式摆脱以"传统省代模式"为代表传统分销代理模式的束缚,安踏直营门店数量占比提升,有利于提升品牌渠道控制力,绕过中间分销商层级,以终端零售价格代替分销批发价格提升产品销售毛利率。研究认为,安踏借助此次 DTC 试点改革,有望提升安踏品牌自身毛利率水平,2021 年开始为公司增厚营收 20 亿至 30 亿元,同时提升公司整体盈利能力。研究认为,安踏可能在此次 DTC 渠道改革基础上,继续推广 DTC 渠道模式全国市场内覆盖范围,未来安踏整体营收及盈利水平有望保持高速增长。

任务 3　分销渠道的管理

一、渠道成员的激励与评估

美国哈佛大学的心理学专家威廉·詹姆斯在《行为管理学》一书中认为,合同关系仅仅能使人的潜力发挥 20%—30%,而如果受到充分激励,其潜力可发挥至 80%—90%。这是因为激励活动可调动人的积极性。因此,激励渠道成员是渠道管理过程中不可缺少的一环。激励渠道成员是指制造商激发渠道成员的动机,使其产生内在动力以朝着所期望的目标前进的活动过程,目的是调动渠道成员销售商品的主动性、积极性。

1. 了解渠道成员

知己知彼,才能百战不殆。渠道负责人要想成功地管理渠道成员,就要首先了解渠道成员的想法和需求,然后才能有针对性地进行激励和促进。在营销活动中,尽管中间商和制造商同属一条供应链,但他们具有相对独立性,具有各自不同的经济利益。经销商感兴趣的是顾客要从他那里购买什么,而不是制造商要向他提供什么,他往往把销售的所有商品当作一个整体来看,关心的是整个产品组合的销量,而不是单个商品的销量,当他们与制造商携手合作一段时间后,就会安于某种经营方式,执行实现自己目标所必需的职能,就会在自己可以决定的范围内制定自己的政策,而不会把自己永远当作是制造商雇佣的供应链中的一员,不会详细记录出售各厂商产品的销售情况,不会给每一个企业提供完整的营销信息,甚至为了某种目的还会故意隐瞒真实情况。如果没有一定的激励,经销商就不可能始终如一地只为企业产品的销售倾其所能,他们常常是哪个企业的产品卖得好,利润大,就重点促销哪个企业的产品。所以,制造商要想控制管理好中间商,就必须采取灵活的"胡萝卜加大棒"的策略,而且"胡萝卜"要多一些,"大棒"只能在不得已的情况下使用。

2. 激励渠道成员

激励渠道成员的方法手段多种多样,但大体上可分为两种:直接激励和间接激励。

(1) 直接激励

直接激励就是制造商通过给予中间商物质、金钱的奖励来激发他们为企业最大限度销售产品的积极性,从而实现企业的销售目标。直接激励主要包括:

① 返利。是厂家或供货商为了刺激销售,提高经销商(或代理商)的销售积极性而采取的一种商业操作模式。一般是要求经销商或代理商在一定市场、一定时间范围内达到指定销售额的基础上给予多少个百分点的奖励,也称返点。

知识补给

企业在制定返利政策考虑因素

返利的标准。要分清品种、数量及返利额度。制定时既要考虑竞争对手的情况,又要考虑现实性,还要防止抛售、倒货等。

返利的形式。是以现价返还是以货物返,货物返利能否作为下月的任务数,一定要注明。

返利的时间。是月返、季返、还是年返,应根据产品特点、货物周转周期而定,并在返利兑现的时间内完成返利结算,以免时间长了搞成一本糊涂账。

返利的附属条件。为能使返利这种形式促进销售,一定要加上一些附属条件,如严禁跨区域销售、严谨擅自降价、严谨拖欠货款等,一经发现违规行为,则应取消返利政策。

现实中会遇到两种情况:一是返利标准定太低,失去了返利刺激销售的目的;二是返利标准定太高,造成价格下滑或倒货等。因而在执行中,务必在政策的制定上要考虑周全,且要严格执行,不能拖泥带水,更不能留下空子。

②　价格折扣。

③　开展促销活动。在产品的销售过程中,分销商非常欢迎生产企业搞促销活动。促销费用一般由生产企业负担,但也可要求分销商适度负担,并要求分销商积极参与,配合搞好促销活动。

（2）间接激励

间接激励就是制造商通过帮助中间商获得更好的管理、销售方法,来达到提高销售绩效目标的活动。

 知识补给

间接激励主要方式

帮助经销商建立进销存报表,做安全库存数的建立和先进先出的库存管理工作。进销存报表的建立,可以帮助经销商了解某一周期的实际销售数量和利润;安全库存数的建立,可以帮助经销商合理安排进货;先进先出的库存管理,可以减少即将过期商品的出现。

帮助零售商进行零售终端的管理。零售终端管理的内容包括铺货和陈列商品等,应通过定期拜访,帮助零售商整理货架,设计商品的陈列形式。

帮助经销商管理其客户,加强经销商的销售管理工作。帮助经销商建立客户档案,包括客户的店名、地址、电话,并根据客户的销量将他们分等,告诉经销商对待不同等级的客户应采取不同的支持方式,从而更好地服务于不同性质的客户,以提高客户的忠诚度。

伙伴关系管理。从长远来看,应该实施伙伴关系管理,使中间商与制造商结成合作伙伴,风险共担,利益共享。

输出经理人。即制造商把自己的地区销售经理派往需要帮助的经销商处,担负销售经理的职能,负责产品在当地的营销推广工作,输出经理人接受制造商和经销商的双重领导,由制造商为其支付工资。输出经理人定期回总部汇报工作,其工作期限应以经销商能稳定开展工作或者带出合格的经理人为止。

3. 评估渠道成员

企业应对中间商的工作绩效定期进行评估。评估的内容主要包括:

（1）检查评估每位渠道成员完成的销售量、利润额;

（2）检查评估每位渠道成员的平均订货量及平均存货水平;

（3）检查评估每位渠道成员为产品定价的合理程度;

（4）检查评估每位渠道成员同时经销多少种与本企业相竞争的产品;

（5）检查评估每位渠道成员的产品送达时间、服务水平及产品市场覆盖程度;

（6）检查评估哪些经销商能积极努力推销本企业的产品,哪些不太积极;

（7）检查评估每位渠道成员的促销能力、合作态度、回款情况及信息反馈程度;

（8）检查评估每位渠道成员的销量在整个企业销售量中所占的比重;

（9）检查评估每位渠道成员的创新、竞争能力及顾客对他的满意程度。

通过以上方面的客观评估,企业可鉴别出那些贡献较大、工作努力的渠道成员。对这些中间商,企业应给予特别的关注,建立更密切的伙伴关系。通过评估也可鉴别出那些不胜任、不理想的渠道成员,以便做相应的调整。

二、渠道冲突的类型及解决

微课:6-3

渠道冲突类型与解决办法

企业的分销渠道是由若干个相对独立的组织或个人组合而成的复杂系统。在这个系统中,既有制造商,又有中间商,它们构成了一个特定的行动群体。由于在产品营销过程中,各渠道成员的目标、任务、职能不同,它们之间往往存在着各种不同的利益冲突和矛盾分歧,如果企业的营销管理部门不能对这些矛盾冲突进行有效化解,就必然影响企业的营销工作。为此,渠道管理的中心任务就是及时发现并解决产品分销渠道中存在的矛盾冲突,以提高渠道成员的满意度和营销的积极性,保证渠道成员的密切合作与渠道的高效顺畅。

1. 渠道冲突的类型

在市场营销实践中,企业的渠道冲突多种多样,但根据渠道层次的不同,可分为垂直冲突和水平冲突两种。

（1）垂直冲突

垂直冲突,是指同一营销渠道内处于不同渠道层次中的中间商与中间商之间、中间商与制造商之间的矛盾冲突。例如,制造商埋怨批发商、零售商回款太慢,提供的服务不到位,想取消那些不很好执行价格政策、服务政策、广告政策的批发商、零售商;而零售商又抱怨制造商为其提供的产品系列不如提供给批发商的齐全,产品品质不良,价格政策不灵活等。

（2）水平冲突

水平冲突,是指同一渠道层次中中间商之间的冲突。例如,某制造商的一些批发商可能抱怨同一地区的另一些批发商随意降低价格,减少或增加顾客服务项目,扰乱市场和渠道秩序等。在发生水平渠道冲突的情况下,应由渠道领导者担负起责任,制定明确可行的政策,促使层次内渠道冲突的信息上传至管理层,并采取迅速果断的行动来减轻或控制这种冲突。否则,如果任其发展,就很有可能破坏渠道的凝聚力和损害渠道形象。

另外,当企业采用多渠道销售模式时,多渠道也可能会发生冲突。

【思考与讨论】 企业开发线上直播销售渠道与其选择的间接渠道会发生冲突吗？这个冲突属于哪种渠道冲突类型。

2. 渠道冲突的解决

（1）激励

激励就是在了解中间商需求与愿望的基础上,通过合作、合伙和经销规划的手段来化解矛盾冲突,以激励中间商团结一致向前看。

① 合作。大部分生产者认为,解决矛盾冲突的最好办法是设法得到中间商的合作。他们常常采取软硬兼施的方法:一方面使用积极的激励手段,如较高的利润、交易中的特殊照顾、奖金等额外酬劳、合作广告资助、展览津贴、销售竞赛等;另一方面也偶尔使用比较强硬的手段,如威胁要减少利润、推迟供货甚至终止关系等。这种方法的缺点是生产者并不一定真正了解

中间商,简单套用了"刺激—反应"模式,混杂使用各种激励因素。生产者在使用时必须谨慎,否则会产生较大的负面影响。

② 合伙。生产者着眼于与经销商或代理商建立长期的伙伴关系。首先,生产者要仔细研究并明确在销售区域、产品供应、市场开发、财务要求、技术指导、售后服务和市场信息等方面生产者和经销商彼此之间的相互要求。然后根据实际可能,双方共同商定在这些方面的有关协议,并按照他们信守这些协议的程度给予奖励。

③ 经销规划。这是更先进的方法,即建立一个有计划、实行专业化管理的垂直市场营销系统,把生产者与经销商双方的需要结合起来。生产者在市场营销部门设立一个分部,可称之为"经销商关系规划部",其任务是了解经销商的需要,并制定营销规划,以帮助每一个经销商尽可能以最佳方式经营。通过该部与经销商共同规划营销目标、存货水平、产品陈列、员工培训以及广告宣传等,引导经销商认识到他们是垂直系统的重要组成部分,做好相应工作便可从中得到更高的利润。

(2)说服协商

渠道成员之间互相将问题摆出来,共同研究协商,统一意见,以便寻求一个大家都能接受的方案来消除分歧。

(3)惩罚

这往往是在激励、说服协商不起作用的情况下使用的消极方法。可利用团体规范、通过警告、减少服务、降低经营上的援助甚至取消合作关系等方法来实现。

【思考与讨论】 当渠道冲突不可避免地发生时,你认为是垂直型冲突更好解决,还是水平型冲突更容易处理?

三、渠道的修正与改进

尽管渠道决策和建立是长期的,但市场营销环境是不断变化的。为了适应市场环境变化与竞争的需要,企业必须对营销渠道不断进行调整与改进。企业调整改进分销渠道的方式主要有以下三种:

1. 增加或减少某一渠道成员

对效率低下、经营不善,对整体渠道运行有严重影响的中间商,可考虑剔除。有必要的话,还可考虑另选合适的中间商加入。有时因竞争者的渠道扩大使自己的销售量减少,也应增加每级中的中间商数量。值得注意的是,企业在做这种调整时,除考虑环境因素外,还需要进行经济增量分析。比如,增加或减少某个中间商,将会对企业的利润带来何种影响,程度如何。企业如果决定在某目标市场上增加一家批发商或特许商,不仅要考虑增加新的渠道成员将带来的直接经济利益(如销售量的增加额),还要考虑对其他经销商产生的影响。

2. 增加或减少某一分销渠道

企业有时会发现,随着市场的变化,自己的分销渠道过多,而有的渠道作用不大。从提高营销效率与集中有限力量等方面考虑,可以适当缩减一些分销渠道;相反,当发现现有渠道过少,不能使产品有效抵达目标市场、完成目标销售量时,则可增加新的营销渠道。

3. 改进整个分销渠道

这是对企业以往的分销体系制度做通盘的调整，意味着原有分销渠道的解体。原有渠道冲突无法解决，已造成极大混乱，企业战略目标和营销组合实行了重大调整，都需要对营销渠道进行重新设计和建立。例如，制造商产品由企业自销改为由经销商经销，或由经销商经销改为企业自销等。

上述调整方法，前一种属于结构性调整，立足于增加或减少原有渠道的某些中间层次；后两者属于功能性调整，立足于将一条或多条渠道工作在渠道成员中重新分配。企业的营销渠道是否需要调整，调整到什么程度，取决于营销渠道是否处于平衡状态。如果矛盾突出，即渠道处于减少获利机会的不平衡状态，通过调整渠道能解决一定矛盾，增加获利机会，一般就应进行调整。

 情境案例

内外部利益相关者的股权激励体系建立，一向是众多企业发展壮大的秘诀。百果园的合伙机制、泸州老窖的经销商股权激励、格力电器的外部合作股权激励，这些都是外部股权激励的典范。越来越多的企业通过实施股权激励实现对于核心员工的吸引、激励、保留。与此同时，企业对于外部利益相关者的激励也越来越重视，外部利益相关者的股权激励案例也逐渐走进大家的视线。

2022年4月28日，泸州老窖发布2021年报。2021年公司实现营业收入206.42亿元，同比增长23.96%，实现净利润79.56亿元，同比增长32.47%。

泸州老窖的销售模式分为两种，一种是传统渠道运营模式，即线下经销商授权经销模式，2021年这部分收入为195.24亿元，同比增长24.4%；另一种是新兴渠道运营模式，主要是线上销售，包括旗舰店、直播间等网络终端，这部分收入为8.91亿元，同比增长18.26%。从数据不难看出，线下经销商授权经销模式仍然是泸州老窖的主要渠道，至报告期末，泸州老窖的国内经销商为1783个，国外为148个。

经销商授权经销模式在泸州老窖的发展中扮演着重要角色，一定程度上众多经销商将深含底蕴的泸州老窖从当初的销售"平凡酒"推向了"国窖"200亿销售的"高峰"。泸州老窖有着"浓香鼻祖、酒中泰斗"的美誉，得到如今的成绩，一方面自身根基扎实，吸引众多经销商与之一起奋斗。另一方面，就不得不提泸州老窖的经销商股权激励的"强劲"作用了。泸州老窖无疑是白酒上市公司中善于应用股权激励这一资本工具的公司，泸州老窖发展后第一轮股权激励，对象不是公司的核心员工，而是经销商。其直接目的是与经销商利益绑定，最大限度调动经销商的积极性。

泸州老窖于1994年上市，上市后不久按照每股5.8元推行了一期期权激励计划。该计划按照经销商的采购量，每年折算为一定的期权授予，且连续执行3年。以销售量指标作为判断行权与否的标准，设定业绩考核。期权行权后，经销商便持有了公司股票，并期待股价的持续上涨。高股价取决于持续增长的业绩，好的业绩取决于大量的市场销量。

泸州老窖对优秀经销商推出股票期权激励，相较于平常的现金激励，充分体现了股权激励的优势。而期权行权后，经销商便持有了公司股票，并期待股价的持续上涨。泸州老窖的股价很快从 5.8 元一直涨到了 78 元,激励效果显而易见。截至 2022 年 5 月 13 日收盘,泸州老窖每股价格 204.55 元,总市值 3 010 亿元,泸州老窖的股权激励让参与者赚得盆满钵满。

在 2006 年前后,泸州老窖再推出一轮经销商股权激励,进一步与经销商利益绑定,调动大经销商的积极性,以帮助"国窖 1573"品牌出圈。当时,泸州所有的酒厂产的酒都叫泸州老窖,每瓶酒就卖十几块钱,上市公司泸州老窖的酒总是卖不上档次。为了突围,泸州老窖借道自家老酒窖被国家命名为文物的机会,打造高端品牌。公元 1573 年,嘉靖皇帝逝世,万历皇帝登基,为了庆贺新皇帝上位,泸州当地的酒厂进贡的酒叫作国窖。泸州老窖借助这个故事,化老窖为"国窖 1573"。

2006 年 11 月 10 日,泸州老窖采取非公开发行股票方式向山东国窖酒业销售有限公司等 10 名特定投资者发行了 3 000 万股股份,每股 12.22 元。其中前 8 名都是清一色的经销商。增发股票锁定期 1 年,通过这样的方式,经销商与泸州老窖的利益得到深度绑定。

经过泸州老窖大型经销商的带动,全国 2 000 多家经销商自愿宣传国窖 1573,甚至向茅台、五粮液的消费者提出买 10 件"国窖 1573",送 2 箱茅台或五粮液的优惠,让"国窖 1573"成功实现出圈。而与此同时,这些增发的股票 2017 年 12 月 10 日解禁,当时股价较增发价涨幅高达 424%,泸州老窖与经销商实现了双赢。泸州老窖在实现业绩增长的同时,也顺利由"平凡酒"晋升"国窖"!

课后练习

一、单项选择题

1. 生产资料分销渠道中最重要的类型是(　　　)。
   - A. 生产者→批发商→用户
   - B. 生产者→用户
   - C. 生产者→代理商→用户
   - D. 生产者→代理商→批发商→用户

2. 生产者—批发商—零售商—消费者称为(　　　)。
   - A. 一阶渠道
   - B. 二阶渠道
   - C. 三阶渠道
   - D. 四阶渠道

3. 确定各层次配置同类型中间商数目属于(　　　)渠道决策。
   - A. 直接渠道与间接
   - B. 长渠道与短
   - C. 宽渠道与窄
   - D. 单渠道与多

4. 企业在纵向上配置不同类型中间商层次数属于(　　　)渠道决策。
   - A. 直接渠道与间接
   - B. 长渠道与短
   - C. 宽渠道与窄
   - D. 单渠道与多

5. 某企业的主要产品是香皂和洗衣粉。该企业最适合采取(　　　)。
   - A. 选择分销策略
   - B. 独家分销策略
   - C. 人员推销策略
   - D. 密集分销策略

6. 渠道长度是指产品从生产领域流转到消费领域过程中所经过的(　　　)的数量。
   - A. 渠道类型
   - B. 同类型中间商
   - C. 不同类型中间商
   - D. 储运服务商

7. 协助买卖成交、推销产品,但对所经营产品没有所有权的中间商有(　　　)。

A. 批发商　　　　B. 运输公司　　　　C. 代理商　　　　D. 零售商

8. 产品单价高、体积大而笨重，可考虑(　　)渠道。

A. 短而宽　　　　B. 短而窄　　　　C. 长而宽　　　　D. 长而窄

二、多项选择题

1. 下列商品中，适宜选择短渠道分销的有(　　)。

A. 鲜活商品　　B. 建筑材料　　C. 机器设备　　D. 日用百货　　E. 通用材料

2. 当企业生产经营的是(　　)产品时，宜采用短渠道分销。

A. 单价高　　B. 耐久性强　　C. 技术性强　　D. 市场集中　　E. 潜在顾客多

3. 制约分销渠道决策的主要因素有(　　)。

A. 商品条件　　B. 自然条件　　C. 经济条件　　D. 市场条件　　E. 企业条件

4. 属于直复营销的形式(　　)。

A. 本地零售店销售　　　　　　B. 超级市场　　　　　　C. 电话订购

D. 邮购　　　　　　　　　　　E. 网络营销

5. 当企业生产经营的是(　　)产品时，宜采用长渠道分销。

A. 单价低　　B. 耐腐性强　　C. 技术性强　　D. 市场集中　　E. 潜在顾客多

6. 适合广泛性分销的产品(　　)。

A. 便利品　　B. 选购品　　C. 标准件　　D. 精选品　　E. 特殊品

三、判断题

1. 直接渠道是指制造商不通过中间商环节，采用产销一体化的经营方式，直接将产品销售给消费者。　　　　　　　　　　　　　　　　　　　　　　　　　(　　)

2. 单价较高的商品应采用较长、较宽的渠道。　　　　　　　　　　　(　　)

3. 经过四个以上中间环节的分销渠道才叫长渠道。　　　　　　　　　(　　)

4. 生产者只要提高对中间商的激励水平，销售量就会上升。　　　　　(　　)

5. 选择分销是生产者只选择一家中间商销售自己的产品的销售策略。　(　　)

6. 生产厂家推销名牌家电可以选择宽渠道的分销方式。　　　　　　　(　　)

7. 经销商是指从事商品销售业务并且拥有所有权的中间商。　　　　　(　　)

8. 对非标准化产品企业应由推销员直接销售。　　　　　　　　　　　(　　)

9. 分销渠道是指产品在其所有权转移过程中从生产领域进入消费领域所经过的各个环节及经营机构。　　　　　　　　　　　　　　　　　　　　　　　　　　(　　)

10. 中间商的出现是商品发展的必然产物。　　　　　　　　　　　　(　　)

四、思考题

1. 分销渠道的类型主要有哪些？

2. 影响分销渠道选择的因素主要有哪些？

3. 分销渠道管理有哪些内容？

4. 中间商的类型主要分成哪几种？选择中间商要考虑哪些因素？

五、案例分析题

国美与格力的对决

2004年3月国美总部向各地分公司下发了一份"关于清理格力空调库存的紧急通知"：格

力代理商模式、价格等不能满足国美的市场经营需求,要求各地分公司将格力空调的库存及业务清理完毕。

3月份已进入空调市场启动时期,各厂家都在积极降低价格并争取以直接供货方式进入国美。但格力仍选择通过代理商供货的方式,在价格上不让步,这与国美一向秉承的"薄利多销"原则违背,而且也伤害了消费者利益。格力总部表示,如果国美不按照格力的游戏规则办事,格力将把国美清除出自己的销售体系。在国内空调市场,格力向来以老大自居,而国美更有名副其实的家电连锁老大。

科龙空调北京分公司认为:像国美、苏宁这样的家电连锁企业,在以北京、上海为代表的、零售度非常高的城市里,至少垄断了50%以上的家电销售市场份额。科龙不会放弃国美这样的连锁店。TCL空调销售总监理表示,格力放弃国美有丢到市场的风险。北京苏宁电器内部人士表示,格力在北京一直不与家电连锁直接联系,苏宁也不把格力当作主推品牌。长久下去,其在北京的市场份额会被其他品牌分食。

新的空调价格战主要集中在一线的大品牌,海尔主动与国美等新连锁接洽,实际上再为自己销量的扩容做好了价格、渠道、品牌、制造上的充分准备。

格力渠道模式的主要特点就是把工厂与省级空调经销商组建成一个股份制销售公司,把区域内大经销商捆在自己的船上。这种销售渠道方式在大城市会给自己带来三个致命损伤。① 对品牌的致命伤害。格力放弃国美会让人感觉格力在一级市场上已从第一梯队消失,这会使格力越来越像一个二三级农村品牌。② 格力通过代理商与国美合作,其价格优势会被中间代理商吃掉,最终其产品与海尔、LG、三星等对手相比会丢失价格优势。③ 格力目前这种渠道形态客观上对现实消费的把握不准确,限制了自己的制造革新。

问题:
1. 什么是渠道长度? 格力的渠道模式属于几级渠道? 与科龙、TCL有何不同?
2. 渠道冲突分为几种类型? 格力的渠道冲突属于哪种类型?
3. 结合本项目教材中情境案例,分析格力重整渠道后的发展前景。

六、职业技能训练题
调查分析某汽车企业的分销渠道,写一篇分销渠道建设分析报告。

项目七　制定和实施促销方案

知识目标：理解促销与促销组合的概念、原理与作用；掌握人员推销、广告、营业推广、公共关系的基本知识。

技能目标：掌握常见的促销工具，并能运用这些工具解决具体的促销问题；能够根据企业营销目标设计促销方案。

 导入案例

"三只松鼠"促销策略的四种方式

"三只松鼠"是中国第一家定位于纯互联网食品品牌的企业，也是当前中国销售规模最大的食品电商企业，其主营业务覆盖了坚果、肉脯、果干、膨化等全品类休闲零食。作为国民零食第一股，"三只松鼠"2019年上市，同年实现销售额突破百亿，成为零食行业首家迈过百亿门槛的企业。作为连续7年"双11"天猫食品销售额第一名、累计销售坚果零食产品超过200亿元、天猫店铺粉丝数第一品牌，多种多样的营销手段让更多的消费者知道并且青睐这个品牌。"三只松鼠"线上促销活动主要体现以下几方面：

1. 满减优惠券

首先，"三只松鼠"会在天猫、京东等各大电商平台发放大额优惠券来吸引顾客，或者在指定专区内达到门槛金额，利用高低价策略制造折扣。其满减优惠多种多样，分别包括满188元减100元，满288元减150元，68元包邮，等等，"三只松鼠"利用大额优惠券的方式起到降价促销的作用，让消费者有"薅羊毛"的感觉。同时，"三只松鼠"的满减优惠券策略也有一定的技巧，"三只松鼠"把满138元减10元的优惠券和满199元减120元的优惠券同时放在首页，一般情况下消费者更倾向于选择满199元减120元的大额优惠券，而通过制造折扣悬殊差异，消费者往往会花更多的钱。

2. 下单立减

下单立减也是"三只松鼠"的重要策略。下单立减是指消费者拍下后可以直接减免一定额度的价格。例如，当前"三只松鼠"推出的坚果大礼包1373g规格的原标价为188元，在通过价格优惠以后促销价格为89元，有比较大的优惠力度。

3. 第二份折扣

"三只松鼠"经常利用第二份折扣的方式来吸引用户增加销量。比如，第二件半价、第二件0元，等等。第二份半价符合："承诺的利益清楚地表明出来"的要求；同时，符合边际效用递减的原理，第二份半价提出一个极具诱惑力的刺激，给消费者带来占便宜的心理效用，增强消费者的吸引力，增加消费者尝试购买的概率，让消费者更愿意买单；第二份半价还帮助"三只松

鼠"实现利益最大化,因为可能会促使其多购买一份"三只松鼠"的零食。

4. 零食大礼包

"三只松鼠"时常利用零食大礼包进行销售。"三只松鼠"往往会在零食大礼包中放多种产品,制造数量假象,其实礼包中膨化、果干等低值食品占多,形成巨型大份零食,带动销量,这样的做法有三个好处。首先,可以利用捆绑销售。同时也可以在大礼包中放置新产品,借明星产品的名气打开新产品市场。其次,可以降低消费者的交易成本,购买大礼包能够帮助消费者节约许多寻找单品的成本,降低交易成本。另外,从生产者的角度,大礼包可以节省包装费用。最后,"三只松鼠"往往会赋予大礼包情感、场景营销,如"送给女朋友的零食大礼包"等,吸引消费者购买。可见,零食大礼包能够一定程度上提升"三只松鼠"的销量。

"三只松鼠"这四种促销方式各有自己的特点和优势,能够针对不同场景和不同人群发挥不同的作用。如今,面对线上红利尽失,"三只松鼠"还在加紧布局线下,打造线上线下的新零售的趋势。三只松鼠未来的发展如何,我们拭目以待!

【营销启示】 促销要有成效需要多种方式的组合,同时促销还需要充分认识消费者的消费心理,特别是在设计促销信息时,要充分考虑消费者诉求。

现代企业市场营销不仅要求企业生产、设计、组合出适合市场需要的产品,制定有吸引力的市场价格,建立高效、顺畅的分销渠道,而且还要求企业善于与目标顾客沟通,广泛深入地向目标顾客传递本企业及产品的信息。这样,企业才能在市场营销组合四因素的"四轮"共同驱动下,采用完整、综合的市场营销手段,充分满足目标顾客的需求,实现企业目标。在市场营销组合四个要素中,产品是基础,是决定性的因素,价格则是最敏感,最微妙的因素,分销渠道是产品生产者通向消费市场的桥梁,而促销是市场营销中最富有活力和创意的领域,是营销理论在实践中最具体、最直接的应用。

任务1　认知促销组合

一、促销的概念

1. 促销

所谓促销,即销售促进,是指企业通过人员的和非人员的方式,把有关企业产品的信息传递给消费者,从而激发顾客的购买欲望,影响和促成顾客购买行为的全部活动的总称。促销的方法和手段主要有广告、人员推销、营业推广和公共关系它们构成了促销组合策略的重要内容。

2. 促销的作用

促销的实质是信息沟通。促销的作用在于:促销有助于沟通信息;促销有助于刺激、创造需求,扩大销售;促销有助于突出产品特色,增强市场竞争力。

二、促销组合的概念

促销组合就是有目的、有计划地把广告、人员推销、营业推广和公共关系等各种促销方式结合起来,综合运用,发挥各自优势,达到企业促销的目标。

任务 2　促销方式

微课:7-1

人员推销

一、人员推销

1. 人员推销及其特点

人员推销是一种古老的推销方式,也是一种非常有效的促销方式。

根据美国市场营销协会的定义,人员推销是指企业通过派出销售人员与一个或一个以上的潜在消费者通过交谈,做口头陈述,以推销商品,促进和扩大销售的活动。推销主体、推销客体和推销对象构成推销活动的三个基本要素。商品的推销过程,就是推销员运用各种推销术,说服推销对象接受推销客体的过程。

2. 人员推销的特点

相对于其他促销形式,人员推销具有以下特点:

(1) 注重人际关系,与顾客进行长期的情感交流。情感的交流与培养,必然使顾客产生惠顾动机,从而与企业建立稳定的购销关系。

(2) 具有较强的灵活性。推销员可以根据各类顾客的特殊需求,设计有针对性的推销策略,容易诱发顾客的购买欲望,促成购买。

(3) 具有较强的选择性。推销员在对顾客调查的基础上,可以直接针对潜在顾客进行推销,从而提高推销效果。

(4) 及时促成购买。人员推销在推销员推销产品和劳务时,可以及时观察潜在顾客对产品和劳务的态度,并及时予以反馈,从而迎合潜在消费者的需要,及时促成购买。

(5) 营销功能的多样性。推销员在推销商品过程中,承担着寻找客户、传递信息、销售产品、提供服务、收集信息、分配货源等多重功能,这是其他促销手段所没有的。

可以看出,人员推销具有针对性强、双向沟通、建立良好的购销关系等优点。

3. 人员推销的程序

(1) 寻找顾客。推销人员应根据产品的特点,提出可能的潜在顾客的条件,然后根据条件用一定的方法找出潜在的顾客。

(2) 推销准备。一是充分掌握信息,包括顾客可能提出的异议、自己和竞争对手的产品的情况。二是制定周密的计划,包括确定访问顾客的步骤和议题、必要的推销材料、合适的推销方式和策略、自己的推销形象、约见的心理准备。

(3) 约见顾客。约见的时间、地点、约见的内容、约见的方式。

(4) 接近顾客。这是正式接触的开始,推销人员要注意自己的态度表情和言行举止,争取好印象,为下一步创造条件。

(5) 推销说明。这是向顾客传递推销信息并运用各种方法说明顾客购买产品的过程。

(6) 处理异议。顾客异议是顾客对推销人员所言表示的不明白,不同意或反对的意见。推销活动是从处理顾客异议开始的,且处理异议贯穿于整个销售过程的始终。推销工作能否顺利进行,取决于销售人员、产品和顾客之间能否保持协调一致。

（7）促成交易。推销人员应能识别、捕捉、把握顾客发出的成交信号，依据成交信号当机立断地采取适当的方法促成交易。

（8）后续工作。成交后推销人员就应着手履行交易协定，处理顾客购后的不满，以及提供售后的服务。同时进行总结经验，为以后的推销工作提供指导。

4. 企业的人员推销决策

企业进行人员推销，必须做好以下决策：

（1）确定推销目标

人员推销的目标主要包括以下几个：① 发现并培养新顾客；② 将企业有关产品和服务的信息传递给顾客；③ 将产品推销给顾客；④ 为顾客提供服务；⑤ 进行市场调研，搜集市场情报；⑥ 分配货源。

人员推销的具体目标的确定，取决于企业面临的市场环境以及产品生命周期的不同阶段。

（2）选择推销方式

推销主要有以下方式：

① 推销员对单个顾客。推销员当面或通过电话等形式向某个顾客推销产品；

② 推销员对采购小组。一个推销员对一个采购小组介绍并推销产品；

③ 推销小组对采购小组。一个推销小组向一个采购小组推销产品；

④ 会议推销。通过洽谈会、研讨会、展销会或家庭聚会等方式推销产品。

（3）确定推销队伍的组织结构

一般说来，可供选择的推销组织形式有以下几种：

① 区域性结构。指每一个（组）推销员负责一定区域的推销业务。这适用于产品和市场都比较单纯的企业。主要优点是：第一，推销员责任明确，便于考核；第二，推销员活动地域稳定，便于与当地建立密切联系；第三，推销员活动范围小，节约旅差费用；第四，容易熟悉当地市场，便于制定有针对性的推销策略；第五，售后服务能做得比较到位。

② 产品型结构。每个推销员（组）负责某种或某类产品的推销业务。其最大优点是能为顾客提供相对比较专业的服务。这种结构比较适用于产品技术性比较强、工艺复杂、营销技术要求比较高的企业。

③ 顾客型结构。主要根据不同类型的顾客配备不同的推销人员，其主要优点是能更深入地了解顾客的需求，从而为顾客提供差异化的服务。

④ 复合式结构。即将上述三种结构形式混合运用，有机结合。如按照"区域—产品""产品—顾客""区域—顾客"，甚至"区域—产品—顾客"的形式进行组合，配备推销员。其优点是能吸收上述三种形式的优点，从企业整体营销效益出发开展营销活动。这种形式比较适合那些顾客种类复杂、区域分散、产品也比较多样化的企业。

（4）建立推销队伍

① 确定推销队伍的规模。企业推销队伍的规模必须适当。西方企业一般采用工作负荷量法确定推销队伍的规模。假设某企业有 250 个客户，若每个客户每年平均需要 20 次登门推销，则全年就需要 5 000 次登门推销。若平均每个推销员每年能上门推销 500 次，则该企业就需要 10 名推销员。

② 选拔、培训推销员。企业的推销员主要有两个来源，即企业内部选拔和外部招聘。不

管推销员来自何方，一个合格的推销员都要具备良好的思想政治素质、文化修养和较强的实际工作能力，以及适宜的个性素质。西方营销专家麦克墨里给超级推销员列出了五项特质："精力异常充沛，充满自信，经常渴望金钱，勤奋成性，并有把各种异议、阻力和障碍看作是挑战的心理状态。"

企业必须对推销员进行专业培训。推销员培训的一般内容包括：企业历史、现状、发展目标，产品知识、市场情况、推销技巧、法律常识和有关产品的生产技术和设计知识等。

③ 推销员的评价和激励。对推销员的合理评价决定了推销员的积极性。企业必须建立一套合理的评估指标体系，并随时注意收集有关的信息和资料。

合理的报酬制度是调动推销员积极性的关键。确定推销员的报酬应以推销绩效为主要依据，一般有以下几种形式：固定工资制、提成制、固定工资加提成制。由于推销工作的复杂性，固定工资加提成制是一种比较理想的选择。调动推销员的积极性除了对推销员的绩效的合理评价以及合理的报酬制度外，对推销员的激励也必不可少。一般，对推销员的激励手段主要有：奖金、职位的提升、培训机会、表扬及旅游度假等。

二、广告

微课：7-2

广告概念与
广告媒体

1. 广告的概念及特点

广告在现代市场营销中占有重要的地位，已经成为企业促销的先导。广告的定义较多，有广义与狭义之分。市场营销学中，通常使用狭义广告的定义。美国AMA对广告的定义为："广告是由明确的发起者以公开支付费用的做法，以非人员的任何形式，对产品、服务或某项行动的意见和想法等的介绍。"

广告是指企业通过付费的方式，借助于各种传播媒体，向目标市场的消费者传递各种信息的活动。由此定义可以看出广告构成的五个要素。即，广告主（企业）、广告受众（目标市场顾客）、广告媒体、广告信息、广告费用。

随着商品经济的发展和科学技术的进步，广告的内容和形式更加丰富。广告一般具有高度公开性、传播面广、方式灵活多样、艺术性强、形象生动以及表现力强等优点，但是广告的费用一般比较高，说服力相对较小，并且通常不能促成即时交易。

2. 广告的作用

（1）传递信息，沟通产需

传递信息，沟通产需，这是广告在促进销售中最基本的作用。企业借助于广告，通过各种媒体把产品质量、价格、用途、购买地点以及售后服务等信息向社会传播，而消费者掌握了必要的产品信息，就可以根据产品信息进行购买决策，选择物美价廉的商品，使购买效用达到最大化。

（2）激发需求，促进销售

激发需求，促进销售是广告的最终目的。企业通过广告首先吸引消费者的注意力，使其对广告所宣传的产品产生兴趣并有详尽的了解，使人们处于潜在状态的需求被激发起来，促成其购买行为产生。

（3）介绍知识，指导消费

随着科学技术的发展，新技术、新能源、新工艺的不断涌现，企业可以运用广告向广大消费者传授相关知识,介绍产品的使用和保养方法,指导消费,为消费者带来了方便和利益,同时也有利于企业打开新产品的销路,促进新产品的上市。

（4）树立形象,赢得市场

广告是企业开展市场竞争的重要手段。企业的产品进入市场,通过广告宣传产品的特色、企业的质量保证和服务措施,树立良好的企业形象,提高产品的知名度,进而赢得消费者的信任,赢得市场。

3. 广告决策

在市场竞争日益激烈的情况下,企业应该注重广告对促销组合的重要作用。在了解和分析市场、消费者、竞争者及宏观环境因素的基础上,广告促销方案的设计一般包括以下五个主要步骤。

（1）确定广告目标

广告促销方案设计的第一步是确定广告目标。广告目标是指企业通过广告宣传要达到的目的。其实质是要在特定的时间对特定的受众完成特定的信息沟通任务。企业做广告的最终目标是增加销售量和企业利润。

企业可以为了不同的具体目标进行广告设计。对于某一企业来说,在不同时间、不同情况下可以确定不同的广告目标。企业广告都是根据市场需求状况,提出广告自身的具体目标,如单纯提高销售量或销售额;为新产品开拓市场;提高产品知名度,建立消费偏好,培养忠诚顾客;提高市场占有率,对付竞争对手;提升品牌地位,树立企业形象等。

到底选择哪个目标,应以设计广告时的企业具体情势而定。在广告目标设计中,要注意广告目标的确定必须与企业的市场地位相适应。

（2）确定广告预算

确定广告预算是广告促销方案设计的第二步。所谓广告预算就是确定在广告活动上应花费多少资金。通常可供企业选择的确定广告预算的方法与企业促销预算方法相同。

广告预算总额确定以后,必须在不同广告媒体之间、广告管理的各个程序之间,不同目标市场和不同地区之间,并依据不同媒体的传播时间和传播次数进行合理分配,才能收到预期的效果。

（3）确定广告信息

广告信息设计是广告促销方案设计的第三步。即根据促销活动所确定的广告目标来设计广告的具体内容。产品设计要注重广告效果,只有高质量的广告,才能对促销起到宣传、激励的作用。高质量广告应该体现:

① 真实性

广告的生命在于真实。只有广告内容是真实的,才能获得消费者的信任,达到扩大企业产品销售的目的。如果广告内容失真,欺骗了消费者,那么不仅损害了消费者的利益,同时也会使企业名誉扫地,甚至会使企业受到法律的制裁。

② 社会性

广告不仅是促进商品销售的手段,而且也是传播社会意识形态的一种重要的工具,内容健康的广告会引导人们奋发向上。因此要求广告制作必须符合社会文化、思想道德的客观要求,要有利于社会主义精神文明,要有利于培养人们的高尚情操。

③ 针对性

针对性即对不同产品、不同目标市场要有不同的广告内容，采取不同的表现方式。由于各个消费群体都有自己的喜好、风俗习惯，要适应目标顾客的不同要求来制作广告内容，采用与之相适应的形式。

④ 艺术性

广告应鲜明、生动，富于个性。使人看后或听后能抓住中心，诱发需求，促进购买。广告画面的主题鲜明，简洁明快，色彩柔和，新颖奇特，和谐统一，健康脱俗。能使读者一目了然，促其产生购买欲望。同时，广告音响优美动人，协调和谐，使人感到亲切舒服，百听不厌。

（4）选择广告媒体

广告促销方案设计的第四步是对广告媒体的选择。选择广告媒体时企业必须考虑目标受众的媒体习惯、产品广告的特征、信息的类型和成本。同时，还要考虑媒体的传播效果与效率、覆盖范围、媒体特点等因素。主流广告媒体的基本特征如表 7-1 所示。

表 7-1　广告媒体的特点

媒体	优点	缺点
报纸	灵活、及时、弹性大；本地市场覆盖率高，容易被受众接受，有较高的可信度	注意度低；印制质量低，形式单一；相互传阅者不多
杂志	可信并有一定的权威性；保存期较长、可以有较多的传阅者	时效性较差；广告购买的强制时间较长
广播	普及型大众化宣传；可以有较强的地理和人口选择；成本低	表现较单调；展露时间太短
电视	同时给受众视觉、听觉和动作刺激，有很强的感染力，可以吸引高度注意；触及面广，送达率高	成本高；受众选择性小；干扰多；瞬间即逝
直接邮寄	可以选择接受者；灵活、方便；可以避开同一媒体的广告竞争；有人情味	相对成本较高；由于滥寄容易造成受众反感
户外媒体	灵活；可以有较长的展露时间，重复性高；费用低，竞争少	受众没有选择；创新余地较小
互联网	有很高的选择性；交互性强；可以使用多种元素表现；相对成本较低	受众相对有限

（5）评估广告效果

广告效果评价是广告促销方案设计的最后阶段。企业重视广告投入带来的经济效益使得评估广告效果成为广告活动的重要组成部分。另外，它也是增强广告主信心的必不可少的保证。

广告效果的评估包括广告的传播效果测定和广告的销售效果的测定。前者主要对受众知晓、认识和偏好的影响的测定。后者则是对广告对销售影响的测定。

三、营业推广

营业推广也称销售促进，是市场营销活动的一个重要因素。菲利普·科特勒将其定义为：企业采用各种多数属于短期性的刺激工具，用以刺激消费者和贸易商较迅速或较多地购买某一特定产品或服务。

微课：7-3

营业推广

1. 营业推广的方式

(1) 面对消费者的营业推广方式

① 赠送样品

企业在产品进入市场的初期,通过邮寄、挨家挨户送货上门、店内发送或随其他成熟品牌产品销售附送的方式,免费向消费者赠送样品供其使用,目的在于宣传本企业的产品,刺激消费者的购买欲望。

② 优惠券

当消费者购买产品达到一定数量或金额时,企业按照其购买数量或金额的比例赠送消费者一定面值的优惠券,消费者可凭此优惠券在购买指定商品时减少一部分金额。优惠券可以有效地促使消费者多购或者再次购买。

③ 价格折扣

企业通过不同的方式,直接或间接地降低产品的销售价格,刺激消费者更多地购买商品。

④ 有奖销售

企业通过设置形式不同、程度不同的奖项,吸引消费者购买或更多地购买商品。有奖销售作为一种普遍使用的推广活动,已经被广大消费者所熟悉。只要有新意,并对消费者有足够吸引力的有奖销售方式,才能在促销中取得较好的效果。

⑤ 赠送礼品

企业以较低的代价或免费向消费者提供某一物品,以刺激消费者购买某一特定产品。

⑥ 现场展示

企业安排销售人员在销售现场展示产品,向消费者介绍产品的特点、用途和使用方法,并可以邀请消费者现场试用,以达到宣传本企业产品,刺激消费者购买欲望的目的。

(2) 面对中间商的营业推广方式

针对消费者所采取的营业推广方式,有些也适用于中间商,但是对中间商的营业推广方式还有一些有针对性的方式,主要有:

① 购买折让

购买折让通常有两种形式:一种是现金折让,另一种是数量折让。两种购买折让都是企业为吸引中间商所采取的变相降价的形式。现金折让是企业为鼓励中间商付现金购买商品而给予中间商的一种优惠。数量折让则是企业为刺激中间商大量购买而给予中间商一定的优惠折扣,企业可以根据中间商的一次性购买数量进行折扣,也可以根据中间商在一定时间内的销售量进行返利。

② 销售竞赛

根据各个中间商销售本企业产品的实绩,分别给予优胜者不同程度的奖励,以刺激他们在某一段时间内增加销售量。

③ 推广津贴

企业为促使中间商购进企业产品并帮助企业推销产品,可以支付给中间商一定的推广津贴。

④ 扶持零售商

生产商为了提高中间商推销本企业产品的积极性和能力,对零售商给予一定扶持,如对零售商专柜的装潢给予资助,提供 POP 广告,以强化零售网络,促进销售额增加,同时派遣厂方促销员或代培销售人员。

（3）面对内部员工的营业推广方式

为了调动企业销售人员的积极性,企业一般也会采取一定的激励措施,鼓励自己的销售人员积极开展销售活动,开拓潜在市场。常用的营业推广方式包括:销售竞赛、红利提成、特别推销奖金等方式。

2. 营业推广决策

一般来说,企业实行营业推广活动包括如下内容:

（1）确定营业推广目标

企业市场营销的总目标决定着营业推广的目标。由于目标市场存在着差异,因此针对不同的目标市场,营业推广目标的确立也不同。就消费者而言,目标包括鼓励消费者更多地购买和使用本企业的产品,以及争取未使用者使用,并能够吸引竞争者品牌的使用者购买本企业的产品。就中间商而言,目标包括吸引中间商经营新的商品和维持较高水平的存货,鼓励他们购买积压商品,鼓励存储相关商品建立中间商的品牌忠诚和获得进入新的零售网点的机会。就销售队伍而言,目标包括鼓励他们积极销售新产品,开拓新市场,激励他们寻找更多的潜在顾客和刺激他们推销积压商品。

（2）选择营业推广方式

不同的营业推广方式有着不同的特性,企业通常根据营业推广的目标、市场的类型、推广的对象、企业希望达到的效果等要求,在综合考虑市场竞争情况以及每一种推广工具的适用性、成本效率等因素的基础上选择恰当的推广工具。

（3）制定营业推广方案

企业在制定营业推广方案时,须考虑如下内容:

① 刺激程度

刺激程度即营业推广对推广对象的刺激程度。一般说来,较高的刺激程度会产生较高的销售反应。当刺激超过一定程度时,营业推广活动可能会使销售量快速增长,但过于激烈的刺激,可能反而会引起推广对象的逆反心理,使其产生诸如产品有问题等不利于企业的猜测。

② 刺激的对象范围

制定营业推广方案时,企业必须根据推广目标确定推广活动的对象范围。

③ 营业推广媒体的选择

企业在进行营业推广时,必须考虑本次营业推广的信息如何传达给目标消费群体。不同营业推广途径的费用不同、效果不同,企业应该根据自身的财力情况采取合适的途径选择。

④ 营业推广时机的选择

营业推广是一个短期促销行为。所以,企业要恰当的控制推广活动的持续时间。如果持续时间太短,一些顾客可能还未来得及购买或由于太忙而无法利用推广机会,从而降低了企业应得的利润,影响推广效果;如果持续时间太长,可能导致顾客认为这是长期行为,甚至使顾客对产品质量产生怀疑,从而使推广优惠失去吸引力。同时,企业还要选择好何时进行营业推广活动,即推广时机。

⑤ 营业推广预算的分配

营业推广预算将在各种营业推广方式和各个产品间进一步分配。企业必须考虑到各种营业推广方式的特点、使用频率及各种产品所处的市场生命周期阶段。

（4）营业推广方案实施和控制

企业必须对每一项营业推广工作确定实施和控制计划,实施计划必须包括前置时间和销售延长时间。前置时间是开始这种方案前所必需的准备时间。它包括:最初的计划工作,设计工作,以及包装修改的批准或者材料的邮寄,通知现场的销售人员,购买或印刷包装材料,预算存货的生产等一系列工作。销售延长时间是指从开始实施优待办法起到大约95%的采取此优待办法的商品已经在消费者手里的结果为止的时间。

（5）营业推广方案效果评估

企业常用的营业推广的效果评估方案有:销售额比较法,消费者调查法和实验法。对营业推广效果进行全面的评价,对于企业及时总结经验、吸取教训,改进和提高企业的营销工作有着积极的意义。

四、公共关系

企业不仅要建设性地与它的顾客、供应商和经销商建立关系,而且也要与大量的感兴趣的公众建立关系。企业公共关系的好坏直接影响着企业在公众心目中的形象,影响着企业营销目标的实现。

一般来说,公共关系是企业运用各种传播手段,在企业与社会之间建立相互了解和依赖的关系,并通过双向的信息流通,在社会公众中树立良好形象,扩大企业的知名度、信誉度与美誉度,以取得公众的理解、支持和合作,从而有利于促进企业目标的实现。与营业推广相比,公共关系注重的是长期效果,属于间接传播促销手段。

1. 公共关系的活动方式

在营销实践中,企业公共关系的主要活动方式有:

（1）公开出版物

企业依靠各种传播材料去接近和影响其目标市场。现在越来越多地使用电影、幻灯节目、录音磁带等视听材料;还有接近目标市场的年度报告、小册子、文章以及企业的新闻小报和杂志。

（2）利用新闻媒体宣传

利用新闻媒体宣传企业和产品是企业比较喜欢采用的一种公共关系方式。因为新闻媒体具有客观和真实的特点,使受众在心理上易于接受。企业可以召开记者招待会、新闻发布会、新产品信息发布会,或邀请记者写新闻通讯、人物专访等。

（3）开展公益性活动

企业通过赞助和支持体育、文化教育和社会福利等一些公益活动,树立一心一意为消费者服务的社会形象,赢得社会公众对企业的好感。

（4）开展各种专题性活动

企业通过开展各种专题性活动扩大企业的影响,加强企业同外界公众的联系,树立良好的企业形象。专题性活动如举办展览会、周年庆典活动、知识竞赛、对外开放参观、有奖答题活动,等等。

(5) 危机事件处理

企业营销活动中,不可避免地会遇到诸如消费者投诉、不合格产品引起的事故、对企业不利的信息传播以至造谣重伤等危机事件。这些事件的发生往往会使企业的信誉下降,产品销售额下跌。面对此类危机事件,企业公共关系人员应该迅速行动,积极协助有关部门查清原委并及时做好处理工作,使企业的损失减少到最低程度。

2. 公共关系决策

企业的公共关系活动必须遵循一定的程序,进行全面的规划和安排,有条不紊地实施,方能达到预期的目的。企业公共关系活动一般包括如下几个步骤:

(1) 公共关系调查

公共关系调查是公共关系活动的起点和基础。企业通过调研,了解社会公众的意见,及时把握舆论导向,并将这些意见反馈给管理高层,以提高企业决策的正确性,同时调研也有利于企业准确地进行形象定位,塑造良好的企业形象。

(2) 确定公共关系目标

在调研的基础上,企业根据企业营销的总目标及公众对企业的了解和意见来确定企业具体的公共关系目标。通常,企业的公共关系目标包括提升企业知晓度、可信度,减少公众对企业的误解,消除不正当事件的负面影响,等等。

(3) 编制公共关系计划并实施

公共关系是一项长期性的工作,企业必须有一个长期的、连续性的计划。公共关系计划制定必须依据一定的原则。企业公共关系活动能否获得预期的效果,不仅要看公共关系计划制定得是否可行,更重要的是要看其实施的情况如何。企业开展公共关系活动存在许多不确定的因素,需要依据公共关系的目标、对象、内容和企业自身条件和不同的发展阶段等来选择适当的公共关系媒介和方式。

(4) 公共关系效果的评估

公共关系效果评估的目的在于为今后的公关工作提供资料和经验。通常,评价的指标有三种:

① 曝光频率,即企业出现在媒体中的次数。

② 社会反响,分析由公共关系活动引起公众对产品的知名度、理解、态度前后的变化。

③ 通过公关前后的销售额和利润的比较来评估公共关系的效果。

 情境案例

2021年7月,郑州遭遇暴雨袭击受灾,牵动着所有中国人的心,不仅有众多明星捐款赈灾,还有很多企业捐款捐物资解救受灾群众。鸿星尔克低调捐赠5 000万元物资,结果火上了热搜,以一种连公司老板都没想到的方式彻底火了。

7月21日下午,面对河南暴雨的灾情,鸿星尔克官方微博宣布,通过郑州慈善总会、壹基金紧急捐赠5 000万元物资,驰援河南灾区。这本来是一个简单的企业向灾区捐钱捐物的新闻,在发布时并未引起什么波澜。但在7月22日,很多细心的网友发现了这条新闻后纷纷转发,一开始大家只是在弘扬正气,为暴雨灾区加油鼓劲。

直到有熟悉股市的网友发帖表明,鸿星尔克去年利润负 2.2 亿元,捐出这 5 000 万就是最后的家底,于是这种"倾小家为大家"的精神感动了很多人。随着越来越多网友评论和转发相关微博,鸿星尔克迅速登上了微博热搜榜的第一位,大家纷纷表示"一定要支持这种良心企业"。

当晚,鸿星尔克淘宝直播间涌进了大量网友,超过 200 万人参与扫货,上架一款便抢空一款。网友齐刷刷点赞留言,并呼吁"上最贵的"。7 月 23 日销售额同比暴增 52 倍,国货品牌鸿星尔克成功"火出圈",相关话题持续登上热搜,有的还冲上榜单第一,网友们在其直播间喊话"要野性消费"。这家老牌运动服饰品牌重新活跃在大众的视野。

这异常火爆的局面,惊动了公司高层,公司老板半夜赶到直播间劝大家理性消费,并说公司有业务不会破产,希望大家不要信谣传谣。"心疼鸿星尔克"的热度一直在攀升,到 7 月 23 日下午三点,鸿星尔克的抖音点赞数超过 1.4 亿,网友们一边刷着"尔克勇敢飞,我们永相随"的弹幕,一边下单,场面很魔幻,主播劝大家要理性消费,顾客却要野蛮消费。

难能可贵的是:鸿星尔克并没有趁机涨价!反而降价!网友也是疯了似的疯狂买买买!几千万的订单瞬间爆仓!直接导致鸿星尔克发货仓库前后画风骤变!

鸿星尔克直播间在捐款前场观只有 1 000 多人,捐款后场观达到 300 万人!7 月 24 日单场直播间打赏金更是飙到 5 个亿,换成人民币也有 2 500 万元!不过鸿星尔克官微却发话:网友在直播间的打赏后续会全部捐给更有需要的地方,鸿星尔克要把爱持续传递下去!

鸿星尔克实业有限公司创立于 2000 年 6 月,总部位于福建省厦门市。目前已发展为集研发、生产、销售为一体,员工近 3 万人的大型运动服饰企业。

公司在全世界拥有店铺 7 000 余家,产品行销欧洲、东南亚、中东、南北美洲、非洲等国家和地区,在全球 100 多个国家拥有商标专有权,品牌价值突破 219 亿,并相继斩获"中国 500 最具价值品牌""亚洲品牌 500 强""《福布斯》亚洲 200 佳"等殊荣。

鸿星尔克致力于将阳光的生活方式通过各种形式传递给世界每个角落的年轻人,鼓励他们时刻保持积极乐观的态度,笑对生活,展现出属于自己的激情、快乐和生机勃勃,激发出无限创造力、想象力和正能量。

鸿星尔克这次捐款金额直接与体育品牌两巨头比肩。公司连个微博 V 会员都没有开,捐款的官宣起初也很冷清,后来被网传转发,瞬间引爆共鸣,于是鸿星尔克各种产品才会在一夜间卖断货。

果然是得民心者得天下,这背后有一种力量,叫作中国力量,中国力量竟如此强大,简直不可估量。

任务 3　制定促销组合方案

微课:7-4

制定促销组合
方案的步骤

一、确定目标受众

目标受众就是促销信息的接收者。企业在促销开始时就要明确目标受众是谁,是潜在购买者还是正在使用者,是老人还是儿童,是男性还是女性,是高收入者还是低收入者。确定目标受众是促销的基础,它决定了企业传播信息应该说什么(信息内容)、怎么说(信息结构和形式)、什么时间说(信息发布时间)、通过什么说(传播媒体)和由谁说(信息来源)。

二、确定沟通目标

沟通目标就是希望目标受众接收信息后产生的反应。沟通者应明确目标受众处于购买过程的哪个阶段,并将促使消费者进入下一个阶段作为沟通的目标。

消费者的购买过程一般包括 6 个阶段,不同阶段的沟通目标不同:

(1) 知晓(Awareness)。当目标受众还不了解产品时,促销的首要任务是引起注意并使其知晓。这时沟通的简单方法是反复重复企业或产品的名称。

(2) 认识(Knowledge)。当目标受众对企业和产品已经知晓但所知不多时,企业应将建立目标受众对企业或产品的清晰认识作为沟通目标。

(3) 喜欢(Liking)。当目标受众对企业或产品的感觉不深刻或印象不佳时,促销的目标是着重宣传企业或产品的特色和优势,使之产生好感。

(4) 偏好(Preference)。当目标受众已喜欢企业或产品,但没有特殊的偏好时,促销的目标是建立受众对本企业或产品的偏好,这是形成顾客忠诚的前提。这需要特别宣传企业或产品较其他同类企业或产品的优越性。

(5) 确信(Conviction)。如果目标受众对企业或产品已经形成偏好,但还没有发展到购买它的信念,这时促销的目标就是促使他们做出或强化购买决策,并确信这种决策是最佳决策。

(6) 购买(Purchase)。如果目标受众已决定购买但还没有立即购买时,促销的目标是促进购买行为的实施。

三、设计促销信息

设计促销信息,需要解决四个问题:信息内容、信息结构、信息形式和信息来源。

(1) 信息内容

信息内容是信息所要表达的主题,也被称为诉求。其目的是促使受众作出有利于企业的良好反应。一般有三种诉求方式:

① 理性诉求(Rational Appeals)。针对受众的兴趣指出产品能够产生的功能效用及给购买者带来的利益。如洗衣粉宣传去污力强,空调宣传制冷效果好,冰箱突出保鲜等。一般工业品购买者对理性诉求的反应最为敏感,消费者在购买高价物品时也容易对质量、价格、性能的等诉求做出反应。

② 情感诉求(Emotional Appeals)。通过使受众产生正面或反面的情感,来激励其购买行为的一种诉求方式。如使用幽默、喜爱、欢乐等促进购买和消费,也可使用恐惧、羞耻等促使人们去做应该做的事(如刷牙、健康检查等)或停止做不该做的事(如吸烟、酗酒)等。

③ 道德诉求(Moral Appeals)。诉求于人们心目中的道德规范,促使人们分清是非,弃恶从善,如遵守交通规则,保护环境,尊老爱幼等。这种诉求方式特别用在企业的形象宣传中。

(2) 信息结构

信息结构也就是信息的逻辑安排,主要解决三个问题:一是是否做出结论,即是提出明确结论还是由受众自己作出结论;二是单面论证还是双面论证,即是只宣传商品的优点还是既说优点也说不足;三是表达顺序,即沟通信息中把重要的论点放在开头还是结尾的问题。

（3）信息形式

信息形式即用什么方式来表达信息。信息形式的选择对信息的传播效果具有至关重要的作用。如在印刷广告中,传播者必须决定标题、文案、插图和色彩,以及信息的版面位置;通过广播媒体传达的信息,传播者要充分考虑音质、音色和语调;通过电视媒体传达的信息,传播者除要考虑广播媒体的因素外,还必须考虑仪表、服装、手势、发型等体语因素;若信息经过产品及包装传达,则特别要注意包装的质地、气味、色彩和大小等因素。

（4）信息来源

由谁来传播信息对信息的传播效果具有重要影响。如果信息传播者本身是接受者信赖甚至崇拜的对象,受众就容易对信息产生注意和信赖。比如,玩具公司请儿童教育专家推荐玩具,高露洁公司请牙科医生推荐牙膏,长岭冰箱厂请中科院院士推荐冰箱等,都是比较好的选择。

四、选择信息沟通渠道

信息沟通渠道通常分为两类:人员沟通渠道与非人员沟通渠道。

（1）人员沟通渠道

人员沟通渠道是指涉及两个或更多的人相互间的直接沟通。人员沟通可以是当面交流,也可以通过电话、信件甚至 QQ 网络聊天等方式进行。这是一种双向沟通,能立即得到对方的反馈,并能够与沟通对象进行情感渗透,因此效率较高。在产品昂贵、风险较大或不常购买及产品具有显著的社会地位标志时,人员的影响尤为重要。

人员沟通渠道可进一步分为倡导者渠道、专家渠道和社会渠道。倡导者渠道由企业的销售人员在目标市场上寻找顾客;专家渠道通过有一定专业知识和技能的人员的意见和行为影响目标顾客;社会渠道通过邻居、同事、朋友等影响目标顾客,从而形成一种口碑。在广告竞争日益激烈、广告的促销效果呈下降趋势的情况下,口碑营销成为企业越来越重视的一种促销方式。

（2）非人员沟通渠道

非人员沟通渠道指不经人员接触和交流而进行的一种信息沟通方式,是一种单向沟通方式。包括大众传播媒体（Mass Media）、气氛（Atmosphere）和事件（Events）等。大众传播媒体面对广大的受众,传播范围广;气氛指设计良好的环境因素制造氛围,如商品陈列、POP 广告、营业场所的布置等,促使消费者产生购买欲望并导致购买行动;事件指为了吸引受众注意而制造或利用的具有一定新闻价值的活动,如新闻发布会、展销会等。

五、制定促销预算

促销预算是企业面临的最难做的营销决策之一。行业之间、企业之间的促销预算差别相当大。在化妆品行业,促销费用可能达到销售额的 20%～30%,甚至 30%～50%;而在机械制造行业中,促销费用仅为 10%～20%。

【思考与讨论】　企业的促销费用投入是不是越高效果越好?

【知识补充】

制定促销预算的方法

量力支出法(Affordable Method)。这是一种量力而行的预算方法，即企业以本身的支付能力为基础确定促销活动的费用。这种方法简单易行，但忽略了促销与销售量的因果关系，而且企业每年财力不一，从而促销预算也经常波动。

销售额百分比法(Percentage-of-Sales Method)。即依照销售额的一定百分比来制定促销预算。如企业今年实现销售额 100 万元，如果将今年销售额的 10% 作为明年的促销费用，则明年的促销费用就为 10 万元。

竞争对等法(Competitive-Parity Method)。主要根据竞争者的促销费用来确定企业自身的促销预算。

目标任务法(Objective-Task Method)。企业首先确定促销目标，然后确定达到目标所要完成的任务，最后估算完成这些任务所需的费用，这种预算方法即为目标任务法。

六、确定促销组合

微课：7-5

确定促销组合

现代营销学认为，促销的具体方式包括人员推销、广告、公共关系和营业推广四种。企业把这四种促销形式有机结合起来，综合运用，形成一种组合策略或技巧，即为促销组合。

企业在确定了促销总费用后，面临的重要问题就是如何将促销费用合理地分配于四种促销方式的促销活动。四种促销方式各有优势和不足，既可以相互替代，又可以相互促进、相互补充。所以，许多企业都综合运用四种方式达到既定目标。这使企业的促销活动更具有生动性和艺术性，当然也增加了企业设计营销组合的难度。企业在四种方式的选择上各有侧重。同是消费品企业，可口可乐主要依靠广告促销，而安利则主要通过人员推销。因此，设计促销组合，必须了解各种促销方式的特点、影响促销组合的因素以及促销策略的类型。

（1）各种促销方式的特点

各种促销方式在具体应用上都有其优势和不足，都有其实用性。所以，了解各种促销方式的特点是选择促销方式的前提和基础(见表 7-2)。

① 广告(Advertising)。广告的传播面广，形象生动，比较节省资源，但广告只能对一般消费者进行促销，针对性不足；广告也难以立即促成交易。

② 人员推销(Personal Selling)。人员推销能直接和目标对象沟通信息，建立感情，及时反馈，并可当面促成交易。但占用人员多，费用大，而且接触面比较窄。

③ 公共关系(Public Relations)。公共关系的影响面广，信任度高，对提高企业的知名度和美誉度具有重要作用。但公共关系花费力量较大，效果难以控制。

④ 营业推广(Sales Promotion)。营业推广的吸引力大，容易激发消费者的购买欲望，并能促成立即购买。但营业推广的接触面窄，效果短暂，特别不利于树立品牌。

表7-2　四种主要促销方式优缺点比较

促销方式	优点	缺点
广告	宣传面广,传递信息快,节省人力,形象生动	只能与消费者进行单向信息传递,效果不能立即体现。有些媒体促销投入较高
人员推销	与消费者直接面对,有利于了解消费者的特点和需要,互动性强,有利于与顾客形成长期的关系	人员编制大,推销力量不易改变,费用高
营业推广	容易吸引注意力,作用快速,刺激性强	效果通常是短期的,适用于短期促销行为
公共关系	对消费者来说真实、可信,容易接受,有利于树立企业形象	活动牵涉面广,并非企业可自行控制的

（2）影响促销组合的因素

由于不同的促销手段具有不同的特点,企业要想制定出最佳组合策略,就必须对促销组合进行选择。企业在选择最佳促销组合时,应考虑以下因素。

① 产品类型

产品类型不同,购买差异就很大,不同类型的产品应采用相应的促销策略。一般来说,消费品主要依靠广告,然后是销售促进、人员推销和宣传;生产资料主要依靠人员推销,然后是销售促进、广告和宣传(见图7-1)。

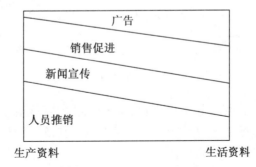

图7-1　不同产品类型各种促销方式的相对重要程度

② 产品生命周期

处在不同时期的产品,促销的重点目标不同,所以采用的促销方式也有所区别(见表7-3)。

表7-3　产品生命周期与促销方式

产品生命周期	促销的主要目的	促销主要方法
投入期	使消费者认识商品,使中间商愿意经营	广告介绍,对中间商用人员推销
成长期成熟期	使消费者感兴趣,扩大市场占有率,使消费者成为"偏爱"	扩大广告宣传,搞好营业推广和广告宣传
衰退期	保持市场占有率,保持老顾客和用户推陈出新	适当的销售促进,辅之广告,减价

从表7-3可以看出,在导入期和成熟期,促销活动十分重要,而在衰退期则可降低促销费

用支出,缩小促销规模,以保证足够的利润收入。

③ 市场状况

市场需求情况不同,企业应采取的促销组合也不同。一般来说,市场范围小,潜在顾客较少以及产品专用程度较高的市场,应以人员推销为主;而对于无差异市场,因其用户分散,范围广,则应以广告宣传为主。

(3) 促销策略的类型

促销组合策略有两种,即推式策略和拉式策略。不同策略对各种促销方式的重视程度是不同的。

① 推式策略

推式策略是指利用推销人员与中间商促销,将产品推入渠道的策略。这一策略需利用大量的推销人员推销产品,它适用于生产者和中间商对产品前景看法一致的产品。推式策略风险小、推销周期短、资金回收快,但其前提条件是须有中间商的共识和配合(见图 7 - 2)。

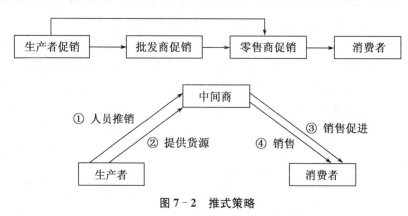

图 7 - 2 推式策略

② 拉式策略。是指产品生产企业大量运用广告和其他宣传措施激发消费者对企业产品发生兴趣,产生购买行为。多以最终消费者为促销对象。如统一润滑油在美伊战争期间打出了"多一些润滑、少一些摩擦"的广告传播语,一举成名;农夫山泉的"一分钱一个心愿,一分钱一份力量"因与万众瞩目的申奥联系了起来,结果是名利双收。拉式策略会使消费者"拉动"产品沿着分销渠道运动(见图 7 - 3)。

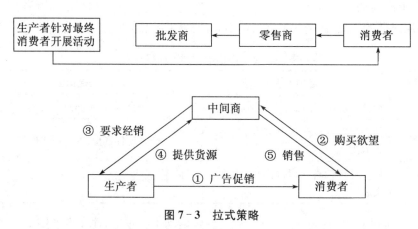

图 7 - 3 拉式策略

【思考与讨论】　你认为"饥饿营销"可归为哪种促销策略？实施"饥饿营销"要注意哪些问题？

七、衡量促销结果

促销计划执行后,信息传播者必须衡量它对目标受众的影响结果。

 情境案例

中消协点名砍价集赞拉人头、盲盒概率营销等十大不良经营手法。

（一）"假"促销虚优惠

一是利用满减吸引下单。部分外卖平台商家打着各种"满减"旗号,吸引消费者关注和下单,实际要参加满减活动就要放弃打折、特价菜品,而后者往往是热销菜式。

二是宣传"秒杀"制造"超值"优惠。部分电商平台或网店开展"秒杀"等活动,或者标注限时"清仓价""打折价""甩卖价"等,貌似大幅优惠,实际"秒杀"价与平时相比让利很少。

三是附加条件限制兑现承诺。部分经营者开展"下满3单免1单""下满3单全额免单"活动,兑现时却附加各种条件,诱导消费者再次消费。此外,部分实体店商家标低价收高价,引发纠纷。

（二）混淆计量要手段

一是经营者采取不正当手段使商品分量不足;二是以次充好,有的将"处理品""残次品"等谎称正品;三是在网络购物中,有的商家混淆计量单位"寸"和"英寸",销售电视机尺寸缩水,或者存在产品配置降级等现象。

（三）超售套券难兑换

部分餐饮、酒店等经营者低价超售团购券、套餐券、住房券等回笼资金,但未在消费者购买时明确告知超售情况和用券限制条件。

由于实际预留的兑换名额很少,消费者多次尝试仍无法预约兑换,经营者也无相应补偿机制,从而引发强烈不满。还有一些网络商家故意超售,再以缺货的名义进行砍单,侵害消费者的合法权益。

（四）砍价集赞拉人头

部分商家为了扩大宣传效果,提升人气,刺激消费,诱导消费者转发链接、图片,通过天天打卡、收集好友点赞、邀请好友"砍价"等方式低价销售或者赠送产品或者服务。消费者按要求参与,符合活动要求兑换奖品时,经营者以各种理由拒绝兑换,引发消费纠纷。

该类营销方式广泛存在于餐饮、票务、教育培训等领域,比如,打卡转发送课程、打卡返现、集赞免费返现、好友助力砍价等。

中消协表示,经营者的转发、集赞等活动,目的是利用消费者帮助其营销,以扩大知名度,提升人气,吸引客流。经营者拒不兑现承诺,甚至擅改规则,只会引发负面效果,失去人心,得不偿失。消费者也要珍惜自己的社交资源,注意个人信息保护,不要为了低价诱惑"贱卖"相关信息。

（五）低价促销藏风险

一是部分商家以"0元购""0元学""一元购"等形式低价吸引消费者购物，实际却是为消费者办理贷款或者分期付款。

二是部分商家利用"充多少送多少""高额返现"等形式，诱导消费者大量充值。

三是部分网络商家或电视购物商家采用货到付款方式给消费者快递不知情商品，骗取货款。

中消协表示，经营者为消费者办理各类"消费贷"，应当明确告知消费者金融产品的详细情况和相关风险，让消费者明明白白消费。如果利用"0元购""0元学"隐瞒真实情况，不告知消费者甚至代替消费者办理"消费贷"，涉嫌消费欺诈。

消费贷、消费分期虽然解决了消费者的燃眉之急，但是这类金融产品都有相关费用，消费者实际支出成本更高。"充多少送多少"的营销方式，违背价值规律，往往沦为圈钱手段，潜藏很大风险。

（六）洗脑营销诱消费

洗脑式宣传是通过媒体或者推销员反复向目标人群宣传同一或雷同的内容，有的内容简单粗暴，甚至低俗，令人反感。

洗脑式宣传主要有两种：一是洗脑式广告，主要是电视购物、重复性广告；二是部分经营者通过免费体验、低价体验吸引消费者，然后在体验服务过程中对消费者进行"洗脑式"宣传，让其购买高价产品或服务。

洗脑式宣传主要存在于保健品、美容美发、健身、保险、教育培训、摄影写真、旅游等行业。

（七）引诱消费者私下交易

一是有些网购平台上的商家通过客服聊天引诱消费者私下交易，导致消费者售后无保障。二是部分微商通过社交平台或者聊天群加消费者好友，诱导消费者私下交易。三是部分微商在社交平台发布促销广告，引诱消费者进入不知名网站或者添加微信交易。

中消协表示，《网络交易监督管理办法》对"社交电商""直播带货"等网络交易活动中的经营者做出了细化规定，相关经营者应当加强平台治理力度，切实履行相应义务，避免触犯相关规定。与正规渠道网购相比，当事人一旦转入个人私下交易，很难适用《中华人民共和国消费者权益保护法》处理，还会面临联系难、售后难、取证难、维权难等各种困难。建议消费者不要选择。

（八）"概率"营销利用人性弱点

经营者在销售过程中利用猎奇心理、获奖心态，通过概率、算法，刺激消费者的购买欲望。比如盲盒经济、网络游戏抽奖等。

一是盲盒范围不断扩大，涉及玩具、通信产品、餐饮、机票、网络游戏、活体动物等各种类型，部分消费者沉溺盲盒产品，过度消费。一些消费者为了收集齐全整套产品，反复购买盲盒，花费很大；一些消费者买到的盲盒内容物与宣传不符；一些消费者拆封后发现产品存在质量问题，有的到手时已被拆开过。

二是部分网络游戏玩家为了抽中心仪的奖品，不断充值。三是一些商家对购物凭证进行抽奖，实际却推销质次价高的商品，有的还不兑现奖品。四是部分商家利用消费者数据通过技术手段提高不活跃用户的中奖概率或中奖金额，刺激消费。

中消协指出,"概率"营销在一定程度上满足了消费者的猎奇心理,受到年轻人追捧。但是,这种营销方式也可能助长投机心理,使消费者深陷其中,养成不良的消费观念和消费方式,特别是对未成年人负面影响很大。

经营者向消费者提供商品和服务,应当恪守社会公德,诚信经营,保障消费者的知情权、选择权、公平交易权等各项权益,不应利用人性弱点,诱导盲目消费、过度消费。经营者不得滥用其掌握的消费者的消费大数据,暗中修改中奖概率。建议政府及有关部门高度关注此类问题,加快完善相关立法,加大市场监管力度,切实规范概率营销。同时,加强对未成年人的教育引导,倡导正确的消费观念和消费行为。

（九）混淆"定金"和"订金"

订金具有预付款性质,可以随时退款。定金则是一个法律概念,通过"定金原则"对合同的成立和合同的履行提供担保,对交易双方都有约束,如果消费者违约,经营者可以不退定金;如果经营者违约,应当双倍返还定金。

部分经营者故意混淆"定金"和"订金",让消费者预付费用时以为是订金,实际付的却是定金,导致消费者权益受损。此类纠纷常见于汽车消费纠纷。

此外,汽车纠纷中经常遇到出库费、保险费等各类费用。汽车产品含"科"量越来越高,汽车厂家从消费者端获得的数据越来越多,信息优势更加明显,消费者更加弱势,产生纠纷后,往往处于不利地位。

（十）销售违禁或无法使用产品

部分网络商家销售针孔摄像头等窃听、窃照专用器材,销售已经淘汰商品、禁售产品、违禁活体动物等。还有的商家只顾推销,不告知商品和服务正确使用的范围和途径,不考虑购买人情况,导致消费者无法正常使用相关商品和服务。

课后练习

一、单项选择题

1. 促销的实质是（　　　）。
   A. 扩大销售　　　B. 占领市场　　　C. 信息沟通　　　D. 参与竞争

2. 儿童智力玩具一般宜选择（　　　）作为广告媒介。
   A. 报纸　　　　　B. 广播　　　　　C. 电视　　　　　D. 杂志

3. POP 广告是指（　　　）。
   A. 产品广告　　　B. 促销广告　　　C. 价格广告　　　D. 售点广告

4. 企业业务员在闹市向消费者免费赠送样品的促销方式属于（　　　）。
   A. 广告　　　　　B. 人员推销　　　C. 营业推广　　　D. 公共关系

5. 当目标受众还不了解产品时,促销的首要任务是（　　　）。
   A. 知晓　　　　　B. 认识　　　　　C. 确信　　　　　D. 购买

6. 企业以本身的支付能力为基础确定促销活动的费用,确定促销预算的方法是（　　　）。
   A. 目标任务法　　B. 销售百分比法　C. 量入为出法　　D. 竞争对等法

7. 对于市场范围小,潜在顾客较少以及产品专用程度较高的市场,应采用（　　　）促销方式。

    A. 广告   B. 人员推销   C. 营业推广   D. 公共关系

8. 对于生产资料产品较常采用的促销方式是(　　)。

    A. 广告   B. 人员推销   C. 营业推广   D. 公共关系

9. 对于无差异市场,市场范围广,一般采用(　　)促销方式。

    A. 广告   B. 人员推销   C. 营业推广   D. 公共关系

10. 利用推销人员与中间商促销,将产品推入渠道的策略是(　　)。

    A. 推式策略   B. 公关策略   C. 拉式策略   D. 人员策略

二、多项选择题

1. 营业推广的形式包括(　　)。

    A. 商品降价   B. 散发宣传材料   C. 免费使用产品

    D. 有奖销售   E. 现场展示产品

2. 人员推销的优点是(　　)。

    A. 针对性强   B. 双向信息沟通   C. 购销关系稳定

    D. 可信度高   E. 拓展市场快

3. 促销组合包含的策略有(　　)。

    A. 人员推销   B. 广告促销   C. 让价竞销   D. 营业推广   E. 公共关系

4. 广告要素包括(　　)。

    A. 广告主   B. 广告商   C. 广告信息   D. 广告媒体   E. 广告费用

5. 广告信息设计应体现(　　)。

    A. 真实性   B. 广泛性   C. 艺术性   D. 社会性   E. 针对性

6. 推销人员组织结构的形式有(　　)。

    A. 地区结构   B. 产品结构   C. 需求结构   D. 复合结构   E. 顾客结构

7. 营业推广包括以(　　)为对象。

    A. 消费者或用户   B. 中间商   C. 制造商

    D. 供应商   E. 推销人员

8. 属于营业推广的形式有(　　)。

    A. 自建门市营业推销   B. 免费样品   C. 代价券

    D. 展销会   E. 参与公益活动

9. 开展公共关系活动的方式包括(　　)。

    A. 公开出版物   B. 利用新闻媒体宣传   C. 开展公益活动

    D. 专题活动   E. 危机处理

三、判断题

1. 人员促销亦称直接促销,它主要适合于消费者数量多、比较分散情况下进行促销。(　　)

2. 由于人员推销是一个推进商品交换的过程,所以买卖双方建立友谊、密切关系是公共关系而不是推销活动要考虑的内容。(　　)

3. 对单位价值较低、流通环节较多、流通渠道较长、市场需求较大的产品常采用拉式策略。(　　)

4. 推销员除了要负责为企业推销产品外,还应该成为顾客的顾问。 （ ）

5. "刺激—反应"策略是在不了解顾客的情况下,推销者运用刺激手段引发顾客产生购买行为的策略。 （ ）

6. 非人员促销适用于消费者数量多、比较集中的情况。 （ ）

7. 甄选推销人员就是指对未从事推销工作的人员进行甄选。 （ ）

8. 广告媒体的影响力是以报刊的发行量和电视、广播的视听率高低为标志的。 （ ）

9. 广告是否具有感召力,最关键的因素是诉求形式。 （ ）

10. 公共关系是一种信息沟通,是创造"人和"的艺术。 （ ）

11. "推"式促销策略要求制造商以中间商为主要的促销对象。 （ ）

12. 公共关系的目标是塑造组织形象。 （ ）

13. 广义的广告是指借用一切传播媒体形式向公众传播信息活动。 （ ）

14. 营业推广在较长的时期内,对销售量的迅速提高是很有效的。 （ ）

15. 从事销售工作的人统统被称为推销员。 （ ）

16. 为选择媒体,广告客户必须先确定实现广告目标所需要的范围。 （ ）

17. 促销的一切活动实质上是信息的传播和沟通过程。 （ ）

18. 在对促销策略的运用中,消费品偏重人员推销与公共关系,而工业品则偏向于广告和营业推广。 （ ）

四、思考题

1. 什么是促销,企业选择促销组合要考虑哪些因素?

2. 什么是广告? 有何特点? 广告信息具有哪些要求?

3. 什么是人员推销? 有何特点?

4. 人员推销的基本程序有哪些?

5. 人员推销队伍组织结构有几种形式?

6. 什么是营业推广? 制定营业推广方案要考虑哪些问题?

7. 什么是公共关系? 有何特点?

五、案例分析题

案例一 某商场的促销

国庆节期间,不管是商家还是厂家,都纷纷推出各种销售促进措施吸引消费者,都期望增加销售量。面对众多商场推出的"买100返30礼券""买200返100购物券"等活动,某商场推出了更加诱人的优惠套餐,在全场打九折的基础上,购物满100元直接返还20元现金,满200元返45元现金,满500元返180元现金。这种销售促进活动促销力度很大,引起了许多消费者的注意,整整一周的时间,某商场每天都是全场爆满。请根据以上资料分析并回答以下问题。

问题:

1. 什么是销售促进(营业推广)?

2. 该商场采取的是哪种类型的销售促进方式?

3. 你认为该商场还可以采取哪些具体的销售促进方式?

案例二　招揽顾客、间接折价的"美丽存折"

"美丽存折"是北京一家美容院在开店之际推出的一项招揽顾客的新方法。该美容院在"美丽存折"中已为消费者存入了100元现金和体验消费项目(10项)。消费者只需花费90元购买"美丽存折"。消费者凭"美丽存折"即可免费体验存折中所设定的10项消费项目,如果消费者购买相关产品或服务项目(月卡、季卡),凭此存折可充抵现金100元。"美丽存折"活动推出一个月,美容院新增会员数量400余人,取得了很好的效果。

问题:

1. 试分析该美容院"美丽存折"促销活动成功的原因。

2. 请结合所学知识,为此项促销活动提两点改进的建议。

六、职业技能训练题

请以某品牌某药品为例,分析其促销组合,写一篇促销组合分析报告。要求按促销组合方案设计步骤展开。

项目八 创建和管理顾客关系

知识目标:掌握顾客价值、顾客成本与顾客让渡价值的概念及其相互关系;掌握顾客满意概念,了解顾客满意战略的基本内容;理解顾客关系维系及实施全面质量营销的重要意义。

技能目标:能够提出提升顾客让渡价值的方法;能够提出维系顾客的方法;能够提出企业顾客关系建设的建议。

 导入案例

小王受雇于一家超级市场,担任收银员。有一天,他与一位中年妇女顾客发生了争执,中年妇女气冲冲地离开了超市。

尽管小王在此次争执中并没有违反有关制度,但是当超市总经理获悉此事后,他当即做出了辞退小王的决定。一些部门经理,还有超市员工都找到总经理来为小王说情和鸣不平,但总经理的意志很坚决。

小王很委屈。总经理找他谈话:"我知道你心里很不好受。因为我要辞退你,一些人还说我不近人情。"

总经理走过去,和小王坐在一起。他说:"我想请你回答几个问题。那位妇女做出此举是故意的吗? 她是不是个无赖?"

小王说:"不是。"

总经理说:"她被我们超市人员当作一个无赖请到保安监视室里看录像,是不是让她的自尊心受到了伤害? 还有,她内心不快,会不会向她的家人、亲朋诉说? 她的亲人、好友听到她的诉说后,会不会对我们超市也产生反感心理?"

面对一系列提问,小王都一一说"是"。

总经理说:"那位中年妇女会不会再来我们超市购买商品? 像我们这样的超市在我们这座城市有很多,凡是知道那位中年妇女遭遇的她的亲人朋友会不会来我们超市购买商品?"

小王说:"不会。"

"问题就在这里,"总经理递给小王一个计算器,然后说,"据专家测算,每位顾客的身后大约有250名亲朋好友,而这些人又有同样多的各种关系。商家得罪一名顾客,将会失去几十名、数百名甚至更多的潜在顾客,而善待每一位顾客,则会产生同样大的正效应。假设一个人每周到商店里购买20元的商品,那么,气走一个顾客,这个商店在一年之中会有多少损失呢?"

几分钟后,小王就计算出了答案,他说:"这个商店会失去几万甚至上百万元的生意。"

总经理说:"这可不是个小数字。虽然只是理论测算,与实际运作有点出入,但任何一个高明的商家都不能不考虑这一问题。那位中年妇女被我们气走了,至今我们还不知道她姓甚名谁、家住哪里,因此无法向她赔礼道歉,挽回这一损失。为了教育超市营业人员善待每一位顾客,所以做出了辞退你的决定。请你不要以为我的这一决定是在上纲上线、乱扯罪名。"

小王说:"我不会这么认为,您的这一决定是对的。通过与您谈心,我明白了您为什么要辞退我,我会拥护您的决定。可是我还有一个疑问,就是遇到这样的事件,我应该怎么去处理?"

总经理说:"很简单,你只要改变一下说话方式就可。你可以这样说:'尊敬的女士,我忘了把您交给我的钱放到哪里去了,我们一起去看一下录像好吗?'你把'过错'揽到你的身上,就不会伤害她的自尊心。在清楚事实真相后,你还应该安慰她、帮助她。要知道,我们是依赖顾客生存的商店,不是明辨是非的法庭呀!怎样与顾客打交道,是我们的重要课题!"

小王说:"与您一席谈,胜读十年书。谢谢您对我的教益。"

总经理说:"你是个工作勤恳、悟性很强的员工。若干年后,你会明白我的这一决定不只对超市有好处,而且对你有益处。按照我们超市的规定,辞退一名员工是要多付半年工资作为补偿的。如果半年后,你还没有找到合适的工作,那么你再来我们超市。我们是欢迎你来的。"

小王这个二十多岁的青年,无限感慨地离开这家超市。以后,他没有再回到这家超市,他筹集了一些资金,干起了旅馆事业。10 年时间过去了,超市总经理、小王都已拥有了上亿元的个人资产。

一次集会上,两人不期而遇。小王紧握着超市总经理的双手说:"感谢您传授给我一个宝贵的经营诀窍,它使得我取得今天的成绩。"

总经理说:"你说这,让我感到迷惑了。我好像没有向你传授什么诀窍呀?"

小王说:"10 年前那次长谈,您已经间接说出了您的经营要诀,就是让每一个顾客满意地离开商家。"

总经理说:"你真是一位聪慧的人,要知道这可是我的经营秘诀——秘不可传呀!"

随即,两人哈哈大笑起来。这天,他们谈得很开心。他们都是依靠同一秘诀,干出了如今辉煌的业绩。

【营销启示】 随着市场竞争的日益激烈,顾客有了更大的选择权,市场由原来的供方主导转变为顾客主导。顾客因此成为企业赖以生存和发展的源泉。顾客关系管理的核心是为顾客创造价值,顾客价值驱动着顾客的消费行为,如何使顾客价值最大化,不断维持和增加顾客已成为企业最为关注的问题之一。

前面我们学习了营销组合策略,知道了企业所设计的针对目标市场顾客的营销组合方案的策略选择。到现在为止,我们应该认识到一个有效的营销组合方案,一定是能够满足目标顾客的需求,为顾客创造价值,这是建立长期稳定的顾客关系的基础。本项目将通过顾客满意、顾客让渡价值、顾客终身价值、顾客满意与价值链、顾客维系等内容的学习,进一步认识如何创建和管理顾客关系。

任务 1 创建顾客关系

创建顾客关系必须要在现代营销理念指导下,对顾客和顾客关系的内涵有正确的认识。

一、顾客的含义

在从事营销活动时,顾客是与企业进行交换的对象,他们希望的是交换到自己满意的商品或服务。对于企业来说,了解顾客及其核心需求就成为首要任务。那么,如何界定交换对象的内涵呢?

通常,顾客就是向企业购买产品或服务的个人、团体。按照国际标准化组织(ISO)对顾客的界定,我们可以将顾客分为内部顾客(internal customer)和外部顾客(external customer)两类。前者主要包括股东、经营者和员工;后者主要包括最终消费者、使用者、受益者或采购方。

随着市场环境的不断变化,企业越来越深刻地认识到顾客尤其是外部顾客对其生存与发展的重要意义,从市场竞争的角度看,市场竞争实际上就是争夺顾客的竞争,谁赢得了顾客,谁就赢得了市场。

二、顾客让渡价值

微课:8-1

顾客让渡价值

1. 顾客让渡价值的含义

顾客的购买,是一个产品的选购过程;在这个过程中,顾客运用他的知识、经验、努力和收入等,按照"价值最大化"的原则,从众多的品牌和供应商中选择自己需要的产品。其中,"价值最大化"是顾客每次交易力争实现的目标,也是其评判交易成功与否的标准。所以,顾客在选择与其进行交易的营销者时,会事先形成一种价值期望,期望价值与获得的实际价值比较,是顾客衡量是否得到了"最大价值"的现实评判方法。

著名营销专家菲利浦·科特勒以"顾客让渡价值"(customer delivered value)概念,把顾客购买过程高度程式化,并使之成为营销学的基础理论。他指出"顾客让渡价值"是顾客获得的总价值与顾客获得这些总价值支付的总成本差额。简言之,顾客让渡价值是指顾客总价值与顾客总成本的差额。

顾客让渡价值的构成要素如图8-1所示。

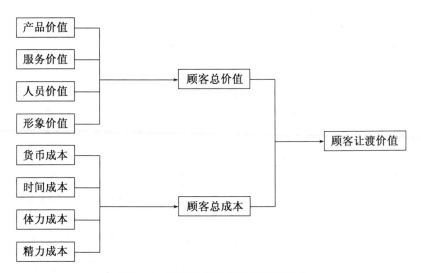

图8-1　顾客让渡价值及其构成要素

2. 顾客总价值

顾客总价值(total customer value)是指顾客从购买的特定产品和服务中所期望得到的所

有利益。

顾客总价值一般由如下几部分构成：

(1) 产品价值(product value)，即顾客购买产品或服务时，可得到的产品所具有的功能、可靠性、耐用性等等。

(2) 服务价值(service value)，顾客可能得到的使用产品的培训、安装、维修等等。

(3) 人员价值(personal value)，顾客通过与公司中训练有素的营销人员建立相互帮助的伙伴关系，或者能及时得到企业营销人员的帮助。

(4) 形象价值(image value)，顾客通过购买产品与服务，使自己成为一个特定企业的顾客，如果企业具有良好的形象与声誉，顾客可能受到他人赞誉，或者与这样的企业发生联系而体现出一定的社会地位。

> **【思考与讨论】** 对于企业而言，你认为最应该看重顾客总价值中的哪部分价值。

3. 顾客总成本

顾客总成本(total customer cost)是指顾客为购买某一产品所耗费的时间、精力、体力以及所支付的货币资金。

顾客总成本一般包括四种成本：

(1) 货币成本(monetary cost)，顾客购买一个产品或服务，首先就要支付货币，或者不能得到免费维修调试等支出的服务价格。

(2) 时间成本(time cost)，顾客在选择产品的时候，学习使用、等待需要的服务等等所需付出的成本或损失。

(3) 精力成本(mental cost)，顾客为了学会使用保养产品，为了联络营销企业的人员，或者为安全使用产品所付出的担心等。

(4) 体力成本(physical cost)，顾客为了使用产品、保养维修产品等方面付出的体力。如图8-1表明，总的顾客价值越大，总的顾客成本越低，顾客让渡价值越大。

4. 顾客让渡价值提升

顾客让渡价值可以看成是顾客购买所获得的利润，如同任何厂家希望通过销售产品获得尽可能高的利润一样，顾客的购买也是按照"利润最大化"的原则进行选择的。

不同顾客拥有的知识、经验具有差异性，一个特定的顾客争取得到最大顾客让渡价值的过程是一个"试错"过程，是逐渐逼近最大让渡价值的过程。就是说，在观察一个特定顾客的某次购买的时候，也许他并没有实现让渡价值最大化。但是，在这位顾客重新购买的时候，会通过积累的经验和知识，来增加其获得的让渡价值。只有那些能够提供比竞争对手的顾客让渡价值更大的企业，才能争取与保持顾客。

提高顾客让渡价值是增加顾客满意程度、吸引购买、扩大销售、提高经济效益、增强企业竞争力的重要途径，提高顾客让渡价值有两个途径三种组合：一是尽力提高顾客价值，二是尽力减少顾客成本，三是在提高顾客价值和减少顾客成本两个方向上都做出营销努力。

具体而言，提高顾客让渡价值的途径有：

(1) 在不改变整体顾客成本的条件下，通过改进产品、改善服务、提高人员素质、提升企业形象来提高整体顾客价值。

（2）在不改变整体顾客价值的条件下，通过降低价格或减少顾客购买公司产品所花费的时间、精力、体力来降低整体顾客成本。

（3）在提高整体顾客价值的同时，提高了整体顾客成本，但要使两者的差值增大，从而使顾客让渡价值增加。

可见，顾客让渡价值的大小取决于顾客总价值和顾客总成本，而这两类因素又由若干个具体因素构成。顾客总价值的构成因素有产品价值、服务价值、人员价值和形象价值等，其中任何一项价值因素的变化都会引起顾客总价值的变化顾客总成本的构成因素有货币成本、时间成本、精神成本和体力成本，其中任何一项成本因素的变化都会引起顾客总成本的变化。任何一项价值因素或成本因素的变化都不是孤立的，而是相互联系、相互作用的，会直接或间接引起其他价值因素或成本因素的增减变化，进而引起顾客让渡价值的增减变化。

三、顾客终身价值

1. 顾客终身价值

顾客终生价值（customer lifetime value）从狭义来理解，是指一个顾客在与企业保持关系的整个期间内所产生的现金流经过折现后的累积和。从广义来理解，是指所有顾客终身价值折现值的总和。企业在品牌管理过程中必须从广义的角度来把握顾客终身价值。

每个客户的价值都由三部分构成：历史价值（到目前为止已经实现了的顾客价值）、当前价值（如果顾客当前行为模式不发生改变的话，将来会给公司带来的顾客价值）和潜在价值（如果公司通过有效的交叉销售可以调动顾客购买积极性，或促使顾客向别人推荐产品和服务等，从而可能增加的顾客价值）。

2. 顾客终身价值的三维结构

顾客终身价值不是一个单维的矢量，它是一个立体的概念，具有三维结构。

一是顾客维持时间维度。企业通过维持与顾客的长期关系，建立高的顾客维持率，从而获得较高的顾客终身价值。

二是顾客份额维度，是指一个企业所提供的产品或服务占某个顾客总消费支出的百分比。要获得最大的顾客终身价值，不仅需要有高的顾客维持率，更要有高的顾客份额。顾客份额应该是衡量顾客终身价值的一个重要指标。

三是顾客范围维度。显然企业总的顾客终身价值的大小与它的顾客范围直接相关。从顾客范围维度出发，要求企业必须清楚它的现有顾客是谁，同时注意开拓潜在顾客。

四、顾客满意

微课：8-2

顾客满意

顾客让渡价值，很好地说明了顾客的购买选择与行为取向。但顾客的让渡价值，仅仅是他选择购买哪个厂家产品时的一种价值判断。购买以后，顾客对于购买成功与否的评价还要取决于是否满意。

顾客满意是指顾客通过对一个产品的感知价值（可感知绩效）与他的期望价值（预期绩效）比较后所形成的感觉状态。

顾客的可感知价值是指购买和使用产品以后可以得到的好处、实现的利益、获得享受，被提高的个人生活价值。

顾客的期望价值指顾客在购买产品之前,对于产品具有的可能给自己带来的好处或利益,是对产品或服务提高其生活质量方面的期望。在很大程度上,他人的评价、介绍、厂家许诺等,对形成顾客的期望价值有很大的影响。显然,顾客的满意是二者的函数。如图8-2所示。

$$顾客满意=f(感知价值,期望价值)\begin{cases}感知价值>期望价值——很满意\\感知价值=期望价值——满意\\感知价值<期望价值——不满意\end{cases}$$

图8-2 顾客满意的形成过程

对于奉行现代营销观念的企业,顾客满意是最高目标;对于企图争取更多的顾客并保持已有的顾客的企业,最主要的努力方向就是使顾客能具有满意感。因此,从顾客满意的概念和形成机制中可知,企业可以在降低预期价值、提高可感知价值方面分别或综合性地作出营销努力,来提高顾客的满意度。

【思考与讨论】 你认为,企业应从哪些方面考虑提升顾客的满意度。

五、顾客满意战略

1. 顾客满意战略及其要求

顾客满意(customer satisfaction),简称之为CS战略,它是一种新的营销管理战略。顾客满意战略是指企业的全部经营活动都要从满足顾客的需要出发,以提供满足顾客需要的产品或服务为企业的责任和义务,使顾客满意为企业的经营目的。顾客满意战略强调以顾客为中心的价值观,打破了企业传统的市场占有率推销模式,建立起一种全新的顾客满意营销导向。

顾客满意战略的要求:(1) 在调查和预测顾客需求的基础上,开发顾客满意的产品;(2) 产品价格与顾客接受能力相适应;(3) 销售网点的建立要方便顾客;(4) 售后服务要细致周到。

"满意的顾客是最好的广告,满意的顾客是最好的推销员。"据有关的调查研究结果:一个满意的顾客会引发8笔潜在生意,其中至少有1笔成交,而一个不满意的顾客会影响25个人的购买意愿。

2. 外部顾客与内部顾客的关系

顾客满意战略将顾客的含义延伸到企业内部,顾客满意包括外部顾客满意和内部顾客满意。在外部顾客满意与内部顾客满意之间发生矛盾时,应当以外部顾客满意为主导。因为外部顾客的不满意,是没有太多的机会来弥补的。

在企业内部,下一道工序是上一道工序的"顾客"。基层员工是基层管理人员的顾客,基层管理人员是中层管理人员的顾客,中层管理人员是高层管理人员的顾客,形成了一条"内部顾客关系链"。

顾客满意战略的顾客观是:以外部顾客满意为标准,促使内部员工积极参与,努力工作,从各方面提高工作质量,促进整体素质的提高。有满意的员工,才有满意的产品和服务;有满意的产品和服务,才有满意的顾客;有满意的顾客,才有满意的效益;有满意的效益,就能拥有更满意的员工。

任务 2　管理顾客关系

一、顾客维系

微课：8-3

顾客维系

顾客维系是指供应商维持已建立的客户关系，使顾客不断重复购买产品或服务的过程。激烈的市场竞争使企业正努力与顾客形成更牢固的契约和忠诚关系。企业漫不经心地对待顾客常见的原因：认为顾客没有很多可供选择的供应商；其他供应商无法提供达到一定质量和服务要求的产品；市场增长很快，企业无须担心使顾客充分满意。企业在竞争中可能一周损失 100 个顾客，而同时又获得另外 100 个顾客，从而认为销售额仍然是令人满意的。但是，这只是一种高度的"顾客交叉状态"，获得 100 个新顾客所带来的成本费用要比保留住原有的 100 个顾客同时没有新顾客加入所产生的成本要高得多。顾客满意理论提出后，企业要从流失顾客的成本和获得新顾客的成本分析角度来考察维系顾客的问题。

1. 顾客流失的成本分析

企业采取措施降低顾客流失率、顾客流失成本的四个步骤。

第一步，须测定并确定顾客维系率。通过确认顾客维系率判断企业顾客流失的现状。

顾客维系率是指一定时期内保留或维系同老顾客的业务关系之比较，即：

顾客维系率＝（企业当期顾客数或业务量－企业当期新增顾客数或业务量）/企业上期顾客数或业务量×100%

一般而言，顾客维系率越高越好，但对其降低应做具体的分析。比如，当企业在上期为提高顾客数或业务量做了一些短期促销或降价活动，有可能造成下期一些低端非忠诚顾客的大量流失；或者，企业正按 80/20 原则进行顾客优化管理，必然一些无价值顾客会离开。显然，在正确评价顾客维系率时，对其异动应该有一个全面的认识。

第二步，识别各种造成顾客流失的原因，并且确定应加以改进的方面。

顾客流失一般有四种情况。（1）自然流失。这种类型的客户流失不是人为因素造成的，典型的例子如搬迁。（2）恶意流失。所谓"恶意流失"是从客户的角度来说的，一些客户为了满足自己的某些私利而选择了离开企业。这种情况虽然不多，但是也时有发生。（3）竞争流失。这种类型的客户流失是由于企业竞争对手的影响而造成的。（4）过失流失。我们把除上述三种情况之外的客户流失统称为过失流失，之所以用这个名字，是对企业而言的，因为这些客户的流失都是由于企业自身工作中的过失造成的。这种类型的流失是占客户流失总量比例最高的，带给企业影响最大的，也是最需要重点考虑的。

对于那些离开了所在区域或脱离了所经营业务范围的顾客，企业几乎就无能为力了。但是对于那些因为低劣服务、劣质产品、定价过高等原因而离去的顾客，企业应当有所作为。企业可以制作一种频率分布统计表以反映由各种原因造成顾客流失的百分比。

第三步，估算由于不必要的顾客流失，给企业带来的利润损失。

在单个顾客情况下，这正如顾客的生命周期所揭示的情况一样，顾客在有生之年不断购买而形成的利润即为该顾客流失给企业带来的利润损失。一家大型的交通运输商对利润损失估算如下：（1）公司拥有 64 000 个客户；（2）特别是因为劣质服务，今年公司将损失 5% 的客户，即 3 200 个客户(即 0.05×64 000＝3 200)；(3) 年均每个客户流失给公司收入造成的损失是 40 000 美元,因此公司损失了 128 000 000(即 3 200×40 000＝128 000 000)美元的收益；(4) 公司的边际利润是 10%,因此公司将不必要地损失 12 800 000(即 0.10×128 000 000＝12 800 000)美元的利润。

第四步,算出降低损失率需要花费多少成本,只要成本低于损失的利润,公司就应当支付这笔费用。因而,如果这家交通运输商能以小于 12 800 000 美元的费用保留所有这些顾客,就值得这样做。

2. 维系顾客的必要性

研究发现一个事实,吸引新顾客的成本可能是保持现有顾客满意的成本的 5 倍。只要降低 5% 的顾客损失率,就能增加 25%—85% 的利润。进攻性营销明显地要比防守性营销花费得更多,因为它需要花更多的努力和成本将满意的顾客从现有的供应商那里引导其转变到本企业。

营销的重心不仅是吸引新顾客,更重要的是维系现有顾客不仅要强调建立交易而且要强调建立关系,不仅要关注产品售前和售中活动,而且要关注产品的售后活动。

顾客维系是影响利润最重要的因素,可以有两种方式来实现。一是建立高度的转换壁垒,当顾客转换面临着高昂的资金成本、搜寻成本、忠诚顾客折扣的损失等因素时,则顾客向其他供应商转换的可能性很小。二是传递高度的顾客满意,这样竞争者就很难简单地运用低价和诱导转换等策略克服各种壁垒。这种提高顾客忠诚度的方法即所谓"关系市场营销"。

3. 维系顾客方法——关系营销

一般认为销售人员与顾客之间有以下五种不同程度的关系。

(1) 基本型:销售人员把产品销售出去就不再与顾客接触(例如汽车推销商仅仅推销汽车)。

(2) 被动型:销售人员把产品销售出去并鼓动顾客在遇到问题或有意见时给公司打电话。

(3) 负责型:销售人员在产品售出后不久打电话给顾客,检查产品是否符合顾客的期望。销售人员同时向顾客寻求有关产品改进的各种建议,以及任何特殊的缺陷与不足。这种信息能帮助公司不断地改进产品供应。

(4) 主动型:企业销售人员不断给顾客打电话,提供有关改进产品用途的建议或者关于有用的新产品的信息。

(5) 伙伴型:企业不断地与顾客共同努力,寻求顾客合理开支的方法;或者帮助顾客更好地进行购买。

企业与顾客的关系类型与市场规模、单位边际利润有关,表 8-1 说明的是各种关系市场营销的水平。

表 8-1　关系营销水平

顾客/分销商数量	高边际利润	中等边际利润	低边际利润
大量顾客/分销商	责任型	被动型	基本/被动型
适量顾客/分销商	主动型	责任型	被动型
少量顾客/分销商	伙伴型	主动型	责任型

三种建立顾客关系的方法。

第一种方法主要依赖于对顾客关系增加财务利益。如航空公司可以倡导对经常乘坐者给予奖励;旅店可对常客提供高级别的住宿;超级市场可以对老主顾实行折扣退款等。尽管这些奖励计划能够树立顾客偏好,但它们很容易被竞争者模仿,因此常常不能长久地同其他企业的供给行为区别开来。

第二种方法是增加社会利益,同时也附加财务利益。在这种情况下,企业人员可以通过了解单个顾客的需要和愿望,并使其服务个性化和人格化,来增强企业与顾客的契约关系。两者的区别在于:对于一个机构来说,顾客也许是不知名的,而委托人则不可能不知其姓名。顾客是针对一群人或一个大的细分市场的一部分而言的,委托人则是针对个体而言的顾客是由任何可能的人来提供服务,而委托人是被那些指派给他们的专职人员服务和处理的。

第三种方法是增加结构纽带,与此同时附加财务和社会利益。企业可以为顾客提供特定的设备或计算机联网,以帮助顾客管理他们的订货、付款、存款等事务。比如医药公司的职员帮助医院管理存货、订货、购入以及商品存储。

【思考与讨论】　你认为,除实施关系营销外,企业还可以通过哪些方式来维系顾客。

二、实施全面质量营销

顾客的满意程度和企业的盈利能力与产品和服务质量紧密相连。较高的质量使顾客较为满意而在同时维持了较高的价格和经常较低的成本。因此,质量改进方案通常增加盈利能力。

改进产品和服务质量的任务应是企业的首要任务。多数顾客将不再忍受低劣或一般的质量,企业要留在竞争行列中,别无选择只有开展全面质量营销,通用电气公司董事长小约翰·韦尔奇说:"质量是顾客忠诚的最好保证,我们对抗外国竞争者的最强防卫,以及维持增长和收益的唯一途径。"

质量的定义还曾经被解释为"适合使用""符合要求"和"免除变动"。以顾客为中心的质量是产品或服务的特征和特性的总体,质量意味着无论何时企业的产品和服务符合或超过顾客的需要、要求和期望,一个公司能大部分时间满足大部分顾客的需求就是一个质量公司。在理解质量定义时,要注意区分性能质量和合格质量。性能质量指一个产品履行其功能的水平。例如,梅塞得斯提供了比大众汽车更高的质量;它乘坐平稳,操作方便,比较耐用。它更贵并销售给较高收入要求的市场。合格质量属于没有缺点的产品和产品交付特定的水平的持久性。因而梅塞得斯和大众汽车可以说都对它们各自的市场提供了相等的合格质量到每种都一致地交付它的市场期望的程度。一辆 50 000 美元的车符合了所有它的要求是一辆高质量的车,一辆 15 000 美元的车一样能达到所有它的要求,也是高质量的车。但是如果梅塞得斯操作起来很差,或者如果大众汽车节油效果不好,那么两种车都不能交付质量,顾客的满意程度因此受到损害。

1. 全面质量管理

全面质量管理,即 TQM(Total Quality Management)就是指一个组织以质量为中心,以全员参与为基础,目的在于通过顾客满意和本组织所有成员及社会收益而达到长期成功的管理途径。全面质量管理具有如下特点。(1)全面性。是指全面质量管理的对象,是企业生产经营的全过程。(2)全员性。是指全面质量管理要依靠全体职工。(3)预防性。是指全面质量管理应具有高度的预防性。(4)服务性。主要表现在企业以自己的产品或劳务满足用户的需要,为用户服务。(5)科学性。质量管理必须科学化,必须更加自觉地利用现代科学技术和先进的科学管理方法。全面质量是创造顾客价值和满意程度的关键。

2. 市场营销对全面质量的作用

市场营销在全面质量管理中两个责任。第一,市场营销管理必须参与制定设计来帮助企业获得全面质量优胜的策略和政策。第二,市场营销必须交付营销质量和生产质量。它必须履行每个市场营销活动:研究、销售培训、广告、顾客服务和其他到达高的标准。

市场营销者要学习质量改进、制造和操作等方面的知识,市场营销者必须将自己培养成为"使顾客满意的人"。

市场营销者在协助他们的企业解释和交付高质量的商品和服务给目标顾客中扮演着重要角色。首先,市场营销者在正确地识别顾客的需要和要求以及向产品设计者沟通顾客的期望方面负有主要的责任。其次,市场营销者必须确定顾客的订单正确和及时的供应,并核对在使用产品时,顾客是否已接受适当的指导、培训和技术协助。再次,市场营销者在售出产品后还必须与顾客接触以确信他们保持满意。最后,市场营销者必须收集和转达顾客对产品和服务改进的意见给公司的有关部门。

市场营销者不仅要花时间及精力改进外部市场营销,而且要改进内部的市场营销。市场营销者必须是顾客的看门人和护卫者,当产品和服务不对则大声为消费者抱怨。市场营销者必须保证"给予顾客最佳的解决办法"的标准。

课后练习

一、单项选择题

1. 顾客总价值与顾客总成本之间的差额就是(　　　　)。
    A. 企业让渡价值　　B. 企业利润　　　　C. 顾客让渡价值　　D. 顾客利益
2. 顾客购买的总成本包括货币成本和(　　　　)。
    A. 时间成本　　　　B. 体力成本　　　　C. 精神成本　　　　D. 非货币成本
3. 服务价值是指伴随产品实体的出售,企业向顾客提供的(　　　　)。
    A. 附加服务　　　　B. 送货　　　　　　C. 产品保证　　　　D. 技术培训
4. 顾客选购产品的标准是(　　　　)最大。
    A. 顾客总价值　　　B. 产品价值　　　　C. 产品效用　　　　D. 顾客让渡价值
5. 现代企业市场竞争的新焦点是努力提高产品的(　　　　)。
    A. 产品价值　　　　B. 服务价值　　　　C. 人员价值　　　　D. 形象价值

二、多项选择题

1. 顾客总价值包括(　　　　)。
    A. 服务价值　　B. 产品价值　　C. 人员价值　　D. 形象价值　　E. 品牌价值
2. 顾客总成本包括(　　　　)。
    A. 货币成本　　B. 时间成本　　C. 体力成本　　D. 精力成本　　E. 搜寻成本
3. 销售人员与顾客的关系有(　　　　)。

　　A. 基本型　　　B. 被动型　　　C. 主动型　　　D. 负责型　　　E. 伙伴型

三、判断题

1. 顾客让渡价值是指每个购买者在未来可能为企业带来的利益总和。　　　　（　　）
2. 顾客总价值包括产品价值、服务价值、人员价值、货币价值。　　　　（　　）
3. 顾客总成本包括货币成本、时间成本、体力成本、精力成本。　　　　（　　）
4. 企业可以不断地去挖掘新的顾客，没必要花费精力去维系老顾客。　　　　（　　）
5. 顾客满意是指顾客通过对一个产品的可感知价值与他的预期价值比较后形成的感觉状态。　　　　（　　）

四、简答题

1. 如何正确理解顾客让渡价值理论及其意义？
2. 企业要想提高顾客让渡价值，可以从哪些方面入手？
3. 企业如何有效地吸引新顾客和维系保持老顾客？
4. 如何理解全面质量营销？

五、案例分析

香格里拉的营销之道

　　香格里拉是国际著名的大型酒店连锁集团，它的经营策略很好地体现了酒店关系营销的内容：

　　香格里拉饭店与度假村是从1971年新加坡豪华香格里拉饭店的开业开始起步，很快便以其标准化的管理及个性化的服务赢得国际社会的认同，在亚洲的主要城市得以迅速发展。其总部设在香港，是亚洲最大的豪华酒店集团，并被许多权威机构评为世界最好的酒店集团之一，它所拥有的豪华酒店和度假村已成为最受人们欢迎的休闲度假目的地。香格里拉始终如一地把顾客满意当成企业经营思想的核心，并围绕它把其经营哲学浓缩于一句话"由体贴入微的员工提供的亚洲式接待"。

　　香格里拉有8项指导原则：

　　(1) 我们将在所有关系中表现真诚与体贴；

　　(2) 我们将在每次与顾客接触中尽可能为其提供更多的服务；

　　(3) 我们将保持服务的一致性；

　　(4) 我们确保我们的服务过程能使顾客感到友好，员工感到轻松；

　　(5) 我们希望每一位高层管理人员都尽可能地多与顾客接触；

　　(6) 我们确保决策点就在与顾客接触的现场；

　　(7) 我们将为我们的员工创造一个能使他们的个人、事业目标均得以实现的环境；

　　(8) 客人的满意是我们事业的动力。

　　与航空公司联合促销是香格里拉酒店互惠合作的手段之一。香格里拉与众多的航空公司推出频繁"飞行旅行者计划"。入住香格里拉酒店时，客人只要出示频繁飞行旅行者计划的会员证和付门市价时，就可得到众多公司给予的免费公里数或累计点数，如：每晚住宿便可得到德国汉莎航空公司提供的500英里①的优惠，美国西北航空公司、联合航空公司500英里的优

---

　　① 英里为英制长度单位，1英里约等于1.61千米。

惠。其他航空公司有加拿大航空公司,新加坡航空公司,瑞士航空公司,澳大利亚航空公司,马来西亚航空公司,泰国航空公司等。另外,香格里拉还单独给予顾客一些额外的机会来领取奖金和优惠,如:香格里拉担保的公司选择价格。

顾客服务与住房承诺方面,则体现了酒店在承诺、信任原则上的坚持。香格里拉饭店的回头客很多。饭店鼓励员工与客人叫朋友,员工可以自由地同客人进行私人的交流。饭店要在2000年之前建立一个"顾客服务中心",这个项目建立后,客人只需打一个电话就可解决所有的问题。与原来各件事要查询不同的部门不同,客人只需打一个电话到顾客服务中心,一切问题均可解决,饭店也因此可更好地掌握顾客信息,协调部门工作,及时满足顾客。在对待顾客投诉时,绝不说不,全体员工达成共识,即"我们不必分清谁对谁错,只需分清什么是对什么是错"。让客人在心理上感觉他"赢"了,而我们在事实上做对了,这是最圆满的结局。每个员工时刻提醒自己多为客人着想,不仅在服务的具体功能上,而且在服务的心理效果上满足顾客。香格里拉饭店重视来自世界不同地区,不同国家客人的生活习惯和文化传统的差异,有针对性地提供不同的服务。如针对日本客人提出"背对背"的服务:即客房服务员必须等客人离开客房后在打扫整理客房,避免与客人直接碰面。饭店为客人设立个人档案长期保存,作为为客人提供个性化服务的依据。

问题:

1. 分析香格里拉饭店的营销观念。
2. 香格里拉饭店在顾客满意方面采取了哪些措施,你有何启示。

六、职业技能训练

1. 就某一产品进行顾客调查,分析顾客总价值与顾客总成本,并进行顾客让渡价值分析。
2. 调研一家企业,研究其在建立和管理好顾客关系的措施,并从企业顾客关系现状分析、影响因素分析、建立和维系顾客关系的建议等方面撰写顾客关系分析报告。

项目九　市场营销管理:计划、组织与控制

知识目标:正确理解市场营销计划的含义、内容、编制程序;理解市场营销组织的概念、类型和特点;理解市场营销控制的方法和特点。

技能目标:能够按照程序编制市场营销计划;能够分析企业现有的营销组织结构并提出建议;能够提出企业营销控制建议。

 导入案例

洛阳市一个用户购买一款盼盼牌防撬门,回家安装后,发现带拉手这边的门边与门框之间的缝隙稍大,感觉到拉手安装的不太合理。用户拨通 24 小时咨询服务电话,说明此事。经销处的人员立即赶到了用户家,将防撬门有问题的地方拍照并发给公司技术人员。经过公司技术员的鉴定,门边与门框之间的缝隙超过了质量规定的标准公差,但不会影响到防撬门的防撬、防钻、防拨等性能。公司依然决定给用户换上一款新门,并且给予 900 元的经济赔偿。用户感慨地说:"这个问题解决得这么快,可见盼盼效率之高,你们的所作所为无愧于'盼盼到家,安居乐业'的宗旨。"

洛阳事件发生后,根据产品附带档案制度,很快查出生产和质检责任人,公司予以经济上的罚款和通报批评。罚款和通报批评不是目的,目的在于提高生产者和质检者的责任心,教育他人,避免类似事件发生,使产品质量再上新台阶。盼盼人不仅做到了有章可循,而且做到了违章必究。

【营销启示】　加强营销过程管理是企业信誉的保证,盼盼牌防撬门生产企业的营销管理充分说明了这一点。营销管理包括营销计划、营销组织、营销控制。

企业的市场营销战略和计划制定出来以后,如何使之变为现实,是企业营销成败的关键。这就要求企业设置与市场营销战略、计划的实施相适应的组织结构与体系,合理安排和调配企业各种资源,以保证计划的顺利实施。在市场营销计划的实施过程中,可能会出现许多意外情况,需要一个营销控制系统对市场营销计划执行情况进行监测、检查,及时调整市场营销战略战术,保证营销目标的实现。本项目将主要讨论市场营销计划、组织和控制。

任务 1　市场营销计划的制定

一、认知市场营销计划

(一)市场营销计划的含义

计划就是对未来的打算。企业要在激烈的市场竞争中求得生存和发展,必须不断地为自

已明确前进的目标以及为实现目标而采取的策略。营销计划是在对企业营销环境进行深入调查研究,对市场需求进行科学预测的基础上,结合自身的条件和实力加以制定的。它规定了一定时期内企业营销活动的任务、目标及实现目标的策略、方法和步骤,是企业战略计划在营销领域里的具体化。因此,正确制定和实施市场营销计划,是实现企业总体任务和目标的重要保证。

（二）市场营销计划的内容

虽然不同企业的市场营销计划详略程度不同,但主要由以下八部分组成,如图9-1所示:

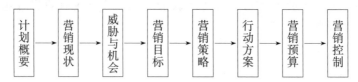

图9-1　营销计划内容

1. 计划概要

市场营销计划首先要有一个内容提要,即对本计划的主要目标及执行方法和措施做一概括的说明,目的是让高层管理者了解掌握计划的要点,并以此检查研究和初步评定计划的优劣。

2. 营销现状

这是市场营销计划中的第一个主要部分。这个部分的主要内容是对当前市场营销情况的分析,也就是对企业市场处境的分析。在这个部分中,应详细分析和描述目标市场的特点及企业在这一目标市场中所处的地位。这些分析主要包括市场状况、产品状况、竞争状况、分销渠道状况、宏观环境状况这几方面的内容。

3. 威胁与机会

所谓威胁,就是不利的市场趋势,或不采取相应有效的市场营销行为就会使产品滞销或被淘汰的特别事件。所谓机会,就是指企业的市场营销机会,亦即对企业的市场营销活动具有吸引力的地方,在这些地方该企业可与其他竞争对手并驾齐驱,或独占鳌头,获得优厚的利益。在营销计划的这个部分中,要求市场营销管理人员对产品的威胁和机会做预测与具体描述。这样做的目的是使企业管理人员可预见到那些将可能影响企业兴衰的重大事态的发展变化,以便采取相应的市场营销手段或策略,趋吉避凶,求得更顺畅的发展。

4. 营销目标

明确了企业发展的机会与威胁及内部的优势与劣势之后,需要拟定营销目标,用以制定战略和行动方案。营销目标是营销计划的核心部分,它将指导营销策略和行动方案的确定,主要包括两大部分,即财务目标和市场营销目标。如:市场占有率、销售额、利润额、投资收益率等。

5. 营销策略

所谓营销策略,就是企业为达成市场营销目标所灵活运用的逻辑方式或推理方法。市场营销策略包括与目标市场、市场营销因素组合、市场营销费用支出水平等有关的各种具体策略。

6. 行动方案

各种市场营销策略确定之后,要真正发挥效用还必须将它们转化为具体的行动方案。这些行动方案大致围绕下列问题的答案来制定:

(1) 要完成什么任务?

(2) 什么时候完成?

(3) 由谁负责执行?

(4) 完成这些任务需花多少费用?

例如,市场营销管理人员如果想把加强促进销售活动作为提高市场占有率的主要策略,那么就要制定相应的促进销售行动计划,列出许多具体行动方案,包括广告公司的选择,评价广告公司提出的广告方案,决定广告题材,核准广告媒体计划等。

整个行动计划还可列表加以说明,表明每一时期应执行和完成的市场营销活动,使整套促销活动落到实处,循序渐进地执行。

7. 营销预算

前述的市场营销目标、策略及行动方案拟定之后,企业就应制定一个保证该方案实施的预算。这种预算实际上就是一份预计损益表。收入方将列入预计销售产品的数量和平均价格。支出方则列出生产费用、储运费用及其他市场营销费用,收入与支出的顺差便是预期利润。企业的高层主管将负责预算的审查,予以修改和批准。预算一经批准,便成为原料采购、生产安排、人员计划和市场营销业务活动的依据。

8. 营销控制

计划书的最后一部分为控制,这是用来监督检查整个计划进度的。为了便于监督检查,一般市场营销的目标和预算草案都是分月或分季制定的。这样高层主管就可审查每一时期企业各部门的成果,并指出哪些没有达成预算目标的部门。未完成预算目标的部门,就要作出解释,并阐明他们将要采取的改进措施,从而使组成市场营销整体计划的各部门工作受到有效的控制,以保证整体计划的有效执行。

二、编制市场营销计划

一般来说,编制市场营销计划,大致需要经过如图 9-2 所示的 11 个步骤。

微课:9-1

市场营销计划
的编制

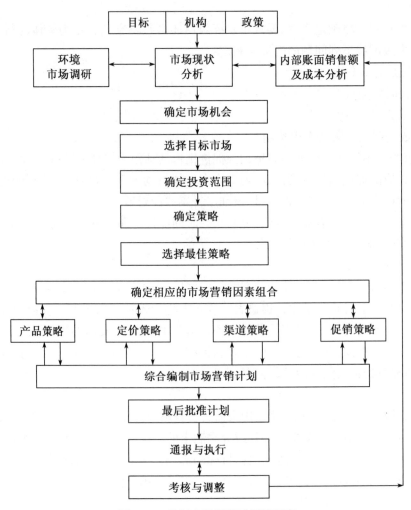

图 9-2　编制市场营销计划的程序

1. 分析市场营销现状

对企业及其市场营销环境的分析包括四个方面:

(1) 对企业实力和弱点的定期综合分析。这种分析主要通过市场营销决算来进行。因为在市场营销决算中,对企业的过去成绩和现在实力都有严密的估计和评价,在这种分析中,特别要注意企业产品线、分配路线、销售促进效果及定价的分析,这些情况从不同侧面反映了企业的实力。这样,市场营销决算的结果将直接影响未来市场营销策略的制定。

(2) 市场营销环境研究。这种研究要求使用科学正确的调研技术来发现直接影响管理决策的各种重大环境问题,包括对企业的微观环境和宏观环境的调查研究。因为这些因素都将直接影响企业的生产能力和销售状况。

(3) 销售额和市场营销费用分析。这可通过不定期的专题调查来进行,最好使这种分析成为企业正式市场信息系统的一个组成部分。因为销售额和市场营销费用的分析资料是进行销售预测、编制市场营销计划不可或缺的依据。

(4) 销售预测分析。销售预测是在前述几阶段分析基础上作出的,它是计划编制程序中极其重要的一个步骤。通过这种预测，企业可以估计到整个行业的销售额及企业本身的销售额，是企业市场营销计划最直接而具体的依据。

2. 确定市场机会

这一步骤主要是对市场现状分析中所发现的各种问题做出解释。在企业面临的几种市场机会评价中，对消费者因素、经济因素和公共环境因素都要仔细考虑，从而分析估计本企业与竞争者相比，哪些方面处于优势，哪些方面更能满足消费者要求，从而有针对性地制定相应的战略、策略和具体的营销方向。

3. 选择目标市场

经过市场现状分析和市场机会评估后，企业就可以确定几个可以开拓的目标市场。至于选择某一具体目标市场或几个目标市场，则要取决于一系列因素的影响，如应考虑与目标市场相关的企业目标、目标市场的潜在机会、企业开拓此目标市场的能力如何等。当然根据这些考虑来选择具体的目标市场并不是一件简单的事情，企业也不应把自己严格限制在只选择一个单一的市场。

例如，一个企业可同时选择两个完全区分的细分市场，进而制定向这两个细分市场进军的策略。另外，对目标市场的阐述必须一清二楚，使人容易识别。如目标市场的地理位置、顾客人数、顾客购买力、顾客需求性质和强度等都应通过市场调研弄清楚。对竞争对手的情况也应有充分估计。此外还应对每个目标市场近期和长期销售潜力作出正确的判断。

在计划程序的这一阶段，对目标市场的最后决定，很有可能不得不暂时推延，待到编制计划的第四阶段结束时才最后解决。因为目标市场的最后决定不仅要根据目标市场的潜力，而且也要根据企业是否有开拓此目标市场的能力而定。

4. 确定投资的范围

虽然一个企业可以同时拥有几个有利的目标市场，但是每个企业的物力、财力、资源都是有一定限度的。任何企业管理者都会十分注意如何将有限的资源使用在最恰当的目标市场上。

为此，在计划工作的这一阶段，首先要根据前一阶段可能选择的目标市场情况，预计为开拓这些市场需要付出多大的物力、财力，然后与自己的投资能力相比较，看能开拓多少目标市场，或开拓哪一个目标市场才与自己的能力相称。一般来说，尤其应考虑财务上的牵制、生产能力的限制及人力资源的短缺等限制因素。经过严密及审慎的权衡之后，才最后决定应如何把这些资源分配到最有利的目标市场中去。

5. 拟订策略

在结合企业的资源能力选定具体的目标市场后，企业计划人员便应接着拟订几个可供选择的市场营销策略，以便从中选出最佳的策略。一般来说，策略的拟订越多越好，这样可以增加策略的选择性，可以选择出更符合理想的策略。如前所述，由于企业资源的限制，可供考虑采用的策略方案还是要受到一定局限的。不过即使这样，也仍可在一定限度内拟定几个完全不同的营销策略方案。

例如，在选定某一具体目标市场后，企业可以通过具体的市场调查和技术调查来开发一种适应这个市场需要的新产品，然后拟定几种可以打入这个市场的策略方案，以供企业主管部门进一步评价遴选。

6. 选择最佳策略

这一阶段的主要任务就是要从前阶段所提出的几个可供选择策略中选出最可行的策略。这种选择最直接的依据就是企业的营销目标。假如企业的主要营销目标是提高自己产品的市场占有率，那么在选择营销策略时便应着重从哪些策略最有利于提高市场占有率来考虑。至于达到提高本企业产品市场占有率的策略则可能是多种多样的。

例如，在计划的前一阶段提出了提高市场占有率的两种策略，一是采取密集性市场策略，二是采取低价格高促销的策略。经过本阶段深入全面评价，认为低价格高促销策略在产品的介绍期可能有助于迅速提高市场占有率，但从长期来看，尤其考虑到本企业的人、财、物资源都有限，还不如采取密集性市场策略，只选择一个或几个细分的小市场作为目标市场，并在产品设计和其他市场营销活动上集中优势，全力打入这些市场，可能会获得较大的市场占有率。那么在本企业的这种具体情况下，密集性市场策略就是最佳的策略。

7. 确定相应的市场营销因素组合

这一阶段的主要任务就是根据前面所选定的最佳市场营销策略，进一步确定市场营销方案的细目。因为每一市场营销策略的贯彻，都是要通过与之相适应的市场营销因素组合来完成的，关于市场营销因素组合的各个策略，即产品策略、分销渠道策略、促进销售策略及定价策略，前面有关章节均已详细探讨过。在编制市场营销计划的这一阶段，则应把这些一般性策略具体结合特定企业的特定营销策略来加以考虑，并使其具体化。例如，当企业为提高市场占有率而采用密集性市场策略针对女性用品市场时，这时整个市场营销因素组合便应根据这一策略的要求加以具体化，如按女性的特点进行产品设计，制定对女性有吸引力的价格，通过女性经常接触的广告媒体大做广告，并将商品分配到女性用品商店或其他女性经常购物的地点去销售等。

8. 综合编制市场营销计划

经过编制计划的前述步骤后，现在便可将前面几阶段的情况分析、目标市场选择、策略选择等方案统一协调起来，写成正式的计划。内容大致包括以下几方面：

（1）计划的特定目标，即宗旨如何；

（2）特定目标与企业目标之间的关系；

（3）执行该计划所需的费用；

（4）预测企业的市场环境和机会；

（5）提出行动方案；

（6）综合、归纳成完整的计划指标体系。

草拟的营销计划经部门通过后，便应呈送企业最高当局审查、修订、批准。

9. 批准计划

企业最高当局接到市场营销部门送来的营销计划后，就应结合其他职能部门的计划一起进行综合平衡，协调各部门的能力和任务，尽量使计划建立在可行的基础上，并能达到预期的经济效益。如发现各部门计划，或营销计划本身有不协调之处，应及时进行修订，直至认为满意之后才正式予以批准。

10. 通报与执行

计划批准后，必须马上传达给执行部门的有关人员，具体研究贯彻执行的方案并付诸实

施。这种执行计划的行动方案大致包括以下步骤:

(1) 将达成目标的行动计划分为几个步骤;

(2) 说明每一步骤之间的关系和顺序;

(3) 明确每一步骤由谁负责;

(4) 确定每一步骤所需的资源;

(5) 规定每一步骤时间;

(6) 规定每一部分的完成期限。

另外,还应尽可能提供一些与市场营销计划有关的信息资料,如总市场大概有多大,企业可能的占有率有多大,企业的预期销售量有多少,市场营销总费用约多少,毛利润有多少等。

11. 考核和调整

计划工作程序的最后一个步骤,就是对见之行动的计划进行监督检查。因为无论在前几阶段的工作中有关人员是如何认真调查研究,运用科学方法力求编出比较理想的计划,但是挂一漏万,个别地方考虑不周也是难免的。加上市场瞬息万变,存在许多不可控的因素,因此计划在执行过程中很可能会出现一些障碍和偏差,这就要求在整个计划执行过程中,还必须同时进行必要的考核、监督和检查,通过信息反馈,判断所采取的计划行动是否有效。如发现有不当或与原计划有脱节的地方,应及时修正计划,或改变行动方案以适应新的情况。

【思考与讨论】 有人认为,市场环境变化莫测,计划赶不上变化,企业没有必要花费较多精力去制定详细的市场营销计划。你怎么看?

任务 2 市场营销组织设计和管理

组织决策是市场营销管理的一个重要方面。企业营销目标的实现有赖于全体成员的共同努力。营销组织就是用来整合每个成员的努力。一个健全灵活的组织,是营销实施的有力保证,它有利于充分调动营销人员的积极性,大大提高营销绩效。

一、认知市场营销组织

(一)营销组织的含义

市场营销组织是指企业内部涉及市场营销活动的各个职位及其结构。具体来讲,企业的市场营销组织,就是为了适应营销环境的变化,有效地实现市场营销的战略目标,通过开展市场营销活动,对完成企业市场营销目标有关的业务进行合理分工、配备人员、划分职责权限,明确相互关系,协调企业各部门,形成企业整体营销功能的有机体系。一个有效的营销组织应该是高效、节约、权责明确、分工合理、各司其职、信息畅通、协调匹配的。衡量它的标准如下:

(1) 适应性。即适应市场变化,具有自我完善的能力。

(2) 及时性。即具有迅速、准确、全面地传递信息的能力。

(3) 系统性。指联系企业各部门并使之密切合作的系统化能力。

（二）市场营销部门的组织形式

市场营销组织机构的设置是为了实现企业目标,它只是实现目标的工具和手段。现代企业中营销组织常分为专业化组织和结构性组织两大类。

常见的营销组织结构可以划分成以下几种类型:职能型营销组织、地理区域型营销组织、产品/品牌型营销组织、市场/顾客型营销组织、产品/市场型营销组织。

1. 职能型营销组织

职能型营销组织是最常见的营销组织形式,它是将营销职能加以扩展,选择营销各职能的专家组合在一起来组建营销各职能部门,使之成为公司整个组织的主导形式。如图9-3所示,这种职能型营销组织有五种专业职能部门,而事实上职能部门的数量可以根据公司经营的需要增减,如客户管理经理、物流管理经理等。

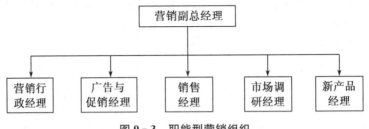

图9-3　职能型营销组织

职能型营销组织的主要优点在于它从专业化中获得的优越性。这种优越性主要表现在:(1) 将同类型的营销专家归在一起,易于管理,可以产生规模经济;(2) 按功能分工,可以避免重复劳动,减少人员和设备的重复配置,提高工作效率;(3) 由于专业人员在同一个职能部门的相互影响,可以产生系统效应;(4) 通过给员工们提供与同行们"说同一种语言"的机会而使他们感到舒适和满足。

随着公司产品品种的增多和市场的扩大,这种职能型营销组织越来越暴露其效益低下的弱点。其突出弱点为:(1) 各部门常常会因为追求本部门目标,而看不到全局的最佳利益;(2) 这种按功能划分的结构通常是比较刻板的,随着公司业务量的增大,职能部门之间的协调难度也会日趋增加;(3) 由于没有一个部门对一项产品或一个市场负全部责任,因而没有按每项产品或每个市场制定完整的计划,于是有些产品或市场就容易被忽略;(4) 各职能部门都争相要求使自己的部门获得比其他部门更多的预算和更重要的地位,使得营销副总经理经常疲于调解部门纠纷。因此这一组织形式适用于那些产品种类不多、目标市场相对较集中的中小企业。

2. 地理区域型营销组织

在全国范围进行销售的公司,通常按地理区域设立营销组织,安排其销售队伍。在营销副总经理主管下,按层次设全国销售经理、大区销售经理、地区销售经理、分区销售经理、销售人员。假设,一位负责全国销售的销售经理领导4位大区销售经理,每位大区销售经理领导6位地区销售经理,每位地区销售经理领导8位分区销售经理,每位分区销售经理直接领导10位销售人员。从全国销售经理到分区销售经理,再到销售人员,所管辖的人数即"管理幅度"逐级增大,呈自上而下自然的"金字塔"形组织结构,如图9-4所示。

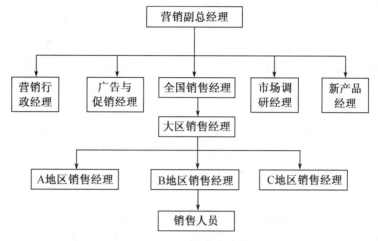

图9-4　地理区域型营销组织

　　一般大公司都采用这种营销组织,如联合利华、IBM等。地理区域型营销组织的创始者是金宝汤料公司,它为不同地区推出不同配方的汤料。

　　在这种营销组织结构中,区域经理掌握该区域市场环境的情报,为开拓该地区市场,打开公司产品在该区域的销路而制定长、短期计划,并负责其计划的实行。随着销售区域的扩大,也可以分出新的区域层次。这种地理区域型营销组织权力下放,有利于改善区域内的协调,取得在其区域的营销绩效,同时也有利于区域经理的培养和训练。但是,这种划分方法也有不足,即需要更多的具有全面进行营销策划和营销管理能力的人员,增加了最高管理者的控制难度,而且在区域之间市场情况存在较大差异,区域销售部门之间往往难以协调。

3. 产品/品牌型营销组织

　　拥有多种产品或多种不同品牌的公司,可以考虑按产品或品牌建立营销组织,即在营销副总经理下设产品经理;产品经理下按每类产品分别设产品线经理;在产品线经理下,再按每个产品品种分别设产品经理,实行分层管理(见图9-5)。

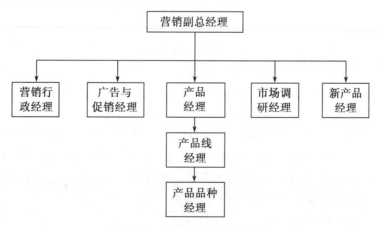

图9-5　产品/品牌型营销组织

产品/品牌型营销组织最先为宝洁公司所采用。当时,宝洁公司有一种新产品的佳美香皂市场销路欠佳。对此,一位名叫麦克埃尔罗伊的年轻人提出了品牌管理思想,并受命担任佳美香皂这一产品的经理(后来升任宝洁公司总经理),专管该新产品的开发和推销。他获得了成功,公司随之又增设了其他的产品经理。从此改写了宝洁公司的发展史,"将品牌作为一项事业来经营"。宝洁要求它旗下的每个品牌都"独一无二",都必须自我建立顾客忠诚度。同类产品的多种宝洁品牌相互竞争但又各有所长,为消费者提供不同的好处,从而保持各自的吸引力。如洗发水品牌各自承诺不同的利益:头屑去无踪,秀发更出众(海飞丝);洗护二合一,让头发飘逸柔顺(飘柔);含维生素 B5,令头发健康,加倍亮泽(潘婷)。在全球范围内,宝洁还有 9个洗衣剂品牌,6 个香皂品牌,3 个牙膏品牌,2 个衣服柔顺剂品牌。《时代》杂志称宝洁是个"毫无拘束、品牌自由的国度"。

4. 市场/顾客型营销组织

市场细分化理论要求公司根据顾客特有的购买习惯和产品偏好等细分和区别对待不同的市场,针对不同购买行为和特点的市场,建立市场/顾客管理型营销组织是公司的一种理想选择。这种组织结构的特点是由一个总市场经理管辖若干个子市场经理,各子市场经理负责自己所管辖市场的年度计划和长期计划,他们开展工作所需要的功能性服务由其他功能性组织提供(见图 9-6)。分管重要市场的市场经理,有时可以增设几名功能性服务的专业人员辅助其开展工作。

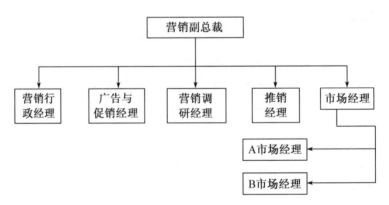

图 9-6　市场/顾客型营销组织

在这种组织结构中,营销经理的职责和产品经理相类似,他们并不直接指挥管理市场第一线,他们实质上是参谋人员。市场经理需要通过市场调研,了解并分析其主管市场的需求特征、趋势以及竞争对手的动向,向营销副总裁建议公司应该向该市场提供什么样的产品或服务,并由此负责制定主管市场的长期计划和年度计划。产品经理的工作成绩通常较少考虑以该市场的销售额和利润为考核指标,因为各地的需求量之间存在着明显的差异性,而经常以市场份额的增减状况来判断他们工作的好坏。这种组织结构的最大优点是市场营销活动是按满足各种不同类型的顾客需求来安排和组织,而不是将重点放在彼此割裂的营销功能、销售地区或产品上,这样有利于保证营销活动一体化和系统性。

5. 产品/市场型营销组织

很多大规模公司,生产多种不同的产品,面向不同的市场,在决策其营销组织结构时面临两难境地:是采用产品/品牌管理型组织,还是采用市场/顾客管理型组织呢? 如果采用产品管理型组织,那么许多重点市场缺乏专人管理,而需求能力弱的市场又会占用太多的企业资源;如果选择市场管理型组织,则容易导致获利能力强的产品遭受冷落。为了解决这一问题,公司可以设置一种既有市场经理,又有产品经理的二维矩阵组织,即所谓的产品/市场管理型营销组织(见图9-7)。这种组织把产品/市场管理两者有机地结合起来,以解决产品经理对各种高度分化、高度分散的市场不熟悉,而市场经理又对其所负责市场的各类产品难以掌握的难题。

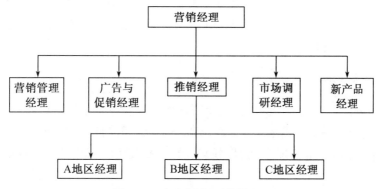

图 9-7　产品/市场型营销组织

二、设计市场营销组织

微课:9-2

市场营销管理的前提是进行组织规划,包括设计组织结构和人员配备等。组织结构建立起来后,要随着企业自身的发展与外部环境的变化,不断调整市场营销组织以满足市场营销发展的需要。因此,设计和发展市场营销组织是每一位市场营销经理的根本任务之一。

市场营销组织建设的步骤

（一）分析组织环境

任何一个市场营销组织都是在不断变化着的社会经济环境中运行的,都要受这些环境因素的制约,不可能孤立存在。而且,由于外部环境是企业的不可控因素,所以企业必须随时调整市场营销组织,以适应外部环境的变化。外部的大环境包括许多因素,诸如政治、经济、文化、科技、社会等,而对企业市场营销组织影响最显著的主要是市场和竞争者状况两个因素。

（二）建立组织职位

组织职位的建立包括三个方面:职位类型、职位层次和职位数量。

1. 职位类型
针对市场营销组织的需要和企业内部条件,设立相应的职位,方法有以下三种。
（1）直线型和参谋型。
（2）专业型和协调型。
（3）临时型和永久型。

2. 职位层次

职位层次是指每个职位在组织中地位的高低。在不同的企业中,相同职位地位的高低却不同。比如有的企业重视公关,不重视销售管理;有的企业重视销售管理,不重视公关。销售管理和公关的地位在两个企业中不同,这主要取决于职位所体现的市场营销活动与职能在企业整个市场营销战略中的重要程度。

3. 职位数量

职位数量是指建立组织职位的合理数量。它同职位层次密切相关。职位层次越高,辅助性职位数量越多。市场研究经理在决策时需要依靠大批市场分析专家和数据处理专家的帮助。企业在确定相应职位时,首先要根据核心活动来确定相应的职位,其他职位都要围绕这一职位依其重要程度逐次排定。

(三)设计组织结构

组织结构的设计与企业采用的职位类型密切相关。企业若采用矩阵型组织,就要建立大量的协调性职位;若采用金字塔形组织,就要建立相应的职能性组织。组织结构的设计,目的是强调组织的有效性,在节约成本和费用的基础上,提高组织工作效率。这取决于以下两个因素。

第一,分权化程度。即权力分散到什么程度才能使上下级之间更好地沟通。如果企业大多数重要市场营销决策是由市场营销部门的最高领导者制定的,实行的是集权化管理;如果企业的市场营销决策大多由下属人员制定,该企业实行的就是分权化管理。

第二,管理宽度。指每一个上级所能控制的下级人数。假设每一个员工都是称职的,那么分权化程度越高,管理宽度越大,则组织效率越高,这是普遍的看法。但管理宽度过大,上级主管很难协调各方面工作,出现问题不能及时有效地处理,造成信息传递不畅,将影响决策的正确性。

市场营销组织的设计应随市场状况和企业自身发展目标的变化而变化,并且要考虑到将来,为未来组织结构的设计、调整打好基础。

(四)配备组织人员

在如何配备组织人员的问题上,主要考虑两种情况:新组织的人员配备和再造组织(在原组织基础上加以革新和调整)的人员配备。新组织的人员配备工作比较容易进行,按照工作的职能性安排人员的具体工作,满足市场和企业两方面的要求。再造组织的人员配备工作相对而言更为复杂,因为人们经常不愿意让原组织发生变化,往往把再造组织所提供的职位和工作看作是一种威胁。

企业配备组织人员时必须为每个职位制定详细的工作说明书,包括受教育程度、工作经验、个性特征及身体状况等方面内容。对再造组织来讲,还必须重新考核现有员工的水平,以确定他们在再造组织中的职位。组织经过调整后,许多员工在新的职位上仍从事原有的工作,大大损害了再造组织的功效;同时,企业解雇原有的职员或招聘新的职员也非易事,考虑到社会安定和员工个人生活等因素,许多企业不可能轻易裁员。

此外,在市场营销组织中,小组的人员配备也应引起重视。小组往往是一个临时组织,是为完成某项特殊任务而设置的，它的成员常从现有组织中临时抽调。若使小组有效地发挥作用，市场营销组织必须使小组成员与其他成员之间保持协调关系，在职权设定、管理层次，以及与原有工作的关系等方面，都应给以认真考虑，否则，将影响小组的工作效率。

（五）组织评价与调整

任何一个市场营销组织都要受外部环境和企业内部因素的影响，经常不断地对自己进行评价，及时调整不适应市场变化和企业目标的组织结构，使市场营销组织始终高效率地为企业服务。这里需要注意的有以下几个因素。

第一，外部环境的变化。商业循环的变化、竞争加剧、新的生产技术出现、工会政策、政府法规和财政政策、产品系列或销售方法的改变等。

第二，组织主管人员的变动。不同的组织主管人员，具有不同的管理方法、管理思想、领导艺术，这些在组织中都会有所表现。

第三，改组是为了证明现存组织结构的缺陷。对于组织结构本身的缺陷，如管理宽度过大、层次太多、信息沟通困难、部门之间协调不够、决策迟缓等，必须进行改组。

第四，组织内部管理人员之间的矛盾，也可以通过改组来解决。这是为了更好地协调组织工作，避免组织变得呆板、僵化、缺乏效率。

总之，市场营销组织的设计和发展是一个动态的过程，必须不断进行调整、完善，以使市场营销组织始终有生机和活力，高效率地为企业服务。

 情境案例 ·········

海尔原来是专门生产洗衣机的厂家，在企业的发展中，采取了多元化发展策略，开始生产电视、空调、冰箱、计算机，并涉足家庭装修行业。伴随着企业产品的变化，企业开始对原来分布在全国各地的营销组织进行整合，他们把原来各地的一个组织分解为相互独立的多个组织，成立了洗衣机商品部、电视机商品部等。

【思考与讨论】　海尔为什么进行组织整合？它原来的营销组织类型属哪一类？变化后的呢？这种整合有什么优越性？会带来什么样的问题？

任务 3　市场营销控制

市场营销控制是市场营销管理的重要步骤，在营销计划的实施过程中，常常会出现许多意外情况，所以必须严格控制各项营销活动，以确保企业目标的实现。

一、市场营销控制的含义

市场营销控制是指衡量和评估营销策略与计划的成果，以及采取纠正措施以确定营销目标的完成，即市场营销经理经常检查市场营销计划的执行情况，看看计划与实绩是否一致，如果不一致或没有完成计划,就要找出原因所在,并采取适当措施和正确行动,以保证市场营销计划的完成。

二、市场营销控制内容

市场营销控制的四个内容主要包括年度计划控制、赢利能力控制、效率控制和战略控制,它们之间的区别如表 9-1 所示。

表 9-1　营销控制内容

控制类型	主要负责人	控制目的	方法
年度计划控制	高层管理人员 中层管理人员	检查计划目标是否实现	销售分析,市场份额分析,费用与销售分析,财务分析等
赢利能力控制	营销主管人员	检查公司盈亏情况	赢利情况:产品、地区、顾客群、细分市场、销售渠道、订单大小
效率控制	营销主管人员	评价和提高经费开支效率及营销开支效果	效率:销售队伍、广告、促销、分销
战略控制	高层管理人员 营销审计人员	检查公司是否正在市场、产品和渠道等方面寻找最佳机会	营销效率等级评价,营销审计,营销杰出表现,公司道德与社会责任评价

（一）年度计划控制

年度计划的运行是企业整体计划运行的基础,年度计划控制也是企业搞好运行控制的基础。所谓年度计划控制,是指企业在本年度内采取控制步骤,检查实际绩效与计划之间的偏差,并采取改进措施,以确保市场营销计划的实现与完成。年度计划控制的目的是确保企业达到年度计划规定的销售额、利润及其他指标,是一种短期的即时控制。

1. 年度计划控制过程

年度计划控制过程分为以下四个步骤(见图 9-8)。

（1）建立目标。即管理者要确定年度计划中的月份目标或季度目标,如销售目标、利润目标等。

（2）绩效测量。即建立反馈系统,监督营销计划的执行情况,将实际成果与预期成果相比较。

（3）偏差分析。当营销计划在实施中有较大的偏差,则需要研究发生偏差的原因。

（4）纠正措施。采取必要的修正措施,或是调整计划,努力使成果与计划相一致。

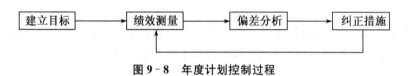

图 9-8　年度计划控制过程

2. 年度计划控制方法

检查年度营销计划执行情况的方法主要有以下几种。

（1）销售分析

销售分析用来衡量并评估实际销售目标与计划销售目标之间的关系。主要用两种具体方法。

① 销售差异分析

销售差异分析主要用于决定各个不同的因素对销售绩效的不同作用。例如,年度计划要求 1 月末销售 8 000 件产品,每件产品 10 元,即销售额 80 000 元。1 月末实际售出 6 000 件,每件 8 元,即实际销售额 48 000 元,比计划销售额减少 32 000 元。原因是售价降低和销售量减少,但两者对总销售的影响程度是不同的,分析计算如下:

因价格下降的差异＝(10－8)×6 000＝12 000（元）

因数量下降的差异＝(8 000－6 000)×10＝20 000(元)

实际比计划销售额减少:12 000＋20 000＝32 000(元)

由于价格下降造成的损失在差距中所占比重为:

$$\frac{12\,000}{32\,000}\times100\%＝37.5\%$$

由于销售减少造成的损失在差距中所占比重为:

$$\frac{20\,000}{32\,000}\times100\%＝62.5\%$$

可见,将近三分之二的销售差距是因为没有完成销售数量造成的。企业应该进一步深入分析销售数量没有达到预期目标的原因。

② 微观销售分析

微观销售分析主要针对个别产品或地区销售额未能达到预期份额的分析。假设企业在 3 个地区销售,其预期销售额分别为 1 000 单位、1 500 单位和 2 000 单位,总额 4 500 单位。实际销售分别是 1 100 单位、1 400 单位和 1 200 单位。就预期销售而言,第 1 个地区有 10％的超出额,第 2 个地区有 6.6％的未完成额,第 3 个地区有 40％的未完成额。主要问题显然出在第 3 个地区,是该地区销售人员工作不努力? 还是因为有强大的竞争对手打入这个市场? 或是原来的预期目标定得不妥? 需要进一步分析。

（2）市场占有率分析

销售分析只能说明企业本身的销售业绩,但不能反映企业与竞争对手相比的市场地位如何。例如,企业的销售额上升并不能说明它的营销成功,因为这有可能是一个正在迅速成长的市场,该企业的销售额虽然上升,其市场份额却很可能在绝对地下降。只有当企业的市场占有率上升时,才表明它的竞争地位在上升,营销状况较竞争者更好。市场占有率分析还要确定运用何种市场占有率。通常有以下三种。

① 全部市场占有率

全部市场占有率是以企业的销售额占全行业销售额的百分比来表示的市场占有率,也称绝对市场占有率。应用这一指标有两方面的决策:一是要以单位销售额来表示市场占有率;二是正确限定行业的范围,即明确本行业所应包括的产品、市场等。

② 有限地区市场占有率

有限地区市场占有率指企业在某一有限区域内的销售额占全行业在该地区市场销售额的

比重。有限地区市场可以是企业产品最适合的市场，也可以是企业营销活动努力所及的市场。一家在全部市场占有率很低的企业，却可能在某一局部地区市场上占有绝对优势的份额。这一指标对大多数仅在局部地区市场上从事经营活动的企业十分有用，也是衡量企业进入某一新的地区市场是否获得成功的重要尺度。

③ 相对市场占有率

相对市场占有率即将本企业的市场占有率与行业内领先的竞争对手的市场占有率进行比较。这里包括两种情况：一种是相对于三个最大竞争者的相对市场占有率，假如某企业有30%的市场占有率，其最大的三个竞争对手的市场占有率分别为20%、10%、20%，则该企业的相对市场占有率是30/50＝60%。一般情况下，相对市场占有率高于33%即被认为是强势的；另一种是相对于市场领导竞争者的相对市场占有率，相对市场占有率超过100%，表示该企业为市场领导者（行业领先者）；相对市场占有率等于100%，表示该企业与最大竞争对手平分秋色，同为市场领导者；相对市场占有率小于100%，表示该企业在行业内不处于领先地位。相对市场占有率的增加，表示该企业正不断接近市场领导竞争者。

（3）营销费用对销售额比率分析

年度计划控制不但要保证销售和市场占有率达到计划指标，还要检查与销售有关的市场营销费用，以确定营销费用不超支。例如，某企业营销费用占销售额的比率为30%，其中所包含的5项费用占销售额的比率分别为：人员推销费12%、广告费8%、营业推广费6%、营销调研费1%、营销行政管理费3%。市场营销人员应该对各项费用率加以分析，并将其控制在一定限度内。如果某项费用率变化不大，则不必采取任何措施，如果变化幅度过大，或上升速度过快，则必须及时采取有效措施。

（4）财务分析

企业的市场营销管理人员应就不同的费用对销售额的比率和其他的比率进行全面的财务分析，以决定企业如何开展活动，在何时开展活动，获得盈利。尤其是利用财务分析来判别影响企业资本净值收益率的各种因素。

（5）顾客态度追踪

上述的几种方法主要以财务分析和数量化分析为特征，基本上属于定量分析，虽然重要，但并不充分，缺少对市场营销的发展变化进行定性分析和描述。为此，具有远见和高度警惕性的企业都建立一套系统来追踪其顾客、经销商以及其他市场营销系统参与者的态度，以尽早察觉市场销售可能发生的变化。这个系统包括：

① 顾客投诉和建议制度

企业对顾客书面的或口头的抱怨应该通过设意见簿、建议卡等记录、分析和答复。零售商、旅馆、餐馆等这些通过服务直接与广大消费者打交道的企业都可通过各种增加顾客反馈意见的途径，鼓励顾客提意见，使企业对自己的产品、服务在客户心目中的地位有更全面的了解。

② 固定顾客样本

有些企业建立了由具有代表性的顾客组成的固定顾客样本，定期地由企业通过电话访问或邮寄问卷了解其态度。这种做法有时比抱怨和建议系统更能代表顾客态度的变化及其分布范围。

③ 顾客随机调查

企业定期让一组随机顾客回答一组标准化的调查问卷，包括职员态度、服务质量等，以了解顾客对企业服务质量满意程度。有关部门及主管可将顾客目前的评分与上期相比,与其他企业的得分相比,及时发现问题,予以纠正。

（二）盈利能力控制

在运行控制中,除了年度计划控制外,企业还需要运用盈利能力控制来测定不同产品、不同销售区域、不同顾客群体、不同渠道以及不同订货规模的盈利能力。盈利性控制能力能帮助主管人员决策哪些产品或市场应予以扩大、哪些应缩减甚至放弃。下面就市场营销成本以及盈利能力的考察指标等进行阐述。

1. 市场营销成本

是指与市场营销活动有关的各项费用支出,它直接影响企业的利润,主要内容包括:

（1）直接推销费用。包括直接推销人员的工资、奖金、差旅费、培训费、交际费及其他相关费用。

（2）促销费用。包括广告媒体成本、产品说明书的印刷费用、赠奖及展览会的费用、促销人员工资等。

（3）仓储费用。包括租金、维护费、折旧、保险、包装费、存货成本等。

（4）运输费用。包括托运费用。如果是自有运输工具运输,则要计算折旧、维护费、燃料费、牌照税、保险费、司机薪金等。

（5）其他市场营销费用。包括市场营销管理人员工资、办公费用等。市场营销成本中,有些与销售额有直接关系,称为变动费用。有些与销售额并无直接关系,称为间接费用。营业成本的控制,可以按销售地区、产品系列类型分别进行控制,其中变动费用的控制,按地区、产品的不同控制直接支出数量;间接费用则还要按照一定的标准,在地区、产品类别之间进行分摊以后控制。

2. 盈利能力考察指标

获得利润是企业市场营销最重要的目标,盈利能力控制在市场营销管理中占有十分重要的地位,长期以来一直被市场营销管理人员所高度重视。盈利能力可以用企业赚取的利润与相关项目的比率来考察和控制。

（1）销售利润率

销售利润率是指企业所获利润与销售收入之间的比率,是评估企业盈利能力的主要指标之一。计算公式为:

$$销售利润率 = \frac{本期利润}{销售额} \times 100\%$$

表示每销售一百元企业所获得的利润多少。但是,在同一行业各个企业间的负债比率往往大不相同,而对销售利润率的评价又常需在评估企业盈利能力时最好能将利息支出加上税后利润,这样可以较大程度消除由于举债经营而支付的利息对利润水平产生的不同影响。计算公式如下:

$$销售利润率 = \frac{税后利息前利润}{产品销售收入净额} \times 100\%$$

这样的计算方法,在同行业间衡量经营水平时才有可比性,才能比较正确地评价营销效率。

（2）资产收益率

资产收益率是指企业创造的总利润与企业全部资产的比率。其计算公式为：

$$资产收益率=\frac{本期利润}{资产平均总额}\times100\%$$

与销售利润的理由一样,为了在同行业间有可比性,资产收益率可用如下公式计算：

$$资产收益率=\frac{税后息前利润}{资产平均总额}\times100\%$$

其分母之所以用资产平均总额,是因为年初和年末余额相差很大,如果仅用年末余额作为总额显然不合理。

（3）净资产收益率

净资产收益率指税后利润与净资产所得的比率。净资产是指总资产减去负债总额后的净值,这是衡量企业偿债后的剩余资产的收益率。其计算公式是：

$$净资产收益率=\frac{税后利润}{净资产平均余额}\times100\%$$

因为净资产已不包括负债在内,故分子中不包括利息支出。

（4）资产管理效率

资产管理效率可以通过以下比率来分析：

① 资产周转率。该指标是指一个企业以资产平均总额去除产品销售收入净额而得出的全部资产周转率。其计算公式如下：

$$资产周转率=\frac{产品销售收入净额}{资产平均占用额}\times100\%$$

该指标用以衡量企业全部投资的利用效率。资产周转率高说明投资的利用效率高,盈利能力相应也高。

② 存货周转率。该指标是指产品销售成本与存货(指产品)平均余额之比。其计算公式如下：

$$存货周转率=\frac{产品销售成本}{存货平均余额}\times100\%$$

这项指标说明,某一时期内存货周转的次数,从而考核存货的流动性。存货平均余额一般取年初和年末余额的平均数。一般说来,存货周转率次数越高越好,说明存货水准较低,周转快,资金使用率高。

资产管理效率与获利能力密切相关。资产管理效率高,盈利能力强。这可以从资产收益率与资产周转率及销售利润的关系中表现出来。资产收益率实际上是资产周转率和销售利润率的乘积：

$$资产收益率=\frac{产品销售收入净额}{资产平均占用额}\times\frac{税后息前利润}{产品销售收入净额}=资产周转率\times销售利润率$$

（三）管理效率控制

管理效率控制就是如何把事情做得更好，效率更高。为了使各营销组合要素的管理效率达到一定标准，必须设计相应的效率指标与控制程序：

1. 销售人员效率控制

企业进行销售人员效率控制，各地区的销售经理需要记录本地区内销售人员效率的几项主要指标：

（1）每周接触新顾客的数量；

（2）接触变为访问的转化率；

（3）访问对建议书的比例；

（4）建议书对订单的比例。

假设实际销售量与销售努力呈正相关，则上述指标可用销售金字塔来实现对销售人员效率的控制。如图9-9所示。

图 9-9　销售金字塔

图9-9表明，并不是所有的最初接触都能带来访问，但最初接触顾客的次数越多，能带来访问的机会也就越多。同样，访问次数越多，顾客提交建议书的机会越多，实现销售额就可能越多。这对工业品的销售特别有用，因此又称工业品的销售金字塔。密切关注上述指标的变化，可以帮助市场营销人员找出问题所在，并能及时采取纠正措施。

2. 广告效率控制

对广告费用和效果进行严格检查是很重要的。用于控制广告效率的指标有：

（1）每一媒体类型、每一媒体工具接触每千名购买者所花费的广告成本；

（2）顾客对每一媒体工具注意、联想和阅读的百分比；

（3）顾客对广告内容和效果的意见；

（4）广告前后对产品态度的衡量；

（5）受广告刺激而引起的询问次数。

企业高层管理者可以采取若干步骤来改进广告效率，包括进行更加有效的产品定位、确定广告目标、利用计算机来指导广告媒体的选择、寻找较佳的媒体，以及进行广告后效果测定等。

3. 销售促进效率控制

对促销效率控制一般应做好如下工作：

（1）由于优惠而销售的百分比；

（2）每一销售额的陈列成本；

（3）赠券收回的百分比；

（4）因示范而引起询问的次数。

此外，企业还应观察不同销售促进手段的效果，并使用最有效果的促销手段。

4. 分销效率控制

分销效率主要是对企业存货水平、仓库位置及运输方式进行分析和改进，以达到最佳配置并寻找最佳运输方式和途径。分销效率的高低直接影响顾客的满意程度。最重要的分销效率控制一般包括:库存水平、库存周转率、出库情况、顾客投诉、储存效率排序和实物分销成本。

 情境案例·········

某商场对一种洗发水举办了为期一周的市场开发活动,市场开发的内容包括降价——由原价28元降到19元,加上市场开发广告和商品展示,销售的数据如下:

市场开发前一周的平均销量为500瓶,单价为28元,

市场开发期间(一周)的销量为1 500瓶,单价为19元,

市场开发后一周的销量为1 000瓶,单价为28元,

市场开发广告的成本为2 000元,商品展示的成本为500元,以上由商场支付;

产品的成本为16元/瓶;厂商提供的产品促销折扣:1元/瓶,广告津贴为1.5元/瓶,展示津贴为0.5元/瓶。

根据以上资料计算出市场开发的获利情况,结果如下:

1. 如果不举办这次市场开发

销售收入=500×28=14 000元

销售成本=16×500=8 000元

销售利润=14 000-8 000=6 000元

2. 市场开发期间

销售收入=19×1 500=28 500元

销售成本=(16-1-1.5-0.5)×1 500=19 500元

销售利润=28 500-19 500=9 000元

3. 市场开发活动的成本

市场开发活动的成本=2 000+500=2 500元

4. 市场开发活动的利润

市场开发期间的增加的利润=9 000-6 000=3 000元

5. 市场开发活动的整体效益增加额

市场开发活动的效益增加额=3 000-2 500=500元

6. 市场开发期后

销售收入=28×1 000=28 000元

销售成本=16×1 000=16 000元

销售利润=28 000-16 000=12 000元

从以上分析,这次市场开发活动十分成功。

课后练习

一、单项选择题

1. 最常见的营销组织形式( )。

    A. 产品/品牌型   B. 市场/顾客型   C. 职能型   D. 地理区域型

2. 每个职位在组织中地位的高低指的是( )。

    A. 职务层次   B. 职位层次   C. 职位数量   D. 职位类型

3. 企业若采用矩阵型组织,就要建立大量的( )。

    A. 功能性组织   B. 职能行组织   C. 协调性职位   D. 沟通性组织

4. 企业整体计划运行的基础是( )。

    A. 月度计划   B. 年度计划   C. 季度计划   D. 生产计划

5. 企业的销售额占全行业销售额的百分比表示( )。

    A. 有限地区市场占有率   B. 行业市场占有率

    C. 相对市场占有率   D. 全部市场占有率

二、多项选择题

1. 衡量营销组织的标准是( )。

    A. 适应性   B. 有效性   C. 经济性   D. 及时性   E. 系统性

2. 市场营销组织形式包括( )。

    A. 职能型   B. 地理区域型   C. 产品/品牌型

    D. 市场/顾客型   E. 产品-市场型

3. 组织职位的建立包括( )。

    A. 职位结构   B. 职位高低   C. 职位类型   D. 职位层次   E. 职位数量

4. 市场营销控制包括( )。

    A. 年度计划控制   B. 赢利能力控制   C. 效率控制

    D. 战略控制   E. 组织控制

5. 检查年度营销计划执行情况的方法主要有( )。

    A. 销售分析   B. 财务分析   C. 市场占有率分析

    D. 营销费用对销售额比率分析   E. 顾客态度追踪

三、判断题

1. 在撰写市场营销计划时,不需要进行营销控制分析。   ( )

2. 市场营销计划在批准后,就不能够做任何调整。   ( )

3. 一个营销组织是否有效,主要从适应性、及时性、系统性等方面进行衡量。   ( )

4. 职能型营销组织是最常见的营销组织形式。   ( )

5. 战略控制不属于市场营销控制的内容。   ( )

四、思考题

1. 为什么要制定市场营销计划? 计划包括哪些内容?

2. 年度计划控制的方法及主要内容是什么?

3. 市场营销组织的类型有哪些? 简述其主要类型。

4. 市场占有率分析的主要方法是什么?

5. 盈利能力控制的主要指标有哪些?

6. 某销售经理审查了公司的地区销售并注意到东部销售额低于定额 3%。为进一步调查,销售经理审查了地区销售额。发现东部沿海的福建销售区对此有责任,然后,又调查了该销售区的三位销售员的个人销售。结果显示高级销售员张某在这一阶段只完成了其分配额的

60%。可不可以肯定地推断出张某工作懒散或有个人问题？

7. A公司在甲、乙、丙三地区的计划销售量分别是2 000件、2 500件、3 500件，共计8 000件。实际销售量分别是1 000件、2 000件、3 300件。请分析其地区实际销售量与计划销售量之间的差距和原因。

五、案例分析题

蓝天乳品集团是我国著名的乳品生产企业，销量和利润连续5年位居同行业前三名。但是，随着企业和行业的发展，蓝天集团也出现了许多亟待解决的问题。首先，我国已经加入WID，乳品市场已经能够向国外开放，国外大型乳品集团正在纷纷抢滩中国市场，其质量稳定，品牌影响力很大，顾客忠诚度很高，价格也正在向国内企业靠近。总之，国内企业原先具备的价格等优势已经不复存在。其次，国内同行业的竞争日益激烈，不仅出现了几家大型的乳品集团，而且全国各地都有自己实力强大的地方品牌。最后，蓝天集团内部矛盾重重。第一，蓝天集团销售部在全国各地每个省份都设立了一个区域经理，每个区域独立运作。第二，招聘的这35个区域经理水平参差不齐，缺乏统一的培训和指导。第三，区域经理们纷纷抱怨公司的考核机制不合理，干多干少一个样，无法调动他们的工作积极性。

根据这些内部和外部问题，蓝天乳品集团决定对公司进行大规模的调整，于是，它们聘请了一家比较有名望的咨询公司，开始了大刀阔斧的改革。

假设你是该咨询公司的一名高级顾问，请你为蓝天集团的改革，提出一个比较合理的方案。

问题：

1. 试评价蓝天集团现有的市场营销组织结构。
2. 试为销售人员设计一个合理的绩效考核标准和考评方法。

六、职业技能训练题

以某农产品为例，设计该产品电商直播营销计划。

参考文献

［1］加里·阿姆斯特朗(美),菲利普·科特勒(美),王永贵著.市场营销学第 12 版［M］,北京:中国人民大学出版社,2017.

［2］加里·阿姆斯特朗(美),菲利普·科特勒(美),赵占波,孙鲁平,赵江波.市场营销学(原书第 13 版)［M］,北京:机械工业出版社,2019.

［3］吴健安,聂元昆著.市场营销学(第六版)［M］,北京:高等教育出版社,2017.

［4］郭国庆,陈凯.著市场营销学(第 7 版·数字教材版)［M］,北京:中国人民大学出版社,2022.

［5］吕一林,李东贤著.市场营销学教程(第 7 版)［M］,北京:中国人民大学出版社,2022.

［6］岳俊芳,吕一林著.市场营销学(第 5 版)［M］,北京:中国人民大学出版社,2019.

［7］张剑渝,王谊编.现代市场营销学第五版［M］,成都:西南财经大学出版社,2019.

［8］张梦霞著.市场营销学［M］,北京:北京理工大学出版社,2019.

［9］郭松克著.市场营销学(第 2 版)［M］,北京:北京大学出版社,2022.

［10］薛云建著.市场营销学［M］,北京:北京大学出版社,2018.

［11］吕一林,陶晓波著.市场营销学(第 6 版)［M］,北京:中国人民大学出版社,2019.

［12］勾殿红,郑艳霞编.市场营销(第三版)［M］,北京:中国人民大学出版社,2019.

［13］杨勇,陈建萍编.市场营销:理论、案例与实训(第四版)［M］,北京:中国人民大学出版社,2019.

［14］赵轶著.市场营销(第三版)［M］,北京:清华大学出版社,2018.

［15］周文根编.市场营销学(第 3 版)［M］,北京:中国人民大学出版社,2020.

［16］孙国忠,陆婷,顾亚莉编.市场营销实务(第 3 版)［M］,北京:北京师范大学出版社,2020.

［17］尹冬梅,张明韬主编.市场营销实务［M］,西安:西安电子科技大学出版社,2019.

［18］许春燕主编.新编市场营销(第 3 版)［M］,北京:电子工业出版社,2020.

［19］王有金编.市场营销学(第 2 版)［M］,北京:北京师范大学出版社,2018.

［20］孙晓燕编.市场营销学(第 2 版)［M］,北京:高等教育出版社,2021.